JN276480

通訳メソッドを応用した
シャドウイングで学ぶ
中国語基本動詞93

<small>明海大学教授</small>
長谷川 正時・古内 一絵 ◆ 著

スリーエーネットワーク

© 2013 by Hasegawa Masatoki, and Furuuchi Kazue

All rights reserved. No part of this publication may be reproduced, stored in a retrieval system or transmitted in any form or by any means, electronic, mechanical, photocopying, recording, or otherwise, without the prior written permission of the Publisher.

Published by 3A Corporation.
Trusty Kojimachi Bldg., 2F, 4, Kojimachi 3-Chome, Chiyoda-ku, Tokyo 102-0083, Japan

ISBN978-4-88319-628-9 C0087

First published 2013
Printed in Japan

はじめに

【なぜ基本動詞か】

　基本動詞は会話や文章に頻出します。初級段階では常用される単音節（1文字）の動詞の基本的な意味を学びますが、その全ての用法を学んでいるわけではありません。よく使われる動詞ばかりですので、中級者になったら、初級段階で学ばなかったそれらの用法や慣用表現を学ぶことは重要です。本書では93の基本動詞を取り上げ、その用例を例文で示しました。本書で取り上げた動詞は、大まかに言って、一つの動詞に平均四つの用法があると言えます。400近くの用法があることになります。その半分以上は初級段階で学んでいないと考えられますが、中級段階ではそれらをしっかり学ぶことが不可欠であり、レベルアップの有力な方法となります。中国語学習では"単音節の基本動詞を自在に活用できるようになれば一応のレベルだ。"と言われますが、中級者の皆さんが本書を使ってヒアリング、スピーキングそして通訳の実力を高めてくださることを期待しております。

【本書の対象者】

　本書は、通訳訓練メソッドを使って、中国語の基本動詞を学び直し、表現力の向上を図ろうという独習用の教材です。対象者は、大学や語学専門学校で中国語を2年以上（週5日間午前午後）学習された日本人及び2年以上中国へ留学された方々、仕事で中国語力、通訳力を必要とするビジネスマン、通訳ガイド資格を取得された方々、そして通訳者を目指して勉強されている皆さんです。

【本書が目指すもの】

　通訳訓練の方法を使って、中級レベルで必要とされる基本動詞の再認識と表現力の増強を図ることが本書の目指すところです。簡単な例文（短文）をシャドウイング（CD音声と同時に同じ事を言う）の方法で大量に学ぶことで無理なく、楽しく基本動詞を学んでいこうというものです。

【本書の特徴】

本書の特徴は以下のいくつかの点にあります。
1）中国語CDと日本語CDに分けて収録してあり、シャドウイング練習に集中しやすい。
2）レベルに応じてCDを使用した同時訳の基礎練習ができるようになっている。
3）例文が豊富で、基本動詞の用例が640の録音例文と、参考例文で示してあり、中国語にはピンインがつけてある。
4）十分にマスターしていない基本動詞を集中的に練習することができるので、効率的な勉強ができる。

【本書の学習方法】

練習は通訳メソッドを応用したシャドウイングと同時訳で行います。基本動詞を学習すると同時に、ヒアリング能力と表現力の向上を図ります。

通訳訓練のクラスでは、シャドウイング訓練を主体として自宅で各人が訓練し、授業では同時訳をやってどれくらいできるようになったか、課題、問題点はどこかを検証（自宅での訓練の成果を検証する）しますが、本書は自習用ですので、CDの録音を使って訓練と検証を自分で行います。

＊本書で推奨する具体的な訓練方法は以下の通りです。

自分がすでによく把握している部分はスキップするか、さっとやりましょう。

1）本文を見ながらまずCDを一通り聞いてみます。60％以上聞きとれるかどうかがレベルの目安です。
2）自分が勉強したい部分と、もうマスターしていて勉強しなくてよい部分を確認します。
3）自分が勉強したい（またはまだ十分マスターしていない）基本動詞を選択し、順番に練習します。

4）選択した中で、自分にとって簡単だと思える部分は、動詞一つをめどに（録音例文が多い場合は5例文を1単位とする）以下のように練習します。

 ① 中国語　→　中国語のシャドウイング　　2回
 ② 中国語　→　日本語の同時訳　　　　　　1回

 目標は耳で聞きスムーズにシャドウイングができ（言い出しは少し遅れても文末には同時に言い終われるように努力する。）、中国語を聞いて日本語が同時訳できるようになることです。

* ここでの①のシャドウイング練習の要領は、リラックスした状態で、最初の1回は意識を意味や内容にもっていかず、耳から聞こえてくる音だけに集中して、中国語の母音の響き、音のつながり、緩急、強弱を忠実に再現するようにします。

 テキストを見た方がやりやすい場合は、最初は見て練習してもかまいませんが、見ないでできるようになったところから数えて①の2回のシャドウイングをやるようにしましょう。

 心を音に集中させ、半眼にして外部からの視覚刺激をさけ、聞こえてくる例文全体の語速（言葉の速さ）より少し速く発音するつもりで、特に語調と緩急を音で再現する事だけに集中します。

 2回のシャドウイングのうち、2回目は意味内容を意識しつつ、目の前にいる人に語りかけるようにして、語調を再現できるように練習します。こうして頭の中に中国語の単語、フレーズ、文の発音と意味の活きた関連付けを徐々に構築していくことで訓練を行います。発音できるものは聞きとれ、CDと同じ速さで中国語がシャドウイングできるようになれば、同時訳にチャレンジする自信がついてきます。

 最後に中国語の例文が十分理解できているかを検証するために日本語で同時訳を1回やってみます。スムーズに日本語が口をついて出てくるようなら、一応その部分はクリアーしたと見なして次の部分に進みます。1項目学習し終えたら、その部分を1回ICレコーダーなどに録音します。何月何日と一言付け加えて録音保存しておき、練習がある程度進んでから（例えば半月後）聞いてみます。こうすることで自習時の成果の確認ができるようになります。

5）少し難しいと思う部分（十分マスターしていない部分）は、3～5例文をめどに（自分が負担を感じないで気軽に楽しく練習できる数量が原則）以下のように練習します。
  ① 中国語 → 中国語のシャドウイング 3回
  ② 日本語 → 日本語のシャドウイング 1回
  ③ 中国語 → 日本語の同時訳   1回
 各練習の回数はこれで固定し、十分にできない場合は再度はじめからやり直すようにします。
＊ マスターしていないと自覚している所ですから、まずスムーズに発音ができるようにシャドウイング練習を行います。
 スムーズに発音できるようになれば、中国語の語調ポーズ、強調、緩急等に注意を向けられるようになりますので、その時点から数えて上記の①～③を練習します。
 練習の要領は4）の＊で紹介したやり方と同様です。日本語→日本語のシャドウイングは脳内に音と内容（意味）の活きたデータベースを構築する助けとなります。日本語がこもらないようにしっかり発声してください。この場合も練習回数は原則固定して、3回、1回、1回をワンセットとして最後までやり終え、不十分に感じたら再度1セット練習するようにしましょう。③の同時訳は練習の結果にすぎません。重点は①のシャドウイング練習にあります。
 基本動詞1項目を終了したら、録音してから次の動詞の勉強に進みましょう。

 以上の方法で覚えたい部分を練習し、中国語を聴いたら日本語がスムーズに口をついて出てくるまで練習します。

【シャドウイングの方法について】

 シャドウイング（CDの後について同じことを言う）は通訳訓練で行われる練習方法です。通訳訓練では基礎練習として速読も行いますが、シャドウイングは通訳訓練の速読を補完する練習方法です。自分にとって少し難しいと感じられるCCTVニュース等の勉強をしようとする場合、速読（声を出して速く読む）が

満足の行くレベルまでできるようにするために、時にはシャドウイング練習を丁寧にやることが有効です。

本書でもシャドウイングが主体となっていますので、以下に紹介します。フルセットのシャドウイング練習は以下に示す１）～７）を行います。

１）読み： 　　　　　　音声を聞き、中国語の原稿を１回読む。（内容について事前に大まかな理解をしておく）

２）シャドウイングⅠ：中国語のシャドウイングを行う。意味は気にせず音声のみに集中し、聞いた通り再現する。（２回）

３）チェック： 　　　　音を聞きながら本文を見て、語句の意味を確認する。自分がチェックしたい語調などの確認を行う。以下にチェックポイントを示しますが、１ヶ所だけにします。無理にたくさん確認、分析する必要はありません。記号などをうまく使ってチェックしてください。

　　　　　　　"四声"　　　声調
　　　　　　　"停頓"　／　ポーズ
　　　　　　　"強調"　∨　強調
　　　　　　　"連接"　＿　音のつながり
　　　　　　　"快"　　→　速く発音されているフレーズ
　　　　　　　"弱"　（　）弱く発音されている箇所、脱落

４）シャドウイングⅡ：目の前の人に話す気持ちでシャドウイング（１回）。この練習では意味を理解して、目の前の人に内容を語りかけるつもりでシャドウイングします。上記２）でのシャドウイングⅠとは、気持ちの置き方が違います。

５）朗読： 　　　　　　ゆっくり正確に１回読む。速読を１回行い、それを録音する。

６）チェック： 　　　　５）で録音した音をチェックする。チェックポイントの例としては以下の点です。発音、声調、ポーズ、強調、音のつながり、緩急、弱い音、脱落音等。

７）書きとり： 　　　　一度聞いて書きとる。聞きとれたが書きとれなかった所に注意する。この練習の目的は、フレーズ、文を音の響

き、イメージとして脳のデータベースに蓄え、より長いフレーズや文が音のイメージで脳に残るよう、脳の回路を強化することにあります。

＊普段のシャドウイング練習では、上記の１）～７）を全部はやりません。この内容を全部丁寧にやるには相当の時間と根気が必要です。自分にとって少し難度が高いものを攻略したいというようなときには有効ですので、勉強の一方法として理解しておきましょう。

シャドウイングは躍動的にテンポを持って短時間で色々な内容のものを練習しましょう。単純な一訓練方法と割り切って、定型作業をこなすように、気軽に短時間で集中してやりましょう。そのために上記のうちの２）～４）のやり方だけで練習します。楽しくできそうなとき、またはしっかり練習したい教材については１）～７）のフルセットを練習するようにしましょう。

【速読とシャドウイング】

中国語の速読とシャドウイングを大量に行うと、中国語だけの思考ができる基礎ができてきます。自然な語速のシャドウイングを行うと、発音に注意したり、声調に注意する余裕がありませんから、口をついて出てくる中国語は、現在のあなたの実力通りのものが出てきます。発音や声調、口調の問題点を矯正するには、その訓練の様子を録音し、自分自身の欠点を認識できれば矯正することができます。認識できないものについては矯正は困難です。

速読訓練の方法としては、速読訓練に適した（CCTVニュース等）音のある教材とストップウオッチを準備し、１）最初に数回できるだけ早く読んで、１回録音する。２）１分間250字を目標に、正確に早く読む練習をする。３）ある程度満足がいく読みができたら（または３回などと練習回数を決めておいて）１回録音する。４）先生に聞いてもらい問題点を確認する。独習の場合は１）の段階で録音したものを自分で聞いて問題点を確認する。３）の段階で録音したものは、もう少し練習が進んでから後で自分で聞いて問題点を確認します。一生懸命語速

をアップさせようと努力すれば、その分だけ問題点がはっきりしてきます。注意する点は：1．意味が正確に理解できているか、2．語調（緩急、強弱等）が自然か、3．母音がきれいに響いているか、4．文の途中の区切りは適切か、5．声調は正確か、などです。

　もちろん速読は練習しても、実際に会話する時は、自分の好きな口調、速度で話すべきです。速読はヒアリング能力を向上させ、レベルを飛躍的に上げるための練習方法の一つです。

【付属CDについて】

　本書にはCDが2枚付属しています。通し番号がついている640の例文を、CD-1には中国語で、CD-2には日本語で収録してあります。練習ごとに必要なCDを選んで使ってください。

　CDマークのついているところにトラックが設定されています。番号はトラックの最初の例文のものしか読んでいません。

　本書のCDマーク（各トラックの最初の例文についています）の見方は右図を参照してください。

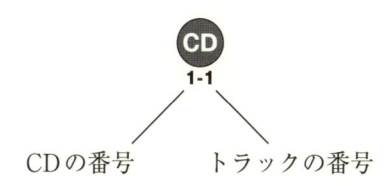

CDの番号　　トラックの番号

【ピンインについて】

　ピンイン表記は小学館の『中日辞典　第2版』に依拠しています。

【本書で取り上げる93の基本動詞】

I 「人や物を～する」、目的語を一つ取ることのできる動詞										
1 看	2 听	3 吃	4 喝	5 说	6 唱	7 穿	8 脱	9 洗	10 打	11 拿
12 拍	13 带	14 放	15 搬	16 挂	17 开	18 关	19 擦	20 写	21 画	22 找
23 丢	24 接	25 做	26 要	27 改	28 买	29 卖	30 想	31 抽	32 讲	33 念
34 戴	35 烧	36 烤	37 拔	38 抱	39 分	40 包	41 办			

II 「どこどこで～する」、「どこどこから～する」という動詞										
42 站	43 坐	44 倒	45 起	46 躺	47 跑	48 跳	49 飞	50 来	51 去	52 往
53 到	54 回	55 过	56 走	57 出	58 进	59 上	60 下	61 骑	62 离	

III 「誰々に…を～する」、目的語を二つ取ることのできる動詞										
63 给	64 送	65 教	66 交	67 还	68 偷	69 抢	70 赢	71 借	72 问	73 考
74 求	75 叫	76 评								

IV 人間の知覚を表す動詞

77 知道	78 懂	79 明白	80 认识	81 怕	82 信

V 「誰々をほめる、けなす」という人間の感情を表す動詞

83 爱	84 骂	85 怪	86 夸	87 嫌	88 烦	89 喜欢

VI 「誰々に～させる」という使役の意味を表す動詞

90 请	91 使	92 让	93 叫

基本動詞の分類

取り上げた基本動詞93を【Ⅰ】～【Ⅵ】に分類しました。他の動詞は基本動詞93をしっかり練習することでより理解しやすくなると思います。

基本動詞の本質

初級で学んだ基本動詞は、中・上級になると会話の中で適切かつ自由に使えるかどうかが問題になってきます。基本的な動詞ですが、案外うまく使えていない場合があります。それは、これらの基本動詞に初級段階で学んだ用法以外にもいろいろな用法があるからなのです。本書の93の動詞全体で見ますと1動詞平均4.2の用法があります。初級段階で練習できる用法は大体その3分の1弱だと思いますので、残りの用法は学んでいないということになります。ほかにも基本動詞は慣用表現や四字熟語の中に使われる場合が多々あります。こうして見ると、本書で取り上げた基本動詞には三つの側面があることが分かります。

（１）　初級段階でまず勉強する基本動詞の用法
（２）　初級段階では勉強しない基本動詞のその他の用法
（３）　慣用表現の中で出現する基本動詞

単音節の動詞の多彩さ

中級段階にステップアップされてきた学習者は、引き続き（２）と（３）の用法を学習する必要があります。特に単音節の動詞は用法が多彩です。そして、会話表現で多用される傾向にあります。（２）の用法が時々使われ、時には（３）が出現します。そうなると初級段階で学習した内容だけではとても追いつかなくなるのです。一般に単音節の動詞を辞書で引いて八つの用法があった場合、初級段階で勉強するのは二つか三つです。結論を言えば、単音節の動詞のマスターは簡単ではないということです。その主な理由は用法が多彩だからなのです。基本といいながらも同時に多彩な用法を包括しています。

目次

はじめに …………………………………………………………………… 3

I 「人や物を〜する」、目的語を一つ取ることのできる動詞 …………………………… 16

第 1 課	看	kàn	人が意志を持って見る、(声を出さずに) 読む …… 16
第 2 課	听	tīng	(耳で) 聞く …… 20
第 3 課	吃	chī	食べる、食う、(薬を) 飲む …… 24
第 4 課	喝	hē	(液状のものを) 飲む、口からお腹に入れる …… 28
第 5 課	说	shuō	言う、話す、語る …… 30
第 6 課	唱	chàng	歌う …… 34
第 7 課	穿	chuān	(衣服を) 着る、(靴や靴下を) はく …… 36
第 8 課	脱	tuō	(服、靴を) 脱ぐ、除去する …… 38
第 9 課	洗	xǐ	洗う …… 40
第10課	打	dǎ	打つ、たたく …… 42
第11課	拿	ná	つかむ、持つ、取る …… 50
第12課	拍	pāi	たたく、はたく、打つ …… 52
第13課	带	dài	持つ、携帯する …… 56
第14課	放	fàng	置く、入れる、下ろす …… 60
第15課	搬	bān	(重い物、たくさんの物を) 運ぶ、移す …… 64
第16課	挂	guà	(物をある場所に) 掛ける、掛かる …… 68
第17課	开	kāi	開ける、開く …… 72
第18課	关	guān	閉める、閉じる …… 78
第19課	擦	cā	(布などで) ぬぐう、拭く …… 80
第20課	写	xiě	(文字を) 書く …… 82
第21課	画	huà	(絵や図を) 描く …… 84
第22課	找	zhǎo	探す、求める、見つける …… 86
第23課	丢	diū	なくす、失う …… 90
第24課	接	jiē	つなぐ、つながる、続く、続ける …… 92
第25課	做	zuò	(物、料理などを) 作る …… 96
第26課	要	yào	欲しい、欲しがる、必要とする、要る …… 100
第27課	改	gǎi	正す、改める …… 102
第28課	买	mǎi	買う …… 104
第29課	卖	mài	売る …… 106

第30課	想	xiǎng	（方法や意味を）考える、配慮する …… 110
第31課	抽	chōu	吸う、吸い込む …… 112
第32課	讲	jiǎng	話す、言う …… 114
第33課	念	niàn	声を出して読む、口で唱える …… 118
第34課	戴	dài	（帽子を）かぶる、（眼鏡を）かける、など …… 120
第35課	烧	shāo	燃やす、燃える、加熱する、など …… 122
第36課	烤	kǎo	あぶる、焼く …… 124
第37課	拔	bá	抜く、引き抜く …… 126
第38課	抱	bào	抱く、抱える …… 128
第39課	分	fēn	分ける、分かれる …… 130
第40課	包	bāo	（紙、布などの薄い物で）包む、くるむ …… 132
第41課	办	bàn	する、やる、処理する、取り扱う、さばく …… 134

Ⅱ 「どこどこで〜する」、「どこどこから〜する」という動詞 …… 136

第42課	站	zhàn	立つ …… 136
第43課	坐	zuò	座る、腰かける …… 138
第44課	倒	dǎo	倒れる、横倒しになる …… 142
第45課	起	qǐ	起きる、立つ、跳び上がる …… 144
第46課	躺	tǎng	（人や動物が）横になる、寝そべる、（物が）倒れている …… 146
第47課	跑	pǎo	走る、駆ける …… 148
第48課	跳	tiào	跳ぶ、跳び上がる、踊る …… 150
第49課	飞	fēi	（羽や飛行機で）飛ぶ …… 152
第50課	来	lái	（話し手に近づいて）来る …… 154
第51課	去	qù	（話し手から遠のいて）行く …… 158
第52課	住	zhù	住む、泊まる …… 160
第53課	到	dào	行く、来る …… 162
第54課	回	huí	帰る、戻る …… 164
第55課	过	guò	通る、渡る …… 166
第56課	走	zǒu	歩く、行く …… 170
第57課	出	chū	出る …… 174
第58課	进	jìn	入る …… 178
第59課	上	shàng	上がる、登る、（乗り物に）乗る …… 180
第60課	下	xià	下りる、降りる、下がる、下る …… 184
第61課	骑	qí	乗る、またがる …… 190
第62課	离	lí	離れる、別れる …… 192

III 「誰々に…を～する」、目的語を二つ取ることのできる動詞 ……………… 194

第63課	给	gěi	（人に物を）あげる、くれる …… 194
第64課	送	sòng	（人に物、文書を）届ける、渡す、運送する …… 196
第65課	教	jiāo	（知識、技能を人に）教える …… 200
第66課	交	jiāo	交わる、交差する …… 202
第67課	还	huán	返却する、返済する …… 204
第68課	偷	tōu	盗む …… 206
第69課	抢	qiǎng	奪う、ひったくる、横取りする …… 208
第70課	赢	yíng	（勝負に）勝つ …… 210
第71課	借	jiè	借りる …… 212
第72課	问	wèn	問う、尋ねる、聞く、質問する …… 214
第73課	考	kǎo	試験する、試す …… 216
第74課	求	qiú	（人に）頼む、求める、懇願する …… 218
第75課	叫	jiào	叫ぶ、呼ぶ、鳴く、吠える、鳴る …… 220
第76課	评	píng	批評する、評論する、評議する …… 224

IV 人間の知覚を表す動詞 ……………… 226

第77課	知道	zhīdao	（事実を）知っている、（～が）分かる …… 226
第78課	懂	dǒng	分かる、理解する …… 228
第79課	明白	míngbai	（自分の理解力や、思考力で）分かる、理解する、はっきりする …… 230
第80課	认识	rènshi	分かる、見知っている、面識がある …… 232
第81課	怕	pà	恐れる、怖がる …… 234
第82課	信	xìn	信じる、信用する …… 236

V 「誰々をほめる、けなす」という人間の感情を表す動詞 ……………… 240

第83課	爱	ài	愛する、かわいがる …… 240
第84課	骂	mà	叱る、非難する …… 242
第85課	怪	guài	～のせいである、とがめる、非難する …… 244
第86課	夸	kuā	誇張する、大げさに言う …… 246
第87課	嫌	xián	嫌う、いとう、不満である …… 248
第88課	烦	fán	面倒で煩わしい、いらいらさせられる …… 250
第89課	喜欢	xǐhuan	好む、気にいる …… 252

Ⅵ 「誰々に〜させる」という使役の意味を表す動詞 … 254

第90課	请	qǐng	…に〜してもらう …… 254
第91課	使	shǐ	…に〜させる …… 256
第92課	让	ràng	…に〜させる …… 258
第93課	叫	jiào	…に〜させる …… 262

I 「人や物を〜する」、目的語を一つ取ることのできる動詞

第1課〜第41課　　　　　　　　　　1〜41/93

kàn	tīng	chī	hē	shuō	chàng	chuān	tuō	xǐ	dǎ	ná	pāi	dài	fàng	bān
看	听	吃	喝	说	唱	穿	脱	洗	打	拿	拍	带	放	搬

guà	kāi	guān	cā	xiě	huà	zhǎo	diū	jiē	zuò	yào	gǎi	mǎi	mài	xiǎng
挂	开	关	擦	写	画	找	丢	接	做	要	改	买	卖	想

chōu	jiǎng	niàn	dài	shāo	kǎo	bá	bào	fēn	bāo	bàn
抽	讲	念	戴	烧	烤	拔	抱	分	包	办

第1課　看 kàn　　　　　　　　　　　　1/93

"看"でよく使われる意味は「人が意志を持って見る、(声を出さずに)読む」です。"看报"「新聞を読む」、"看一眼"「一目見る」などと使います。

ほかに、覚えておきたい用法として、次のようなものがあります。"看朋友"「友人を訪ねる」、"看病"「診察を受ける」、"你看〜吗?"「君は〜と思うか?」、"看你〜"「君の〜次第である」、"看车"「車に気をつけろ」

似た言い方で"看见"という二文字の動詞がありますが、これは、人の意志にかかわらず目に入ってくる場合に区別して使います。

ここで取り上げた基本動詞の"看"は第四声ですが、"看 kān"という第一声の言い方もあります。"看门 kānmén"は「門番をする」という意味です。この"看 kān"は「見守る、番をする、介護する、留置する」などの意味で使います。

CD 1-1　1
Nǐ xǐhuan kàn shénme diànshì jiémù?
你 喜欢 看 什么 电视 节目?

*「人を～する」という言い方は、「誰々(主語)が+～する(動詞)+誰々を(目的語)」という語順になります。
- 他 打 我。　Tā dǎ wǒ.　彼は私をたたきます。
- 我 等 人。　Wǒ děng rén.　私は人を待っています。
- 我 找 她。　Wǒ zhǎo tā.　私は彼女を探します。

*「物を～する」という言い方は、「誰々が(主語)+～する(動詞)+何々を(目的語)」という語順になります。
- 我 看 报。　Wǒ kàn bào.　私は新聞を見ます。
- 她 唱歌。　Tā chànggē.　彼女は歌を歌います。
- 我 刷牙。　Wǒ shuāyá.　私は歯をみがきます。

用法例

看 报　kàn bào　新聞を読む	看 热闹　kàn rènao　騒ぎを見物する
看 半天　kàn bàntiān　長いこと見る	看 一眼　kàn yì yǎn　一目見る
看 朋友　kàn péngyou　友人を訪ねる	看 病人　kàn bìngrén　病人を見舞う
看病　kànbìng　診察を受ける	看 中医　kàn zhōngyī　漢方医に診てもらう
我 看～　wǒ kàn~　～と思う	你 看～吗?　Nǐ kàn~ma?　君は～と思うか?
看 你～　kàn nǐ~　君の～次第である	看 时间　kàn shíjiān　時間によって決まる
看 车　kàn chē　車に気をつけろ	看 玻璃　kàn bōli　ガラスに気をつけろ

1 あなたはどんなテレビ番組を見るのが好きですか。

2 Qǐng dàjiā xiān kàn lùxiàng, zài dào xiànchǎng qù cānguān.
请大家先看录像,再到现场去参观。

3 Nǐ dàihǎo hùzhào, wǒ péi nǐ qù kànbìng.
你带好护照,我陪你去看病。

4 Wǒ kàn zhège xiāoxi bìng bù yídìng kěkào.
我看这个消息并不一定可靠。

5 Kǎodeshàng ne, háishi kǎobushàng, nà yào kàn nǐ nǔlì bu nǔlì.
考得上呢,还是考不上,那要看你努力不努力。

6 Nǐ yòu bú shì xiǎoxuéshēng, guò mǎlù, kànzhe diǎnr!
你又不是小学生,过马路,看着点儿!

7 Zīliào tài duō, jīntiān yì tiān gēnběn kànbuwán.
资料太多,今天一天根本看不完。

8 Tā yǐjīng sì shí duō suì le, shízài kànbuchūlái.
他已经四十多岁了,实在看不出来。

9 Tā de xìngfú cóng liǎn shang néng kànchūlái.
他的幸福从脸上能看出来。

10 Kànshàngqù, tā jīntiān yǒudiǎnr bù shūfu.
看上去,他今天有点儿不舒服。

- 先看看这个内容,然后请在这里签字。
  Xiān kànkan zhège nèiróng, ránhòu qǐng zài zhèli qiānzì.
- 我也看过那部电影,觉得很有意思。Wǒ yě kànguo nà bù diànyǐng, juéde hěn yǒu yìsi.
- 你看过这本小说吗? Nǐ kànguo zhè běn xiǎoshuō ma?
- 你能看懂中文报纸吗? Nǐ néng kàndǒng Zhōngwén bàozhǐ ma?
- 孩子们不应该看那种内容猥亵的杂志。
  Háizimen bù yīnggāi kàn nà zhǒng nèiróng wěixiè de zázhì.
- 昨天我看她去了,但没见着。Zuótiān wǒ kàn tā qù le, dàn méi jiànzháo.
- 她能不能出院,还得再看看。Tā néng bu néng chūyuàn, hái děi zài kànkan.
- 我先吃自己带的药,等明天还不好,再去医院看。
  Wǒ xiān chī zìjǐ dài de yào, děng míngtiān hái bù hǎo, zài qù yīyuàn kàn.
- 我看他肯定收受回扣的。Wǒ kàn tā kěndìng shōushòu huíkòu de.
- 我看这场比赛很可能暴出个冷门儿。Wǒ kàn zhè chǎng bǐsài hěn kěnéng bàochū ge lěngménr.

2 まずビデオをご覧いただいた後、現場見学をしていただきます。

3 パスポートを持ってください。病院で診てもらうのに私が付き添います。

4 私が見たところ、このニュースは必ずしも信頼できるとは思いません。

5 受かるか、受からないか、それはあなたの努力次第です。

6 小学生じゃないんだから、道を渡るときは気をつけなさい。

7 こんなに資料が多くては、今日一日ではとても読みきれません。

8 彼はもう四十過ぎですが、全くそうは見えません。

9 顔を見てみれば、彼が幸せだってことはすぐ分かります。

10 彼は今日、どうも少し気分が優れないようです。

・まずこの内容に目を通していただいてから、ここにサインをお願いします。

・私もあの映画見ましたけど、とても面白かったです。
・君この本読んだことありますか。
・あなたは中国語の新聞が読めますか。
・子供は、ああいった猥雑な雑誌を読むべきではありません。

・昨日彼女に会いに行ったのですが、会えませんでした。
・彼女が退院できるかどうかは、もう少し様子を見る必要があります。
・まず自分が持っている薬を飲んで、明日もよくならなかったら、病院に行きます。

・彼はきっとリベートをもらっていると思います。
・この試合は番狂わせになる可能性があると思います。

- 我怎么也看不惯那种职业摔跤。Wǒ zěnme yě kànbuguàn nà zhǒng zhíyè shuāijiāo.
- 他总是看上司的脸色。Tā zǒngshì kàn shàngsi de liǎnsè.
- 看上去她有什么心事。Kànshàngqù tā yǒu shénme xīnshì.
- 这篇文章，我看得很仔细。Zhè piān wénzhāng, wǒ kànde hěn zǐxì.
- 我已经看惯了他那种态度。Wǒ yǐjīng kànguàn le tā nà zhǒng tàidu.
- 这个学期我没用功，不敢看考试的结果。
  Zhège xuéqī wǒ méi yònggōng, bù gǎn kàn kǎoshì de jiéguǒ.
- 那个人总是看不起我，真讨厌！Nàge rén zǒngshì kànbuqǐ wǒ, zhēn tǎoyàn!
- 你不要看不起乡下人。Nǐ búyào kànbuqǐ xiāngxiàrén.
- 我看不过他们吵，上去劝架。Wǒ kànbuguò tāmen chǎo, shàngqù quànjià.
- 我看不过妹妹挨了骂。Wǒ kànbuguò mèimei ái le mà.
- 他那种垂头丧气的样子，我看不过去。Tā nà zhǒng chuí tóu sàng qì de yàngzi, wǒ kànbuguòqù.
- 你最近对我很冷淡，有什么看不过去的事吗？
  Nǐ zuìjìn duì wǒ hěn lěngdàn, yǒu shénme kànbuguòqù de shì ma?
- 十二岁以下的孩子看不得这个影片。Shí èr suì yǐxià de háizi kànbude zhège yǐngpiàn.
- 那个年轻人看不出是男是女。Nàge niánqīngrén kànbuchū shì nán shì nǚ.
- 你说，他是政客还是政治家，能看出来吗？
  Nǐ shuō, tā shì zhèngkè háishi zhèngzhìjiā, néng kànchūlái ma?

第2課 听 tīng

"听"でよく使われる意味は「(耳で)聞く」です。
"听音乐"「音楽を鑑賞する」、"听广播"「ラジオを聞く」などと使います。

ほかに、覚えておきたい用法として、次のようなものがあります。
"听劝告"「意見に従う」、"听天由命"「天に任せる」
"听老师的话"は単純に直訳すると「先生の話を聞く」ですが、普通は「先生の言うことを聞く(従う)」という意味で使われます。"我听你的"と言えば「私はあなたの言うことを聞きます」と訳せますが、実際には「あなたの言うことに従います」という意味で使われます。

似た言い方で"听见"という二文字の動詞がありますが、これは、人の意志にかかわらず耳に入ってくる場合に区別して使います。

CD 11　1-2
Tā xǐhuan tīng gǔdiǎn yīnyuè.
她 喜欢 听 古典 音乐。

・私はどうしてもあのプロレスってのが好きになれません。
・彼はいつも上司の顔色を伺っています。
・彼女はどうも何か心配事があるように見えます。
・この文章については、私はじっくり目を通しました。
・私は彼のああいう態度に、もう慣れました。
・今学期私は真面目にやらなかったので、試験の結果を見る勇気がありません。

・あの人いつも私を馬鹿にして、本当にいけすかない！
・田舎者だからって馬鹿にしてはいけません。
・彼等の口喧嘩を見ていられなくて、仲裁に入りました。
・私は妹が怒られているのを見ていられませんでした。
・彼があんなに落ち込んでいるんだから、放ってはおけません。
・あなたは最近私に冷たいけど、何か気に入らないことでもあるのですか。

・十二歳以下のお子様はこの映画を見られません。
・あの若い人は男なのか女なのか分からないね。
・彼が政治家なのか政治屋なのか、あなたは見分けられますか。

用法例

听 音乐	tīng yīnyuè	音楽を鑑賞する	听 广播	tīng guǎngbō	ラジオを聞く
听 电话	tīng diànhuà	電話に出る	听 耳机	tīng ěrjī	イヤホーンで聞く
听 意见	tīng yìjian	意見に従う	听 劝告	tīng quàngào	忠告に従う
听天由命	tīng tiān yóu mìng	天に任せる	听其自然	tīng qí zì rán	なりゆきに任せる

11 彼女はクラシック音楽を聞くのが好きです。

12. Tīng le tā de jiǎngyǎn, shòudào le qǐfā!
听了他的讲演,受到了启发!

13. Wǒ tíxǐngguo jǐ cì, tā háishi bù tīng.
我提醒过几次,她还是不听。

14. Shì dào rú jīn, zhǐhǎo tīng tiān yóu mìng le.
事到如今,只好听天由命了。

15. Tā de shēngyīn suīrán hěn xiǎo, dàn hěn qīngcuì, tīngde hěn qīngchu.
她的声音虽然很小,但很清脆,听得很清楚。

16. Tā de huà yǒu kě qǔ zhī chù, wǒmen yīnggāi tīngting tā de yìjian.
他的话有可取之处,我们应该听听他的意见。

17. Tā de Zhōngwén shuōde hěn hǎo, wǒ tīngbuchū tā shì wàiguórén.
他的中文说得很好,我听不出他是外国人。

18. Háizi bù tīnghuà shì tiānxìng, bǎi fēn zhī bǎi tīnghuà de shì yǒu máobing.
孩子不听话是天性,百分之百听话的是有毛病。

- 她声音很小,我听不清。Tā shēngyīn hěn xiǎo, wǒ tīngbuqīng.
- 我要听今天的广播新闻。Wǒ yào tīng jīntiān de guǎngbō xīnwén.
- 他的意见带有先入之见,我根本不想听。
  Tā de yìjian dàiyǒu xiān rù zhī jiàn, wǒ gēnběn bù xiǎng tīng.
- 我可以听简单的英文会话。Wǒ kěyǐ tīng jiǎndān de Yīngwén huìhuà.
- 这个孩子真听话。Zhège háizi zhēn tīnghuà.
- 我听你的劝告了。Wǒ tīng nǐ de quàngào le.
- 无论谁怎么跟他说,他都根本听不进去。
  Wúlùn shéi zěnme gēn tā shuō, tā dōu gēnběn tīngbujìnqù.
- 怎么样讲话,孩子才听得进去呢? Zěnmeyàng jiǎnghuà, háizi cái tīngdejìnqù ne?
- 妈妈说温柔点,孩子还听得进去。Māma shuō wēnróu diǎn, háizi hái tīngdejìnqù.
- 你能听出是上海话还是广东话吗? Nǐ néng tīngchū shì Shànghǎihuà háishi Guǎngdōnghuà ma?
- 听而不闻是保持夫妻关系的最好办法。Tīng ér bù wén shì bǎochí fūqī guānxi de zuìhǎo bànfǎ.
- 他的消息,我是从北京听来的。Tā de xiāoxi, wǒ shì cóng Běijīng tīnglái de.

12 彼の講演を聞いて、啓発されました！

13 何回か注意したのですが、彼女は聞こうとしません。

14 こうなった以上は、もう運を天に任せるしかありません。

15 彼女の声は小さいですが、歯切れがよくて聞きとりやすいです。

16 彼の話も満更捨てたものじゃありません。意見を聞いてみるべきです。

17 中国語があまりにもうまいので、彼が外国人だとは分かりませんでした。

18 子供が聞きわけが悪いのはあたりまえです。何でもかんでも聞くほうがかえって問題です。

・彼女の声は小さいので、はっきり聞きとれません。
・私は今日のラジオのニュースを聞きたいんです。
・先入観を持った彼の意見なんて聞きたいとは思いません。

・簡単な英語会話なら私も聞きとれます。
・この子は本当に聞きわけがいいです。
・私はあなたの忠告に従うことにしました。
・誰が何を言おうと、彼は元々耳を貸す気がありません。

・どんなふうに言えば、子供は耳を貸すのでしょうか。
・お母さんが優しく言えば、子供はちゃんと聞きわけますよ。
・上海語なのか広東語なのか聞いただけで分かりますか。
・聞き流すようにすることが、夫婦が仲よくやっていくための一番よい方法です。
・彼の噂は北京で耳にしました。

第3課　吃 chī

"吃"でよく使われる意味は「食べる、食う、(薬を)飲む」です。
"吃东西"「ものを食べる」、"吃水果"「果物を食べる」などと使います。

用法は主に3種類あります。
「"吃"＋目的語」が一般的な言い方で、"吃饭"「食事をする」、"吃点心"「お菓子を食べる」などとなります。"吃醋 chīcù"は直訳すると「お酢を食べる」ですが、"吃醋"には「やきもちを焼く」という意味もあります。
「"吃"＋道具」の言い方では、"吃大碗"「どんぶりで食べる」などと使います。
「"吃"＋手段」の言い方もあり、"吃房租"「家賃収入で暮らす」となります。

ほかに、覚えておきたい用法として、次のようなものがあります。
"吃水"「水を吸い込む(水や液体を吸う)」、"吃劲"「力が要る(苦労する、大変だ)」、"吃不消"「閉口する、やりきれない」"吃耳光"「ビンタを食う」

19　Wǒ zài Shāndōng chīguo xiēzi.
我 在 山东 吃过 蝎子。

20　Wǒ yǐjīng chībǎo le, zài yě chībuxiàqù le.
我 已经 吃饱 了，再 也 吃不下去 了。

21　Zhè gōngsī de fànwǎn wǒ chī le èr shí nián le.
这 公司 的 饭碗 我 吃 了 二 十 年 了。

22　Xuānzhǐ chī mò, kě zhè zhǒng jiā sùliào de zhǐ bù chī mòshuǐ.
宣纸 吃 墨，可 这 种 加 塑料 的 纸 不 吃 墨水。

23　Chǎo jīdàn hěn chī yóu.
炒 鸡蛋 很 吃 油。

24　Zhùzi li de gāngjīn zhème shǎo, kě chībuzhù zhème zhòng de jiànzhùwù.
柱子 里 的 钢筋 这么 少，可 吃不住 这么 重 的 建筑物。

25　Tā de shǒujī língshēng shēn cì'ěr, tīng de rén kě yǒudiǎnr chībuxiāo.
他 的 手机 铃声 真 刺耳，听 的 人 可 有点儿 吃不消。

用法例

吃 水果	chī shuǐguǒ	果物を食べる
吃 大碗	chī dàwǎn	どんぶりで食べる(道具)
吃 食堂	chī shítáng	食堂で食事をする(場所)
吃 房租	chī fángzū	家賃収入で暮らす(手段)
吃 劳保	chī láobǎo	労働保険をもらって暮らす

吃 子儿	chī zǐr	駒(石)を取る	吃 卒	chī zú	卒(将棋の駒)を取る
吃水	chīshuǐ	水を吸い込む	吃墨	chī mò	墨を吸う
吃力	chīlì	骨が折れる、苦労する	吃劲	chījìn	力が要る、苦労する
吃不消	chībuxiāo	閉口する、やりきれない			
吃不住	chībuzhù	支えきれない			
吃水	chīshuǐ	(船の)喫水(水に食い込む)	吃刀	chīdāo	刃が切り込む
吃 耳光	chī ěrguāng	ビンタを食う	吃 苦头儿	chī kǔtóur	ひどい目にあう

CD 2-3

19　私は山東省でサソリを食べたことがあります。

20　もうお腹がいっぱいで、これ以上食べられません。

21　私はこの会社で二十年食べてきました。

22　宣紙は墨を吸いますが、この手のビニール加工された紙は墨を吸いません。

23　卵炒めは油をたくさん使います。

24　柱の中の鉄筋がこんなに少なかったら、この重い建物を支えきれるわけがありません。

25　彼の携帯の呼び出し音は耳障りです。周りの人は本当に閉口しています。

26 Bù tīng lǎorén yán, chīkuī zài yǎnqián.
不 听 老人 言，吃亏 在 眼前。

27 Tā yòu shàng le biéren de dàng, chī kǔtóur le.
他 又 上 了 别人 的 当，吃 苦头儿 了。

28 Nǐ zuò de cài, wǒ zěnme huì chīnì ne?
你 做 的 菜，我 怎么 会 吃腻 呢？

29 Nǐ hái zài chī nǎi de shíhou, wǒ bàoguo nǐ yí cì.
你 还 在 吃 奶 的 时候，我 抱过 你 一 次。

- 小孩子还没长牙齿，硬东西吃不动。
  Xiǎoháizi hái méi zhǎng yáchǐ, yìngdōngxi chībudòng.
- 听说他做菜做得很好，我很想吃一次他做的菜。
  Tīngshuō tā zuòcài zuòde hěn hǎo, wǒ hěn xiǎng chī yí cì tā zuò de cài.
- 她不敢吃田鸡，可我敢。Tā bù gǎn chī tiánjī, kě wǒ gǎn.
- 你跟他去玩儿的话，阿王一定会吃醋。Nǐ gēn tā qù wánr dehuà, Ā Wáng yídìng huì chīcù.
- 我住在偏僻的山村，吃不上鲜鱼。Wǒ zhùzài piānpì de shāncūn, chībushàng xiānyú.
- 八点以前起床，还吃得上早餐吗？Bā diǎn yǐqián qǐchuáng, hái chīdeshàng zǎocān ma?
- 他是靠这个吃饭的。Tā shì kào zhège chīfàn de.
- 我正吃汉语导游这行饭呢。Wǒ zhèng chī Hànyǔ dǎoyóu zhè háng fàn ne.
- 近年来，成年以后继续吃父母的年轻人多起来了。
  Jìnnián lái, chéngnián yǐhòu jìxù chī fùmǔ de niánqīngrén duōqǐlái le.
- 明年我退休了，吃养老金，不用再干活儿。
  Míngnián wǒ tuìxiū le, chī yǎnglǎojīn, búyòng zài gànhuór.
- 这活儿很吃力。Zhè huór hěn chīlì.
- 一个人处理这么多工作可有点儿吃劲。Yí ge rén chǔlǐ zhème duō gōngzuò kě yǒudiǎnr chījìn.
- 我们都吃过他的亏。Wǒmen dōu chīguo tā de kuī.
- 我跟他不同，考试从来没吃过鸭蛋。Wǒ gēn tā bù tóng, kǎoshì cónglái méi chīguo yādàn.
- 昨天去找他时，他还在生气，我吃了个闭门羹。
  Zuótiān qù zhǎo tā shí, tā hái zài shēngqì, wǒ chī le ge bìménggēng.

26　年寄りの忠告を聞かないと馬鹿をみるはめになります。

27　彼はまた人に騙されてひどい目にあいました。

28　君の料理を、僕が食べ飽きるわけがないじゃないですか。

29　君がまだ赤ちゃんの時に、一度抱っこしたことがあるんだよ。

・子供はまだ歯が生えていないので、固いものは食べられません。

・彼の料理はとても美味しいらしいので、ぜひ食べてみたいと思います。

・彼女は蛙を食べられませんが、私は全く平気です。
・あなたが彼と遊びに行ったら、王君はきっとやきもちを焼きますよ。
・辺鄙な山村に住んでいると、新鮮な魚にはなかなかありつけません。
・八時前に起きれば、朝食に間に合うでしょうか。
・彼はこれで食っているんですよ。
・私はこの中国語ガイド業で食べているんです。
・近年、成人してからも両親の脛をかじっている若者が増えてきています。

・来年退職したら、働かないで年金暮らしをします。

・この仕事はとても骨が折れます。
・一人でこんなにたくさんの仕事をこなすのはちょっと骨です。
・私たちは皆彼にいっぱい食わされたことがあります。
・彼とは違って、俺はテストで零点を取ったことはまだないよ。
・昨日彼のところに行ったけど、まだ怒っていて、門前払いを食わされました。

第4課 喝 hē

"喝"でよく使われる意味は「(液状のものを)飲む、口からお腹に入れる」です。

「"喝"+目的語」が一般的な用法で、"喝水"「水を飲む」、"喝酒"「酒を飲む」と使います。

「"喝"+道具、場所」の言い方もあり、"喝大碗"「大きなお碗で飲む(道具)」、"喝肚子里去"「飲んでお腹(場所)に入れる」などと使います。

30 Nǐ hēguo mòlihuāchá ma?
你 喝过 茉莉花茶 吗？

31 Zhè huí shì wǒ dì yī cì hē xiǎomǐzhōu.
这 回 是 我 第 一 次 喝 小米粥。

32 Tā jīntiān hái méi hēguo jiǔ.
他 今天 还 没 喝过 酒。

33 Shénme shíhou néng hēdào nǐ de xǐjiǔ?
什么 时候 能 喝到 你 的 喜酒？

34 Tā yì kǒu qì hēgān le yì bēi jiǔ.
他 一 口 气 喝干 了 一 杯 酒。

35 Wǒ bú huì hē jiǔ, qǐng búyào jiànguài.
我 不 会 喝 酒，请 不 要 见怪。

36 Yǎnyàoshuǐ bù néng hē, bié ràng háizi suíbiàn názhe wánr.
眼药水 不 能 喝，别 让 孩子 随便 拿着 玩儿。

37 Wǒ róngyì hē zuì, bù gǎn duō hē.
我 容易 喝醉，不 敢 多 喝。

· 他很会喝酒。Tā hěn huì hē jiǔ.
· 先让我喝一杯再说，好不好？ Xiān ràng wǒ hē yì bēi zài shuō, hǎo bu hǎo?
· 最近他会喝酒了。Zuìjìn tā huì hē jiǔ le.
· 他把一杯烈酒一下子喝光了。Tā bǎ yì bēi lièjiǔ yíxiàzi hēguāng le.
· 你容易发酒疯，不应该喝得这么多。Nǐ róngyì fā jiǔfēng, bù yīnggāi hēde zhème duō.
· 没钱也要结婚。我不怕喝西北风。Méi qián yě yào jiéhūn. Wǒ bú pà hē xīběifēng.
· 在广州喝早茶已成了一种饮食文化。Zài Guǎngzhōu hē zǎochá yǐ chéng le yì zhǒng yǐnshí wénhuà.

```
用法例
喝 水      hē shuǐ     水を飲む              喝 茶    hē chá    お茶を飲む
喝 酒      hē jiǔ      酒を飲む
喝到 天 亮  hēdào tiān liàng  明け方まで飲む
喝 大碗    hē dàwǎn    大きなお碗で飲む(道具)
喝进 肚子 里 去  hējìn dùzi li qù  飲んでお腹に入れる(場所)
```

CD 2-4

30　ジャスミン茶を飲んだことがありますか。

31　私はあわ粥を食べたのは今回が初めてです。

32　彼は、今日はまだ酒が入っていません。

33　いつになったらあなたの結婚祝いの酒が飲めるのですか。

34　彼は盃の酒を一口で飲み干しました。

35　私はお酒が全然飲めないんです。悪く思わないでください。

36　目薬は飲めません。子供の手の届かないところに保管してください。

37　私、すぐ酔っ払っちゃうから、お酒は控えているんです。

・彼は相当酒がいけるくちです。
・まずは酒を一杯飲ませてくださいよ。
・最近、彼は酒が飲めるようになりました。
・彼は強い酒をあっという間に飲み干しました。
・君酒癖悪いんだから、そんなに飲まない方がいいよ。
・お金がなくても結婚します。貧乏なんて怖くありません。
・広州では朝の飲茶を食べることが食文化にまでなっています。

第5課　说 shuō

"说"でよく使われる意味は「言う、話す、語る」です。
"说话"「話をする」、"说汉语"「中国語を話す」、"说笑话"「冗談を言う」などと使います。

ほかに、覚えておきたい用法として、次のようなものがあります。
"说得来"「気が合う」、"说不来"「気が合わない」、"说他"「彼に説教する(小言を言う)」、"说我"「私を説教する(私に小言を言う)」、"说媒"「仲人をする」、"我是说"「私が言ってるのは」、"他的意思是说"「彼の言う意味は」、"说相声"「漫才を演じる」

38　Kě bié nàme dānxīn, méiyǒu shuōbukāi de shì.
可 别 那么 担心，没有 说不开 的 事。

39　Fùqin cóng méi shuōguo wǒ.
父亲 从 没 说过 我。

40　Wǒ shì shuō tā de yìjian yě yǒu yídìng de dàoli.
我 是 说 他 的 意见 也 有 一定 的 道理。

41　Wǒmen gōngsī li yǒu huì shuō xiàngsheng de rén.
我们 公司 里 有 会 说 相声 的 人。

42　Tā de pǔtōnghuà shuōde hěn hǎo.
他 的 普通话 说得 很 好。

43　Nǐmen bù gāi tūntūntǔtǔ de, yīnggāi shuōde gāncuì diǎnr.
你们 不 该 吞吞吐吐 的，应该 说得 干脆 点儿。

44　Tā wángù dàojiā le, zěnme yě shuōbutōng.
他 顽固 到家 了，怎么 也 说不通。

用法例
说话　shuōhuà　話をする　　　　　　说笑话　shuō xiàohuà　冗談を言う
说嘴　shuōzuǐ　口はばったいことを言う、大きなことを言う
说不来　shuōbulái　気が合わない
说情　shuōqíng　取りなす、人のために許しを請う
说不得　shuōbude　口にしてはいけない
说开　shuōkāi　誤解を解く、釈明する、打ち明ける
说不开　shuōbukāi　釈明できない、分かり合えない
说他　shuō tā　彼に説教する、小言を言う
说我　shuō wǒ　私に説教する、私に小言を言う
说婆家　shuō pójia　婿を世話する　　　说媒　shuōméi　仲人をする
他的意思是说　tā de yìsi shì shuō　彼の言う意味は
我是说　wǒ shì shuō　私が言ってるのは
说相声　shuō xiàngsheng　漫才をやる　　说评书　shuō píngshū　講談を語る

38 そんなに心配しなくていいですよ。分かり合えないなんてことはないですから。

39 お父さんは一度も私に小言を言ったことがありません。

40 私が言っているのは、彼の意見にも一理あるということです。

41 私たちの会社には漫才ができる人がいます。

42 彼は標準語がとても上手です。

43 あなた方、言葉を濁さないで、はっきり言ってください。

44 彼は頑固一徹で、どう言っても分かってもらえませんでした。

45 Nàge suànguà xiānsheng shuōzhòng le tā de xīnshì.
那个 算卦 先生 说中 了 他 的 心事。

46 Xiānggé shí nián méi jiàn, lǎoyǒumen de huà shuōbuwán.
相隔 十 年 没 见，老友们 的 话 说不完。

- 你会说汉语吗？ Nǐ huì shuō Hànyǔ ma?
- 英语，我会说一点儿。Yīngyǔ, wǒ huì shuō yìdiǎnr.
- 她说不同意。Tā shuō bù tóngyì.
- 爸爸说，他不让我嫁给你呢！Bàba shuō, tā bú ràng wǒ jiàgěi nǐ ne!
- 谁来说情，我也没耳朵听他的。Shéi lái shuōqíng, wǒ yě méi ěrduo tīng tā de.
- 那个人只是说嘴，干不了什么事。Nàge rén zhǐshì shuōzuǐ, gànbuliǎo shénme shì.
- 这件事，怎么说也说不开。Zhè jiàn shì, zěnme shuō yě shuōbukāi.
- 妈妈说我不听话。Māma shuō wǒ bù tīnghuà.
- 我给你说一下。Wǒ gěi nǐ shuō yíxià.
- 把小青说给你家儿子吧。Bǎ Xiǎo Qīng shuō gěi nǐ jiā érzi ba.
- 请你为他说说媒。Qǐng nǐ wèi tā shuōshuo méi.
- 他在大舞台上说评书。Tā zài dàwǔtái shang shuō píngshū.
- 有的朋友还冒着大雨特意到车站来送我们，使我们的心里充满着说不出的感动。
  Yǒu de péngyou hái màozhe dàyǔ tèyì dào chēzhàn lái sòng wǒmen, shǐ wǒmen de xīnli chōngmǎnzhe shuōbuchū de gǎndòng.
- 故宫的历史说来话长，我从哪儿说起好呢？
  Gùgōng de lìshǐ shuō lái huà cháng, wǒ cóng nǎr shuōqǐ hǎo ne?
- 想起当时的场面，我的胃突然有说不上的疼。
  Xiǎngqǐ dāngshí de chǎngmiàn, wǒ de wèi tūrán yǒu shuōbushàng de téng.
- 我喜欢他，可他的好在哪儿，我还是说不上来。
  Wǒ xǐhuan tā, kě tā de hǎo zài nǎr, wǒ háishi shuōbushànglái.
- 就说朋友，只要是说得来就行，不分性别、年龄。
  Jiù shuō péngyou, zhǐyào shì shuōdelái jiù xíng, bù fēn xìngbié, niánlíng.
- 她说好说歹、终于让母亲同意她去留学了。
  Tā shuō hǎo shuō dǎi, zhōngyú ràng mǔqin tóngyì tā qù liúxué le.
- 家丑不可外扬，这事儿他们也不会说出去的。
  Jiāchǒu bùkě wàiyáng, zhè shìr tāmen yě bú huì shuōchūqù de.
- 他在创业之初，说动了朋友来投资。Tā zài chuàngyè zhī chū, shuōdòng le péngyou lái tóuzī.

45 あの占い師は彼の心配事をずばりと言い当てました。

46 十年ぶりに友人に会ったので、話が尽きませんでした。

・あなたは中国語が話せますか。
・英語なら、少しは話せます。
・彼女は賛成しないと言ってました。
・私をあなたの嫁にはやらないと父は言っています！
・誰がとりなしに来ても、私は彼のことなど聞く耳を持ちません。
・あの人は大口をたたいていますが何もできはしません。
・この件は、どう話しても分かってもらえません。
・母は私が言うことを聞かないと言って説教します。
・私が口をきいてあげます。
・シャオチンをお宅の息子さんの嫁にお世話しましょう。
・どうぞ彼のために仲を取り持ってあげてください。
・彼は大舞台で講談を語りました。
・ある友人は、大雨の中わざわざ駅まで私たちを見送りに来てくださり、私たちは本当に言葉では言い表せない感動で胸がいっぱいになりました。

・故宮の歴史は話せば長くなりますよ。どこから話しましょうか。

・その場面を思い出したら、突然、胃にわけの分からない痛みが走りました。

・私は彼が好きです。でも彼のよさはと聞かれても、何と言ったらよいか分かりません。
・友達といえば、気が合うかどうかが一番です。性別や年齢は関係ありません。

・彼女は母親をなんとか説得して、ついには留学を認めてもらいました。

・家の恥は他人に漏らすべからずですから、このことは彼らも言いふらしはしないでしょう。
・彼は事業を始めるにあたって、友人を説得して投資させました。

第6課　唱 chàng

"唱"でよく使われる意味は「歌う」です。
"唱歌儿"「歌を歌う」、"唱高音"「高い声で歌う」などと使います。

ほかに、覚えておきたい用法として、次のようなものがあります。
"唱票"「票を読み上げる(開票で名前を読み上げる)」、"唱戏"「芝居をする」

47 Zánmen yíkuàir chàng zhè shǒu gē ba.
咱们 一块儿 唱 这 首 歌 吧。

48 Qǐng nǐ zài chàng yì shǒu.
请 你 再 唱 一 首。

49 Jīntiān wǒ sǎngzi yǒudiǎnr yǎ, chàngbuhǎo.
今天 我 嗓子 有点儿 哑，唱不好。

50 Wǒ wǔ yīn bù quán, chàngbuhǎo, xiànchǒu lái yì shǒu, bié jiànxiào.
我 五 音 不 全，唱不好，献丑 来 一 首，别 见笑。

51 Tā zài lìng rén zhùmù de dàwǔtái shang chàng zhǔjué.
他 在 令 人 注目 的 大舞台 上 唱 主角。

52 Chàngpiàorén chàngwán le zuìhòu yí piào.
唱票人 唱完 了 最后 一 票。

・她唱了一首歌了。Tā chàng le yì shǒu gē le.
・最近的流行歌曲我可唱不了。Zuìjìn de liúxíng gēqǔ wǒ kě chàngbuliǎo.
・他唱着唱着唱哑了嗓子，后来唱不下去了。
　Tā chàngzhe chàngzhe chàngyǎ le sǎngzi, hòulái chàngbuxiàqù le.
・她唱歌唱得很好。Tā chànggē chàngde hěn hǎo.
・父母教育孩子时，要一个唱红脸一个唱白脸。
　Fùmǔ jiàoyù háizi shí, yào yí ge chàng hóngliǎn yí ge chàng báiliǎn.
・唱完了票，就公布选举结果。Chàngwán le piào, jiù gōngbù xuǎnjǔ jiéguǒ.
・那对夫妻一唱一和，我非常羡慕他们。Nà duì fūqī yí chàng yì hé, wǒ fēicháng xiànmù tāmen.

用法例
唱歌儿　chànggēr　歌を歌う
唱 流行 歌曲　chàng liúxíng gēqǔ　流行歌を歌う
唱戏　chàngxì　芝居を演じる
唱哑 了 嗓子　chàngyǎ le sǎngzi　歌って喉が枯れる
唱 高音　chàng gāoyīn　高い声で歌う
唱走 了 调　chàngzǒu le diào　歌の調子が外れる
唱票　chàngpiào　開票で名前を読み上げる
唱着 数字　chàngzhe shùzì　数字を読み上げる

47 みんなで一緒にこの歌を歌いましょう。

48 もう一曲歌ってください。

49 今日は声が少し枯れていて、うまく歌えません。

50 私は音痴でうまく歌えませんが、思い切って歌いますので、よろしく。

51 彼は人々の注目をあびながら大舞台で主役を演じました。

52 開票係は最後の一票を読み上げました。

・彼女は一曲歌い終わりました。
・私、最近の流行歌は歌えないんです。
・彼は歌いすぎて喉が枯れ、結局歌い続けられませんでした。

・彼女は歌がとてもうまいです。
・両親が子供を教育するときは、一人が善玉、一人が敵役を演じることが必要です。

・票の読み上げが終わると、すぐに選挙結果が公表されました。
・あのご夫婦は阿吽の呼吸で、本当に羨ましいです。

第7課　穿 chuān

"穿"でよく使われる意味は「(衣服を)着る、(靴や靴下を)はく」です。
"穿鞋"「靴をはく」、"穿袜子"「靴下をはく」などと使います。

ほかに、覚えておきたい用法として、次のようなものがあります。
"穿孔"「穴があく」、"穿针"「針に糸を通す」、"穿胡同"「路地を通り抜ける」、"穿玻璃珠"「ビーズをつなぐ」

53 Qiáng zhème hòu, zǐdàn chuānbuguòqù.
墙这么厚，子弹穿不过去。

54 Wǒ měitiān dōu chuānguò zhè tiáo hútòng dào chēzhàn qù.
我每天都穿过这条胡同到车站去。

55 Zhè gēn xiàn hěn duǎn, chuānbuliǎo zhème duō wǔ kuài de yìngbì.
这根线很短，穿不了这么多五块的硬币。

56 Zhè yí cì zhízhèngdǎng suǒ fābiǎo de zhèngcè háishi chuān xīnxié zǒu lǎolù de.
这一次执政党所发表的政策还是穿新鞋走老路的。

57 Wǒ zuìjìn yǒudiǎnr yǎnhuā, hěn nán chuānshàng zhēn.
我最近有点儿眼花，很难穿上针。

- 穿得这么少，不冷吗？ Chuānde zhème shǎo, bù lěng ma?
- 穿和服可不能穿洋鞋。 Chuān héfú kě bù néng chuān yángxié.
- 天这么冷，他还穿着短裤子。 Tiān zhème lěng, tā hái chuānzhe duǎnkùzi.
- 我第一次穿和服，你看怎么样，合适不合适？
  Wǒ dì yī cì chuān héfú, nǐ kàn zěnmeyàng, héshì bu héshì?
- 你都五岁了。五岁的孩子应该能自己穿衣服了。
  Nǐ dōu wǔ suì le. Wǔ suì de háizi yīnggāi néng zìjǐ chuān yīfu le.
- 这根线我穿了半天怎么也穿不进去。 Zhè gēn xiàn wǒ chuān le bàntiān zěnme yě chuānbujìnqù.
- 这辆汽车能穿得过这么窄的小胡同儿吗？
  Zhè liàng qìchē néng chuāndeguò zhème zhǎi de xiǎohútòngr ma?
- 路这么窄，他的轿车可能穿不过来。 Lù zhème zhǎi, tā de jiàochē kěnéng chuānbuguòlái.

用法例			
穿衣裳 chuān yīshang 服を着る		穿袜子 chuān wàzi 靴下をはく	
穿鞋 chuān xié 靴をはく			
穿孔 chuān kǒng 穴があく			
把墙穿个洞 bǎ qiáng chuān ge dòng 壁に穴をあけた			
穿出一个窟窿 chuānchū yí ge kūlong 穴が一つあいた			
穿一个眼 chuān yí ge yǎn 一つ穴があく			
穿针 chuānzhēn 針に糸を通す		穿胡同 chuān hútòng 路地を通り抜ける	
穿小鞋 chuān xiǎoxié 意地悪い扱いを受ける			
穿玻璃珠 chuān bōlizhū ビーズをつなぐ		穿铜钱 chuān tóngqián 銅銭をつなぐ	

CD 2-7

53　こんなに厚い壁なら、銃弾は貫通できません。

54　私は毎日、この路地を通り抜けて駅まで行きます。

55　糸が短くて、こんなにたくさんの五円玉はつなげません。

56　今回与党が発表した政策は、相変わらず旧態依然とした代物です。

57　このところどうも老眼になってきて、針に糸をうまく通せません。

・そんなに薄着で寒くないのですか。
・和服を着るときは靴は絶対駄目です。
・こんなに寒いのに、彼はまだ短パンをはいています。
・私、和服を着たのは初めてなんだけど、似合っているかしら。

・もう五歳でしょ。五歳になったんだから、一人で服を着られるはずですよ。

・何回もやってみたんですが、どうしても針にこの糸を通せません。
・この車で、こんなに狭い路地を通り抜けることができますか。

・道が狭いので、彼の車では入ってこれないでしょう。

第8課　脱 tuō

"脱"でよく使われる意味は「(服、靴を)脱ぐ、除去する」です。
"脱鞋"「靴を脱ぐ」、"脱帽"「帽子を脱ぐ」、"脱衣服"「服を脱ぐ」などと使います。

ほかに、覚えておきたい用法として、次のようなものがあります。
"脱毛"「羽(毛)が抜け替わる」、"脱险"「危険な状態から抜け出す」、"脱字"「字を抜かす」

58　Wǒ bǎ dàyī tuōzài kāfēiguǎn le.
我把大衣脱在咖啡馆了。

59　Tā shǒu shang tuō le yì céng pí.
他手上脱了一层皮。

60　Jīntiān wǒ gōngzuò tài máng, tuōbukāi shēn ne.
今天我工作太忙，脱不开身呢。

61　Nǐ shuō yǒu jíshì yào wǒ bāngmáng, kě wǒ xiànzài yě yǒu shì, tuōbuliǎo shēn.
你说有急事要我帮忙，可我现在也有事，脱不了身。

62　Xiě lùnwén yào zhùyì qiānwàn bié tuō zì.
写论文要注意千万别脱字。

63　Nǐ xiě de wénzhāng, zhè yì háng tuō le liǎng ge zì.
你写的文章，这一行脱了两个字。

- 这个日本餐厅，你们要脱鞋进去。Zhège Rìběn cāntīng, nǐmen yào tuō xié jìnqù.
- 我把衣服脱在这里，后来不见了。Wǒ bǎ yīfu tuōzài zhèli, hòulái bú jiàn le.
- 这只鸟儿正脱着毛呢。Zhè zhī niǎor zhèng tuōzhe máo ne.
- 你放心，他早就脱了险了。Nǐ fàngxīn, tā zǎojiù tuō le xiǎn le.
- 你要想办法尽快脱身。Nǐ yào xiǎng bànfǎ jǐnkuài tuōshēn.
- 你说，人的欲望脱不开"名""利"吗？ Nǐ shuō, rén de yùwàng tuōbukāi "míng" "lì" ma?
- 他这两天一直发高烧，生命垂危，现在总算脱离危险了。
  Tā zhè liǎng tiān yìzhí fā gāoshāo, shēngmìng chuíwēi, xiànzài zǒngsuàn tuōlí wēixiǎn le.
- 警察正在调查电车脱轨的原因。Jǐngchá zhèngzài diàochá diànchē tuōguǐ de yuányīn.

用法例			
脱 鞋 tuō xié 靴を脱ぐ		脱 帽 tuō mào 帽子を脱ぐ	
脱 衣服 tuō yīfu 服を脱ぐ		脱 色 tuōsè 脱色する	
脱 皮 tuōpí 皮がむける		脱 发 tuō fà 髪が抜ける	
脱 毛 tuōmáo 羽(毛)が抜け替わる			
脱成秃子 tuōchéng tūzi 毛が抜けて禿げになる			
脱 身 tuōshēn 抜け出す		脱 险 tuōxiǎn 危険な状態から抜け出す	
脱不了 tuōbuliǎo 抜け出せない		脱不开 tuōbukāi 抜け出せない	
脱 字 tuō zì 字を抜かす			
脱 了 两 个 字 tuō le liǎng ge zì 二字抜かした			

58 私は喫茶店にコートを置き忘れてきました。

59 彼は手の皮がむけました。

60 今日は忙しくて手が離せません。

61 急用で助けて欲しいと言われても、私も用があって手が離せません。

62 論文を書くときは、脱字がないよう十分注意をしましょう。

63 あなたが書いた文章、この一行で二文字抜けていますよ。

・ここの和食レストランは、靴を脱いでから入ってください。
・ここに服を脱いだはずなのに、見当たりません。
・この鳥はちょうど今が羽が抜け替わる時期です。
・心配いりません。彼はもう峠を越えましたよ。
・なんとかして早く手を引きなさい。
・あなたは、人の欲望は"名誉"と"利益"からは離れられないと言うんですか。
・彼はここ数日ずっと高熱が出て危篤でしたが、今は峠を越えました。

・警察は今、電車が脱線した原因を調査中です。

第9課 洗 xǐ

"洗"でよく使われる意味は「洗う」です。
"洗脸"「顔を洗う」、"洗衣服"「洗濯する」などと使います。

ほかに、覚えておきたい用法として、次のようなものがあります。
"洗温泉"「温泉に入る」、"洗冤"「冤罪を晴らす」、"洗胶卷"「フィルムを現像する」、
"洗牌"「牌(トランプ)を切る」

64 Wǒ bù měitiān xǐ yīfu.
我 不 每天 洗 衣服。

65 Yǒu hěn duō yào xǐ de yīfu, jīntiān yì tiān xǐbuwán.
有 很 多 要 洗 的 衣服，今天 一 天 洗不完。

66 Rìběnrén yìbān dōu shì měitiān xǐ yí cì zǎo.
日本人 一般 都 是 每天 洗 一 次 澡。

67 Wǒ cónglái méi xǐguo wēnquán.
我 从来 没 洗过 温泉。

68 Nà yí cì de zhàopiàn xǐchūlái le ma?
那 一 次 的 照片 洗出来 了 吗？

69 Tā yìshí shūhu, xǐdiào le wǒ de lùyīn jiàocái.
他 一时 疏忽，洗掉 了 我 的 录音 教材。

・我要洗冤。Wǒ yào xǐ yuān.
・应该把恶习洗去。Yīnggāi bǎ èxí xǐqù.
・为了防止食物中毒，烹饪用具要经常清洗消毒。
　　Wèile fángzhǐ shíwù zhòngdú, pēngrèn yòngjù yào jīngcháng qīngxǐ xiāodú.
・敌人把这个村子洗劫一空。Dírén bǎ zhège cūnzi xǐjié yì kōng.
・照好的胶卷洗完了吗？Zhàohǎo de jiāojuǎn xǐwán le ma?

用法例
洗手　xǐshǒu　手を洗う　　　　　　洗脸　xǐliǎn　顔を洗う
洗衣服　xǐ yīfu　洗濯する　　　　　　洗温泉　xǐ wēnquán　温泉に入る
洗手不干　xǐshǒu bú gàn　（悪事から）足を洗う
洗冤　xǐ yuān　冤罪を晴らす　　　　　洗耻辱　xǐ chǐrǔ　恥をすすぐ
洗去～　xǐqù～　～を洗いさる　　　　清洗～　qīngxǐ～　きれいに洗う
洗劫～　xǐjié～　奪い去る
洗胶卷　xǐ jiāojuǎn　フィルムを現像する　洗相片　xǐ xiàngpiàn　写真を焼き付ける
洗牌　xǐpái　牌(トランプ)を切る
（录音）洗了　(lùyīn) xǐ le　（録音を）消した

CD 2-9

64 私は毎日は洗濯しません。

65 洗わなくちゃいけない服がたまっていて今日中には洗い終わりません。

66 日本人は普通一日一回お風呂に入ります。

67 私はこれまで温泉に入ったことがありません。

68 あの時の写真は現像できましたか。

69 うっかりして彼は私の録音教材を消してしまいました。

・私は冤罪を晴らさなければいけません。
・悪い習慣はやめなければいけません。
・食中毒を防ぐために、調理用具は常に徹底的に消毒して、清潔にしておかなければなりません。
・敵はこの村を根こそぎ略奪しました。
・撮り終えたフィルムは現像しましたか。

- 谁是庄家呢，快洗牌吧。Shéi shì zhuāngjiā ne, kuài xǐpái ba.
- 酱油的污渍怎么也洗不掉。Jiàngyóu de wūzì zěnme yě xǐbudiào.
- 这个夏天，全家人一起到海滨去洗海澡。Zhège xiàtiān, quánjiārén yìqǐ dào hǎibīn qù xǐ hǎizǎo.
- 我洗耳恭听您的意见。Wǒ xǐ ěr gōng tīng nín de yìjian.

第10課　打 dǎ

"打"は単音節の動詞の中でも用法が24ほどあり、用法例が多彩です。"打"でよく使われる意味は「打つ、たたく」です。
"打门"「ドアをたたく」、"打狗"「犬を殴る」、"打板子"「板でたたく」などと使います。

ほかに、覚えておきたい用法として、次のようなものがあります。
"打玻璃"「ガラスを割る、ガラスが割れる」、"打交道"「付き合う、対応する」、"打毛线"「毛糸を編む」、"打伞"「傘をさす」、"打水"「水を汲む」、"打鱼"「魚をとる」、"打草"「草を刈る」、"打柴"「柴を刈る」、"打酒"「酒を買う」、"打主意"「考えを決める」、"打夜班"「夜勤をする」、"打短工"「臨時雇いになる」、"打秋千"「ブランコに乗る」、"打桥牌"「ブリッジをする」、"打手势"「手まねをする」、"打瞌睡"「居眠りをする」、"打个比喻"「たとえて言う」、"打马虎眼"「ごまかす、さばを読む」、"打个问号"「疑問符を描く」、"打电话"「電話をかける」、"打井"「井戸を掘る」、"打借条"「借用書を書く（もらう）」

・誰が親(荘家)ですか。早くシーパイしましょう。
・洗っても醤油のシミがなかなか落ちません。
・この夏は家族で海水浴に行きます。
・謹んであなたのご意見を拝聴いたします。

用法例

打 门 dǎ mén ドアをたたく	打 针 dǎ zhēn 注射を打つ
打 玻璃 dǎ bōli ガラスを割る(が割れる)	打 鸡蛋 dǎ jīdàn 卵を割る(が割れる)
打 人 dǎ rén 人を殴る	打 狗 dǎ gǒu 犬を殴る
打 官司 dǎ guānsi 論争する、訴訟する	打 交道 dǎ jiāodao 付き合う、対応する
打 墙 dǎ qiáng 壁を築く	打 坝 dǎ bà 堰を築く
打 铁 dǎ tiě 鉄を作る	打 家具 dǎ jiājù 家具を作る
打 鸡蛋 dǎ jīdàn 卵をかきまぜる	打 糨糊 dǎ jiànghu のりをかきまぜる
打 行李 dǎ xíngli (旅行の)荷作りをする	打 箱子 dǎ xiāngzi 箱を縛る
打 十字 dǎ shízì 十字にくくる	打 井字 dǎ jǐngzì 井桁にくくる
打 草鞋 dǎ cǎoxié わらじを編む	打 毛线 dǎ máoxiàn 毛糸を編む
打个问号 dǎ ge wènhào 疑問符をつける	
打 井 dǎ jǐng 井戸を掘る	
打 伞 dǎ sǎn 傘をさす	打 钻 dǎ zuàn 掘削する
打 旗子 dǎ qízi 旗を掲げる	
打 电话 dǎ diànhuà 電話をかける	打 枪 dǎ qiāng 銃を撃つ
打 电报 dǎ diànbào 電報を打つ	打 雷 dǎ léi 雷が鳴る
打 收据 dǎ shōujù 領収書を出す(もらう)	打 借条 dǎ jiètiáo 借用書を書く(もらう)
打 皮 dǎ pí 皮を取り除く	打 虫子 dǎ chóngzi 虫を取り除く
打 水 dǎ shuǐ 水を汲む	打 小盆里 dǎ xiǎopén li 小鉢に汲む
打 酒 dǎ jiǔ 酒を買う	打 车票 dǎ chēpiào 乗車券を買う
打 鸟 dǎ niǎo 鳥を撃つ	打 鱼 dǎ yú 魚をとる
打 草 dǎ cǎo 草を刈る	打 柴 dǎ chái 柴を刈る
打 主意 dǎ zhǔyi 考えを決める	打 草稿 dǎ cǎogǎo 草稿を作る
打 短工 dǎ duǎngōng 臨時雇いになる	打 夜班 dǎ yèbān 夜勤をする
打 秋千 dǎ qiūqiān ブランコに乗る	打 桥牌 dǎ qiáopái ブリッジをする
打 手势 dǎ shǒushì 手まねをする	打 瞌睡 dǎ kēshuì 居眠りをする
打 个 比喻 dǎ ge bǐyù たとえて言う	
打 板子 dǎ bǎnzi 板でたたく、板打ちの刑にする	
打 马虎眼 dǎ mǎhuyǎn ごまかす、さばを読む	

70 Xiǎoxīn bié dǎ le bōli.
小心别打了玻璃。

71 Tā cónglái méi dǎguo jià.
他从来没打过架。

72 Tā shì wǒ de hǎopéngyou. Wǒmen liǎ dǎ jiāodao duōnián le.
她是我的好朋友。我们俩打交道多年了。

73 Táifēng lái xí zhīqián, yào bǎ hédī dǎhǎo.
台风来袭之前,要把河堤打好。

74 Wǒ jiā zhèngzài dǎzhe wéiqiáng.
我家正在打着围墙。

75 Wǒ de xíngli dǎhǎo le, kěyǐ chūfā le.
我的行李打好了,可以出发了。

76 Tā xǐhuan dǎ máoxiàn.
她喜欢打毛线。

77 Zánmen liǎng ge rén dǎ yì bǎ sǎn ba.
咱们两个人打一把伞吧。

78 Zhǔren dǎzhe guóqí huānyíng wǒmen ne.
主人打着国旗欢迎我们呢。

79 Bōlibēi bèi zǐdàn dǎde fěnsuì.
玻璃杯被子弹打得粉碎。

80 Búyòng shāchóngjì, bù hǎo dǎ shù shang de chóngzi ba.
不用杀虫剂,不好打树上的虫子吧。

81 Zài nǎr dǎ shuǐ?
在哪儿打水?

82 Xiǎo shíhou wǒ zài zhèli dǎguo chái, fàngguo yáng.
小时候我在这里打过柴,放过羊。

70 ガラスを割らないように気をつけてください。

71 彼は喧嘩というものをしたためしがありません。

72 彼女はよき友人で、私たちはもう長年付き合っています。

73 台風が来る前に、川の堤防を仕上げなければいけません。

74 うちの家は今ちょうど塀を作っています。

75 私の荷物の梱包は終わりましたので、出発できます。

76 彼女は編み物が好きです。

77 この傘を二人でさしましょう。

78 主人側は国旗を立てて我々を歓迎してくれています。

79 グラスは(弾に)撃たれて砕けました。

80 殺虫剤を使わなければ、樹についた虫は駆除できないでしょう。

81 水はどこで汲むのですか。

82 子供の頃私はここで柴を刈り、羊の番をしました。

83　Zuò shénme tā zǒngshì xiān dǎda zìjǐ de xiǎosuànpan.
　　做什么他总是先打打自己的小算盘。

84　Jiāli háizi bìng le, wǒ jīntiān dǎbuliǎo yègōng le.
　　家里孩子病了，我今天打不了夜工了。

85　Tā dǎ pīngpāng dǎ páiqiú dōu yǒu liǎngxiàzi.
　　他打乒乓打排球都有两下子。

86　Tā dǎchū yí ge shǒushi yào gàosu wǒ shénme, kěshì wǒ kànbudǒng.
　　他打出一个手势要告诉我什么，可是我看不懂。

87　Tā gēn wǒ dǎ mǎhuyǎn le.
　　他跟我打马虎眼了。

88　Wǒ gěi tāmen dǎ le ge bǐyù, kěshì tāmen háishi bù míngbai.
　　我给他们打了个比喻，可是他们还是不明白。

89　Wǒ yǐjīng dǎdìng zhǔyi le.
　　我已经打定主意了。

90　Zhèli de bōlibēi quán dōu bèi tā dǎhuài le.
　　这里的玻璃杯全都被他打坏了。

91　Zhècì bǐsài huì bàochū lěngmén. Wǒ bù gǎn dǎ dǔ.
　　这次比赛会爆出冷门。我不敢打赌。

92　Nǐ kě yào xiǎoxīn diǎnr, miǎnde dǎ cǎo jīng shé.
　　你可要小心点儿，免得打草惊蛇。

· 你把木橛子打进去吧。Nǐ bǎ mùjuézi dǎjìnqù ba.
· 把锣打响一点儿。Bǎ luó dǎ xiǎng yìdiǎnr.
· 往锅里打了一个鸡蛋。Wǎng guō li dǎ le yí ge jīdàn.
· 你们快去劝一劝，别让他们打起来。Nǐmen kuài qù quàn yi quàn, bié ràng tāmen dǎqǐlái.
· 孩子们在胡同里正打着呢。Háizimen zài hútòng li zhèng dǎzhe ne.
· 我跟那种不知礼节的人可打不了交道。Wǒ gēn nà zhǒng bù zhī lǐjié de rén kě dǎbuliǎo jiāodao.
· 我跟那家公司正打着官司呢。Wǒ gēn nà jiā gōngsī zhèng dǎzhe guānsi ne.
· 打了一个上午，才打出一把椅子来。Dǎ le yí ge shàngwǔ, cái dǎchū yì bǎ yǐzi lái.
· 把这佐料打到里面去吧。Bǎ zhè zuǒliào dǎdào lǐmiàn qù ba.

| 83 | 何事につけ彼はまず自分の損得を考えます。

| 84 | 子供が病気なので、今日は夜勤はできません。

| 85 | 彼は卓球もバレーボールも得意です。

| 86 | 彼は私に手で何か合図をしたのですが、私には分かりませんでした。

| 87 | 彼は私にいいかげんなことを言ってごまかしました。

| 88 | 彼らにたとえ話をしたのですが、やっぱり分かってもらえませんでした。

| 89 | 私は既に考えを決めました。

| 90 | ここのコップは全部彼に壊されてしまいました。

| 91 | 今回の試合では番狂わせがありそうだから、どうも賭ける気になりません。

| 92 | やぶ蛇にならないように十分注意してください。

・木の杭を打ってください。
・ドラをもう少し強くたたいてください。
・鍋に卵を一つ割って入れました。
・あなたたち早く行って、喧嘩しないように彼らを説得してください。
・子供たちが小路で喧嘩をしています。
・私はあんな礼儀知らずな人とは付き合えません。
・今私はあの会社と裁判をやっています。
・午前中いっぱいかかって、やっと椅子を一脚作り上げました。
・この調味料を中にまぜ入れてください。

— 47 —

- 还要打进去一点儿水。Hái yào dǎjìnqù yìdiǎnr shuǐ.
- 把鞋油打上去。Bǎ xiéyóu dǎshàngqù.
- 脑子里打上了一个问号。Nǎozi li dǎshàng le yí ge wènhào.
- 去年我家打了一口井。Qùnián wǒ jiā dǎ le yì kǒu jǐng.
- 看来水井打错了位置。Kànlái shuǐjǐng dǎcuò le wèizhi.
- 我小时候几乎没打过电话，可现在小学生都天天熬电话粥呢。Wǒ xiǎo shíhou jīhū méi dǎguo diànhuà, kě xiànzài xiǎoxuéshēng dōu tiāntiān áo diànhuàzhōu ne.
- 打给我一张收据吧。Dǎgěi wǒ yì zhāng shōujù ba.
- 我打给你一封介绍信。Wǒ dǎgěi nǐ yì fēng jièshàoxìn.
- 这把水果刀不好使，打不了皮呢。Zhè bǎ shuǐguǒdāo bù hǎo shǐ, dǎbuliǎo pí ne.
- 让他打油，他给打成酒回来了。Ràng tā dǎ yóu, tā gěi dǎchéng jiǔ huílái le.
- 我现在替你们打电车票，你们在这里稍微等等。Wǒ xiànzài tì nǐmen dǎ diànchēpiào, nǐmen zài zhèli shāowēi děngdeng.
- 老公正为客人打着鱼呢。Lǎogōng zhèng wèi kèren dǎzhe yú ne.
- 他打了半天，一只鸟也没打着。Tā dǎ le bàntiān, yì zhī niǎo yě méi dǎzháo.
- 她身体还没康复，打不了草。Tā shēntǐ hái méi kāngfù, dǎbuliǎo cǎo.
- 他年纪虽小，但打起杂儿来还挺麻利。Tā niánjì suī xiǎo, dàn dǎqǐ zár lái hái tǐng máli.
- 孩子们要我一块儿到公园去打秋千。Háizimen yào wǒ yíkuàir dào gōngyuán qù dǎ qiūqiān.
- 上课的时候不要打瞌睡。Shàngkè de shíhou búyào dǎ kēshuì.
- 以前我和他打过架，不打不成交，现在关系反而很好。Yǐqián wǒ hé tā dǎguo jià, bù dǎ bù chéngjiāo, xiànzài guānxi fǎn'ér hěn hǎo.
- 妈妈在炉子前打着毛线。Māma zài lúzi qián dǎzhe máoxiàn.
- 孩子很小，没有腕力，打不好水。Háizi hěn xiǎo, méiyǒu wànlì, dǎbuhǎo shuǐ.
- 她身体还没好，打不了工。Tā shēntǐ hái méi hǎo, dǎbuliǎo gōng.
- 我在打工时认识了一个很漂亮的女生。后来我就跟她交朋友了。Wǒ zài dǎgōng shí rènshi le yí ge hěn piàoliang de nǚshēng. Hòulái wǒ jiù gēn tā jiāo péngyou le.
- 你要打官司就打吧，我一点都不怕。Nǐ yào dǎ guānsi jiù dǎ ba, wǒ yìdiǎn dōu bú pà.
- 这篇论文光打草稿，就花了半个月。Zhè piān lùnwén guāng dǎ cǎogǎo, jiù huā le bàn ge yuè.
- 看不懂的地方要打上记号，等上课的时候向老师请教。Kànbudǒng de dìfang yào dǎshàng jìhào, děng shàngkè de shíhou xiàng lǎoshī qǐngjiào.

- もう少し中に水を足さなければいけません。
- 靴に靴墨を塗りなさい。
- 頭に疑問が浮かびました。
- 去年我が家では井戸を掘りました。
- どうも井戸を掘る場所を間違えたようです。
- 私が子供の頃はほとんど電話をかけたこともないのに、今の小学生は毎日長電話をしています。
- 領収書をお願いします。
- 私があなたの紹介の手紙を書きましょう。
- この果物ナイフは使えません。皮がむけません。
- 油を買いにいかせたのに、彼は酒を買って帰ってきました。
- これから私が電車の切符を買ってきますから、皆さんはここで少々お待ちください。
- 主人は今お客さんのために魚を捕りにいっています。
- 半日かけても鳥一羽さえ捕まえられませんでした。
- 彼女はまだ体がちゃんと回復していないので、草刈はできません。
- 彼はまだ小さいけれど、雑用をやらせたらとてもてきぱきやります。
- 子供が公園へ行って一緒にブランコに乗りたいというのです。
- 授業中に居眠りをしてはいけません。
- 以前彼とは喧嘩したことがありますが、雨降って地固まるで、今ではかえって仲よくしています。
- 暖炉の前でお母さんが編み物をしています。
- 小さな子だから腕の力がなくて、ちゃんと水を汲めません。
- 彼女は体が治りきっていないのですから、残業は無理でしょう。
- アルバイトをしていたときにきれいな女学生と知り合って、友達になりました。

- 訴えたかったら訴えろ。こっちは少しも怖くはないよ。
- この論文は、草稿を書くだけで、半月かかりました。
- 見て分からないところは印をつけておいて、授業中に先生に質問しましょう。

第11課 拿 ná

"拿"でよく使われる意味は「つかむ、持つ、取る」です。
"拿筷子"「箸を持つ」、"拿一本书"「本を一冊持つ」などと使います。

ほかに、覚えておきたい用法として、次のようなものがあります。
"拿贼"「泥棒を捕まえる」、"拿人"「困らせる、付け込む」、"拿着把柄"「弱みを握っている」、"拿主意"「考えを出す」

"拿"には本来の動詞の意味が薄れた介詞(前置詞)としての用法もあります。

93 Nǐ shǒu li názhe shénme dōngxi?
你 手 里 拿着 什么 东西?

94 Nǐ bǎ zhè běn shū náqù gěi tā kànkan.
你 把 这 本 书 拿去 给 他 看看。

95 Quánguó tōngjī de fànrén ràng jǐngchá názháo le.
全国 通缉 的 犯人 让 警察 拿着 了。

96 Xīwàng shàngtiān bǎoyòu, niánmò chōujiǎng, wǒ ná yì děng jiǎng.
希望 上天 保佑, 年末 抽奖, 我 拿 一 等 奖。

97 Nǐ dōu wǔ suì le, yào náchū dāng gēge de yàngzi lái.
你 都 五 岁 了, 要 拿出 当 哥哥 的 样子 来。

98 Shuōhuà yīnggāi yào shuō le suàn, dào shí nǐ kě bié ná wǒ yì bǎ.
说话 应该 要 说 了 算, 到 时 你 可 别 拿 我 一 把。

99 Tā názhe wǒmen de bǎbǐng.
他 拿着 我们 的 把柄。

用法例

拿 筷子　ná kuàizi　箸を持つ　　　　　拿 一 本 书　ná yì běn shū　本を一冊持つ
拿 一 把 刀　ná yì bǎ dāo　ナイフを一つ持つ
拿 屋 里 去　ná wū li qù　部屋に持っていく
拿 贼　ná zéi　泥棒を捕まえる
拿 他 入狱　ná tā rùyù　彼を捉えて牢に入れる
拿 工资　ná gōngzī　給料を受け取る
拿出～的样子　náchū～de yàngzi　～のふりをする
拿人　nárén　困らせる、付け込む
～拿 我 一 把　～ná wǒ yì bǎ　～が私を困らせる
拿着 大权　názhe dàquán　権力を握っている
拿着 把柄　názhe bǎbǐng　弱みを握っている
拿 主意　ná zhǔyi　考えを出す　　　　拿 办法　ná bànfǎ　やり方を考え出す
叫～拿黄　jiào～ná huáng　～で黄色くなる
用～拿一下儿　yòng～ná yíxiàr　～で変化させる

93 あなたが手に持っているのは何ですか。

94 この本を持っていって彼に見せてやってください。

95 全国指名手配の犯人は警察に捕まりました。

96 年末宝くじで一等が当たりますように。神様お願いします。

97 もう五歳なんだから、お兄ちゃんらしくしなさい。

98 言ったことはちゃんと守ってください。その時になって困らせないでください。

99 彼女は我々の弱みを握っています。

100 他 不 会 拿出 好主意 来。
Tā bú huì náchū hǎozhǔyi lái.

101 行李 这么 多，我 一 个 人 拿不了。
Xíngli zhème duō, wǒ yí ge rén nábuliǎo.

102 这个 箱子 太 沉，我 怎么 也 拿不动。
Zhège xiāngzi tài chén, wǒ zěnme yě nábudòng.

103 这个 蔬菜 可以 拿来 做 色拉。
Zhège shūcài kěyǐ nálái zuò sèlā.

・那个美国人会拿着筷子吃饭，真了不起。
　Nàge Měiguórén huì názhe kuàizi chīfàn, zhēn liǎobuqǐ.
・他偶然拿住了一个小偷，有些自鸣得意。
　Tā ǒurán názhù le yí ge xiǎotōu, yǒuxiē zì míng dé yì.
・我们去求他，他又拿起乔来了。Wǒmen qù qiú tā, tā yòu náqǐ qiáo lái le.
・要把对方的弱点拿到手里来。Yào bǎ duìfāng de ruòdiǎn nádào shǒu li lái.
・别问了，我拿不出什么主意。Bié wèn le, wǒ nábuchū shénme zhǔyi.
・洗回来的白衬衫被洗衣粉拿黄了。Xǐhuílái de báichènshān bèi xǐyīfěn ná huáng le.
・这种草药拿来治便秘很有效。Zhè zhǒng cǎoyào nálái zhì biànmì hěn yǒuxiào.
・答应不答应他的求婚，我还拿不定主意。Dāying bu dāying tā de qiúhūn, wǒ hái nábudìng zhǔyi.
・将来的事，谁都拿不准。Jiānglái de shì, shéi dōu nábuzhǔn.
・走这个江湖不简单，你小心别让人家拿了大头。
　Zǒu zhège jiānghú bù jiǎndān, nǐ xiǎoxīn bié ràng rénjia ná le dàtóu.

第12課　拍 pāi　　　　　　　　　　　　　　12/93

"拍"でよく使われる意味は「たたく、はたく、打つ」です。
"拍手"「手をたたく」、"拍桌子"「机をたたく」などと使います。

ほかに、覚えておきたい用法として、次のようなものがあります。
"拍风景"「風景を撮る」、"拍电报"「電報を打つ」、"拍马屁"「おべっかを使う」

---

104 这个 制片厂 一 年 要 拍上 二 十 部 电影。
Zhège zhìpiànchǎng yì nián yào pāishàng èr shí bù diànyǐng.

100 彼ではよい考えを出せません。

101 荷物がこんなに多くては、私一人で持ちきれません。

102 この箱は重すぎて、どうやっても持ち上げられません。

103 この野菜でサラダを作れます。

・あのアメリカ人は箸で食事をしています。大したものです。

・彼は偶然泥棒を捕まえて得意満面です。

・我々が彼に頼みに行くと、彼はまたもったいをつけ始めました。
・先方の弱みを握らなければなりません。
・私に聞いても、何の考えも出せません。
・クリーニングに出した白いワイシャツが洗剤で黄色くなりました。
・この薬草は便秘によく効きます。
・彼からのプロポーズにOKするかどうか、私はまだ決めきれません。
・将来のことは誰だって正確に予測できません。
・この業界を渡り歩くのは簡単ではありません。食い物にされないよう気をつけてください。

用法例
拍手　pāishǒu　手をたたく
拍 桌子　pāi zhuōzi　机をたたく
拍 风景　pāi fēngjǐng　風景を撮る
拍 电报　pāi diànbào　電報を打つ
拍 上级　pāi shàngjí　上司におべっかを使う
拍 马屁　pāi mǎpì　おべっかを使う

拍 球　pāi qiú　マリをつく
拍 肩膀　pāi jiānbǎng　肩をたたく
拍 人物　pāi rénwù　人物を撮る
拍 加急　pāi jiājí　至急電報を打つ

104 この撮影所では年に二十本の映画を制作します。

105 Zhèli guāngxiàn búgòu, rénxiàng pāibushàng.
这里 光线 不够，人像 拍不上。

106 Nàge dǎoyǎn hěn niánqīng, búguò yǐjīng pāigguo hǎoduō diànyǐng le.
那个 导演 很 年轻，不过 已经 拍过 好多 电影 了。

107 Dāngshí diànhuà dǎbutōng, diànbào yě pāibuchūqù zhēn jí rén.
当时 电话 打不通，电报 也 拍不出去 真 急 人。

108 Wǒ péngyou jiéhūn le. Gāngcái wǒ gěi tāmen pāi le hèdiàn le.
我 朋友 结婚 了。刚才 我 给 他们 拍 了 贺电 了。

109 Wǒ píngshí bú huì pāi mǎpì, xiǎng pāi yě pāibuchéng.
我 平时 不 会 拍 马屁，想 拍 也 拍不成。

110 Tā pāizhe xiōngpú shuō dàhuà.
他 拍着 胸脯 说 大话。

- 他拍着桌子大骂了一通。Tā pāizhe zhuōzi dà mà le yì tōng.
- 拍掉毯子上的灰尘。Pāidiào tǎnzi shang de huīchén.
- 我女儿现在拍着球玩儿呢。Wǒ nǚ'ér xiànzài pāizhe qiú wánr ne.
- 在这里可以拍照片吗？Zài zhèli kěyǐ pāi zhàopiàn ma?
- 这里逆光，你的脸色太暗，拍不好。Zhèli nìguāng, nǐ de liǎnsè tài àn, pāibuhǎo.
- 他拍富士山的照片，拍得很好。Tā pāi Fùshìshān de zhàopiàn, pāide hěn hǎo.
- 我要拍樱花盛开的美丽景色。Wǒ yào pāi yīnghuā shèngkāi de měilì jǐngsè.
- 他打算下次以唐代为背景拍戏。Tā dǎsuan xiàcì yǐ Tángdài wéi bèijǐng pāi xì.
- 这个电视剧很受欢迎，会继续拍到明年。
Zhège diànshìjù hěn shòu huānyíng, huì jìxù pāidào míngnián.
- 吊电应该拍到丧主那儿去。Diàodiàn yīnggāi pāidào sāngzhǔ nàr qù.
- 在我们公司里，马屁可拍不得。Zài wǒmen gōngsī li, mǎpì kě pāibude.
- 他又给上级拍起马屁来了，真叫人恶心。
Tā yòu gěi shàngjí pāiqǐ mǎpì lái le, zhēn jiào rén ěxin.
- 随着导演的一声"停"，现场人员一齐拍手叫起好来。
Suízhe dǎoyǎn de yì shēng "tíng", xiànchǎng rényuán yìqí pāishǒu jiàoqǐ hǎo lái.
- 她是个令人拍案叫绝的服装设计师。Tā shì ge lìng rén pāi'àn jiàojué de fúzhuāng shèjìshī.

105 ここは暗すぎて、人物は撮影できません。

106 あの監督はまだ若いのですが、たくさん映画を撮っています。

107 あの時は電話は通じないし、電報も打てなくて、本当にやきもきしました。

108 友達が結婚したので、ちょうど今、祝電を打ってきたところです。

109 私は普段からごまなんかすれないし、すろうとしてもうまくできません。

110 彼は何でもかんでも安請け合いします。

・彼は机をたたいて激しく罵りました。
・毛布のほこりをはたきおとします。
・娘は今、マリつきをして遊んでいます。
・ここで写真を撮ってもいいですか。
・ここは逆光なので、あなたの顔が写りません。
・彼が撮った富士山の写真は、本当によく撮れています。
・桜満開の美しい景色を写真に撮りたいです。
・彼は次回、唐の時代を舞台にした映画を撮ろうと考えています。
・このテレビドラマは人気があって、来年までやります。

・弔電は喪主宛に出さなければいけません。
・我々の会社では、おべっかを使ってはいけません。
・彼はまた上司におべっかを使っている。本当にむかつく。

・監督の「カット！」の一声で、現場スタッフは一斉に拍手喝采しました。

・彼女は絶賛されているファッションデザイナーです。

第13課　帯 dài

"带"でよく使われる意味は「持つ、携帯する」です。
"带手表"「腕時計をはめる」、"带饭"「弁当を持つ」、"带护照"「パスポートを携帯する」などと使います。

ほかに、覚えておきたい用法として、次のようなものがあります。
"带刺儿"「(話に)とげがある」、"带腥味儿"「生臭い」、"面带笑容"「にこにこ顔をしている」、"带盖儿"「蓋がついている」、"带孩子"「子どもを引き連れる」、"把大家的情绪带上来了"「みんなの気持ちを引き上げた」

111　Qǐng dàjiā dàihǎo zìjǐ de dōngxi.
　　请 大家 带好 自己 的 东西。

112　Bié wàng le dài hùzhào.
　　别 忘 了 带 护照。

113　Wǒ cóng Hángzhōu gěi nǐ dài le diǎnr hǎo cháyè lái.
　　我 从 杭州 给 你 带 了 点儿 好 茶叶 来。

114　Tā shuōhuà dàicìr bú yì jiējìn.
　　他 说话 带刺儿 不 易 接近。

115　Chūntiān de shūcài dàizhe diǎnr kǔwèi, zhēn hǎochī.
　　春天 的 蔬菜 带着 点儿 苦味, 真 好吃。

116　Tā liǎn shang dàizhe wēixiào xiàng wǒ diǎn le diǎn tóu.
　　她 脸 上 带着 微笑 向 我 点 了 点 头。

用法例

帯 手表　dài shǒubiǎo　腕時計をはめる　　帯 饭　dài fàn　弁当を持つ
帯 护照　dài hùzhào　パスポートを携帯する
帯 笔记本 电脑　dài bǐjìběn diànnǎo　ノートパソコンを携帯する
帯上 一 笔　dàishàng yì bǐ　一筆書き添える
帯给 我 的　dàigěi wǒ de　ついでに私の分を持ってきて
帯刺儿　dàicìr　（話に）とげがある　　帯 腥味儿　dài xīngwèir　生臭い
面 帯 笑容　miàn dài xiàoróng　にこにこ顔をしている
帯 刺激性　dài cìjīxìng　刺激がある
身上 帯着～　shēnshang dàizhe～　体に～を帯びている
帯 盖子　dài gàizi　蓋がついている
帯 大家 参观　dài dàjiā cānguān　皆を連れて見学する
帯 孩子　dài háizi　子どもを引き連れる
帯 群众　dài qúnzhòng　大衆に範を示す
把 大家 的 情绪 帯上来 了　bǎ dàjiā de qíngxù dàishànglái le
　みんなの気持ちを引き上げた
由～帯大 的　yóu～dàidà de　～により育てられた

111 皆さん、どうか忘れ物をしないでください。

112 パスポートを忘れないようにしてください。

113 杭州からあなたにいいお茶を持ってきました。

114 彼は言葉にとげがあって、近寄りがたいです。

115 春の野菜は少し苦味を帯びていて、とても美味しいです。

116 彼女は微笑みながら私にうなずきました。

117 Zhèli lián dìpí dài fángzi yígòng yì qiān wǔ bǎi wàn Rìyuán.
这里 连 地皮 带 房子 一共 一 千 五 百 万 日元。

118 Jīntiān wǒ yào dài háizimen dào Dōngjīng Díshìní lèyuán qù.
今天 我 要 带 孩子们 到 东京 迪士尼 乐园 去。

119 Hǎoxiāoxi yì chuánlái, bǎ wǒmen dàjiā de qíngxù yě dàishànglái le.
好消息 一 传来，把 我们 大家 的 情绪 也 带上来 了。

120 Fùqin sǐ le yǐhòu, mǔqin yí ge rén bǎ wǒ dàidà de.
父亲 死 了 以后，母亲 一 个 人 把 我 带大 的。

121 Tā zài fāyán shí, bǎ zìjǐ de gǎnqíng dōu dàichūlái le.
他 在 发言 时，把 自己 的 感情 都 带出来 了。

- 这笔记本电脑是她带来的。Zhè bǐjìběn diànnǎo shì tā dàilái de.
- 请你把我的辞典从楼上带下来。Qǐng nǐ bǎ wǒ de cídiǎn cóng lóu shang dàixiàlái.
- 请你给我带上一笔。Qǐng nǐ gěi wǒ dàishàng yì bǐ.
- 这部电影带刺激性，不能让孩子们看。Zhè bù diànyǐng dài cìjīxìng, bù néng ràng háizimen kàn.
- 他脸上带着微笑陪坐在我们旁边。Tā liǎn shang dàizhe wēixiào péizuòzài wǒmen pángbiān.
- 这带盖儿的玻璃茶杯很好使。Zhè dài gàir de bōli chábēi hěn hǎo shǐ.
- 导游带了三十多个游客进来了。Dǎoyóu dài le sān shí duō ge yóukè jìnlái le.
- 老师教得很耐心，带的学生也爱学习了。Lǎoshī jiāode hěn nàixīn, dài de xuésheng yě ài xuéxí le.
- 我想带女朋友一起去东京迪士尼海洋。Wǒ xiǎng dài nǚpéngyou yìqǐ qù Dōngjīng Díshìní hǎiyáng.
- 他的那种带理不理的态度，太令人失望了。Tā de nà zhǒng dài lǐ bù lǐ de tàidu, tài lìng rén shīwàng le.
- 你是老大，应该在家里起带头作用。Nǐ shì lǎodà, yīnggāi zài jiāli qǐ dàitóu zuòyòng.
- 我也去同样的方向，可以给你带路。Wǒ yě qù tóngyàng de fāngxiàng, kěyǐ gěi nǐ dàilù.

117 このあたりでは土地、建物、併せて一千五百万円します。

118 今日は、子供たちを連れてディズニーランドへ行きます。

119 よい知らせがみんなを元気づけてくれました。

120 父が死んで以来、母は一人で私を育ててくれました。

121 彼は発言するとき、気持ちのこもった言い方をしていました。

・このノートパソコンは彼女が持ってきたものです。
・すみませんが、私の辞典を上の階から持ってきてください。
・私からよろしくと一筆書き添えておいてください。
・この映画は刺激的なので、子供に見せることはできません。
・彼は微笑みを浮かべて私たちの相手をしてくれました。
・蓋つきのガラスのティーカップは、とても使いやすいです。
・ガイドさんが三十人以上の観光客を連れて入ってきました。
・先生が辛抱強く教えたので、学生たちも学ぶことが好きになりました。
・ガールフレンドと一緒に、ディズニーシーに行きたいです。
・彼のあの不愛想な態度には、全く失望させられました。

・あなた長男なんだから、しっかりしなきゃ駄目ですよ。
・私も同じ方向へ行くので、ご案内しましょう。

第14課 放 fàng

"放"でよく使われる意味は「置く、入れる、下ろす」です。

「"放"＋目的語」が一般的な言い方で、"放东西"「物を置く」、"放桌子"「テーブルを置く」、"放盐"「塩を入れる」などと使います。

「"放"＋場所」の言い方もあり、"放办公室"「事務室に置く」、"放桌子上"「机の上に置く」、"放锅里"「鍋に入れる」、"放汤里"「スープに入れる」などと使います。

ほかに、覚えておきたい用法として、次のようなものがあります。
"放学"「学校が引ける」、"放牛"「牛を放牧する」、"放到草地里"「野原に放牧する」、"放气球"「風船を飛ばす」、"放炮"「大砲を撃つ」、"放爆竹"「爆竹を鳴らす」、"放款"「(銀行が)貸し付ける」、"放倒"「樹を切り倒す」、"放老实点儿"「少しおとなしくしろ」、"把音量放小"「音を下げる」、"放电影"「映画を上映する」

122 Qǐng bǎ zhè běn shū fàngzài shūjià shang.
请把这本书放在书架上。

123 Nǐ bǎ qiánbāo fàngzài bǎoxiǎnguì li ba.
你把钱包放在保险柜里吧。

124 Kànwán zhè běn shū, qǐng fànghuí yuánchù.
看完这本书，请放回原处。

用法例

放 桌子	fàng zhuōzi	テーブルを置く	放 电视机 fàng diànshìjī テレビを置く
放 桌子 上	fàng zhuōzi shang	机の上に置く	放 办公室 fàng bàngōngshì 事務室に置く
放 东西	fàng dōngxi	物を置く	放下 武器 fàngxià wǔqì 武器を置く
放 水	fàng shuǐ	水を入れる	放 盐 fàng yán 塩を入れる
放 锅里	fàng guō li	鍋に入れる	放 汤 里 fàng tāng li スープに入れる
放 鸟	fàng niǎo	鳥を逃がす	放 俘虏 fàng fúlǔ 捕虜を釈放する
放学	fàngxué	学校が引ける	放假 fàngjià 学校が休みになる
放 牛	fàng niú	牛を放牧する	放羊 fàngyáng 羊を放牧する
放 野地 里	fàng yědì li	野原に放牧する	
放到 草地 里	fàngdào cǎodì li	野原に放牧する	
放 风筝	fàng fēngzheng	凧を揚げる	放 气球 fàng qìqiú 風船を飛ばす
放 火箭	fàng huǒjiàn	ロケットを上げる	放炮 fàngpào 大砲を撃つ
放 水	fàng shuǐ	放水する	放 味儿 fàng wèir 臭いがする
放 光	fàng guāng	光を放つ	放 天上 fàng tiānshàng 天上に放つ
放 爆竹	fàng bàozhú	爆竹を鳴らす	放火 fànghuǒ 放火する、火をつける
放款	fàngkuǎn	（銀行が）貸し付ける	
放 高利贷	fàng gāolìdài	高利の貸し付けを行う	
放 袖子	fàng xiùzi	袖を広げる	放 照片 fàng zhàopiàn 写真を引き伸ばす
放大	fàngdà	拡大する	放宽 fàngkuān ゆるめる、くつろげる
放 工作	fàng gōngzuò	仕事を放っておく	
放 了 一 年	fàng le yì nián	一年間放っておく	
放 树	fàng shù	樹を切り倒す	放倒 fàngdǎo 樹を切り倒す
放 老实 点儿	fàng lǎoshi diǎnr	少しおとなしくしろ	
把 音量 放小	bǎ yīnliàng fàngxiǎo	音を下げる	
放 电视	fàng diànshì	テレビをつける	放 电影 fàng diànyǐng 映画を上映する

CD 2-14

122 この本を書棚に置いてください。

123 財布は金庫にしまっておきなさい。

124 本を読み終わったら、元のところへ戻しておいてください。

125 Zhège fángjiān bú dà, fàngbuxià zhème dà de shāfā.
这个房间不大,放不下这么大的沙发。

126 Cóng xià ge xīngqī kāishǐ wǒmen jiù fàng shǔjià le.
从下个星期开始我们就放暑假了。

127 Yǐqián wǒ méi fàngguo zhème dà de fēngzheng.
以前我没放过这么大的风筝。

128 Bié pà, nǐ bǎ dǎnzi fàngdà xiē ba.
别怕,你把胆子放大些吧。

129 Nǐ xiān bǎ zhè shì fàngdào yìbiān ba.
你先把这事放到一边吧。

130 Tā zǎo bǎ zìjǐ de lìyì fàngdào nǎo hòu qù le.
他早把自己的利益放到脑后去了。

131 Qǐng bǎ yīnliàng fàngxiǎo diǎnr.
请把音量放小点儿。

132 Zhège dìfang xiǎodiànshìtái fàngguo xǔduō hǎojiémù.
这个地方小电视台放过许多好节目。

133 Zhège fángjiān hěn xiǎo, fàngbukāi nàme duō dōngxi.
这个房间很小,放不开那么多东西。

134 Zhíwù zài guānghé zuòyòng xià, xīshōu èryǎnghuàtàn ér fàngchū yǎngqì.
植物在光合作用下,吸收二氧化碳而放出氧气。

135 Zhège wèntí zěnme néng fàngzhe bù guǎn ne? Zánmen zài yánjiū yíxià ba.
这个问题怎么能放着不管呢?咱们再研究一下吧。

· 这个超市很大,自行车该放在哪里呢? Zhège chāoshì hěn dà, zìxíngchē gāi fàngzài nǎli ne?

· 她喝咖啡不放糖。Tā hē kāfēi bú fàng táng.
· 别把味精放到汤里去。Bié bǎ wèijīng fàngdào tāng li qù.
· 把料酒放到锅里去。Bǎ liàojiǔ fàngdào guō li qù.
· 她放了一只小鸟。Tā fàng le yì zhī xiǎoniǎo.
· 他们是不会放俘虏的。Tāmen shì bú huì fàng fúlǔ de.
· 完成这个任务就放他们两天假。Wánchéng zhège rènwu jiù fàng tāmen liǎng tiān jià.

125 この部屋は狭いので、こんなに大きなソファーは置けません。

126 来週から夏休みになります。

127 こんなに大きな凧は揚げたことがありません。

128 怖がらないで、もっと気を大きく持ってください。

129 このことはひとまず放っておきましょう。

130 彼はとっくに、自分の利益のことは念頭に置いていません。

131 ボリュームを少し下げてください。

132 この地方局は、様々なよい番組を放映しています。

133 この部屋狭すぎて、そんなに多くの物は置けません。

134 植物は光合成を行うとき、二酸化炭素を吸収して酸素を放出します。

135 この問題は放ってはおけません。みんなでもう一度検討しましょう。

・このスーパーマーケットはとても大きいですが、自転車はどこへ置けばいいでしょうか。
・彼女はコーヒーに砂糖を入れません。
・スープに化学調味料を入れないでください。
・料理酒を鍋に入れます。
・彼女は小鳥を逃がしました。
・彼らが捕虜を逃がすことなどありえません。
・この任務が終わったら、彼らに二日間休みをあげましょう。

- 现在我们还放着假呢，可以带你去浅草寺。Xiànzài wǒmen hái fàngzhe jià ne, kěyǐ dài nǐ qù Qiǎncǎosì.
- 我没放过牲口。Wǒ méi fàngguo shēngkou.
- 这匹烈马放不得，放了就无法收回来。Zhè pǐ lièmǎ fàngbude, fàng le jiù wúfǎ shōuhuílái.
- 他把羊放到草地里去了。Tā bǎ yáng fàngdào cǎodì li qù le.
- 远处放着机关枪。Yuǎnchù fàngzhe jīguānqiāng.
- 火箭放上天去了。Huǒjiàn fàngshàng tiān qù le.
- 以前过年的时候，大家都放鞭炮呢。Yǐqián guònián de shíhou, dàjiā dōu fàng biānpào ne.
- 孩子们在院子里放着鞭炮。Háizimen zài yuànzi li fàngzhe biānpào.
- 他是放高利贷的。Tā shì fàng gāolìdài de.
- 银行同意给我们公司放款了。Yínháng tóngyì gěi wǒmen gōngsī fàngkuǎn le.
- 照片当天可以放成。Zhàopiàn dàngtiān kěyǐ fàngchéng.
- 那么大的树我一个人放不倒。Nàme dà de shù wǒ yí ge rén fàngbudǎo.
- 你应该放老实点。Nǐ yīnggāi fàng lǎoshi diǎn.
- 现在放什么电影呢？Xiànzài fàng shénme diànyǐng ne?
- 收音机的音量，不要放得那么大。Shōuyīnjī de yīnliàng, búyào fàngde nàme dà.
- 你太软弱，该把胆子放大些。Nǐ tài ruǎnruò, gāi bǎ dǎnzi fàngdà xiē.
- 自尊，自爱。这是放下包袱的第一步。Zìzūn, zì'ài. Zhè shì fàngxià bāofu de dì yī bù.
- 不该笑的时候，他忍不住地放声大笑起来，使得上司丢尽了脸。Bù gāi xiào de shíhou, tā rěnbuzhù de fàng shēng dà xiào qǐlái, shǐde shàngsi diūjìn le liǎn.
- 你爸爸担心你，所以他不让你放开手脚。Nǐ bàba dānxīn nǐ, suǒyǐ tā bú ràng nǐ fàngkāi shǒujiǎo.
- 现在他有困难，我们做朋友的，怎么能放手不管呢？Xiànzài tā yǒu kùnnan, wǒmen zuò péngyou de, zěnme néng fàngshǒu bù guǎn ne?
- 请问，高考成绩什么时候放榜？Qǐngwèn, gāokǎo chéngjì shénme shíhou fàngbǎng?

第15課　搬 bān　　　　　　　　　　　　　　　　　　　　15/93

"搬"でよく使われる意味は「(重い物、たくさんの物を)運ぶ、移す」です。
"搬东西"「物を運ぶ」、"搬行李"「トランクを運ぶ」などと使います。

ほかに、覚えておきたい用法として、次のようなものがあります。
"搬家"「引っ越す」、"楼上搬来两户人家"「上の階に二世帯引っ越してくる」、"搬教条"「教条を当てはめる」、"硬搬～的经验"「無理に～の経験を採用する」

・私たちはまだ休み中なので、あなたを浅草に案内できます。

・私は放牧をしたことがありません。
・この暴れ馬は放牧できません。もし放したら、戻す方法がありません。
・彼は羊を草地に放牧しました。
・遠くで機関銃を撃っています。
・ロケットは空に向かって飛んで行きました。
・以前は年越しの際に皆で爆竹を鳴らしました。
・子供たちは、庭で爆竹を鳴らしています。
・彼は高利貸しをしています。
・銀行は私たちへの貸し付けに同意しました。
・写真はその日のうちに引き伸ばせます。
・こんな大きな樹は、私一人では切り倒せません。
・あなたはもう少し真面目にするべきです。
・今、どんな映画を上映していますか。
・ラジオのボリュームをそんなに大きくしてはいけません。
・あなたは軟弱すぎます。もっと大胆になるべきです。
・自尊、自愛は、精神的な重荷を下ろす第一歩です。
・笑うべきではない場面で、彼は堪えきれずに大声で笑ってしまい、上司に大恥をかかせました。
・お父さんはあなたを心配しているから、たがを外させないようにしてるんですよ。
・彼が困っているのに、友達として放っておくことなんてできません。

・大学入試の結果はいつ発表ですか。

用法例

搬 行李　bān xíngli　トランクを運ぶ　　　搬运 货物　bānyùn huòwù　貨物を運ぶ
搬 会议室 里　bān huìyìshì li　会議室に運ぶ
把～搬进来　bǎ~bānjìnlái　～を運び入れる
搬家　bānjiā　引っ越す
楼 上 搬来 两 户 人家　lóu shang bānlái liǎng hù rénjiā　上の階に二世帯引っ越してくる
搬 教条　bān jiàotiáo　教条を当てはめる　　搬 书本　bān shūběn　本を引用する
硬 搬~的 经验　yìng bān~de jīngyàn　無理に～の経験を採用する

136 Wǒmen bǎ zhèli de dōngxi bāndào wàitou qù.
我们把这里的东西搬到外头去。

137 Kànlái huángjīnzhōu qián wǒmen bānbuliǎo jiā le.
看来黄金周前我们搬不了家了。

138 Wǒmen gōngyù de sān lóu bānlái le yí hù rénjiā.
我们公寓的三楼搬来了一户人家。

139 Wǒ duì xiànzài de fángzi hěn mǎnyì, bú yuànyi bāndào biéde dìfang qù.
我对现在的房子很满意,不愿意搬到别的地方去。

140 Yóuyú fùqin de gōngzuò, wǒ xiǎo shíhou bānguo hǎo jǐ cì jiā.
由于父亲的工作,我小时候搬过好几次家。

141 Tā yòu bānqǐ jiàotiáo lái le.
他又搬起教条来了。

142 Wǒmen bù yīnggāi yìng bān wàiguó de jīngyàn.
我们不应该硬搬外国的经验。

143 Xuéxí biéren de jīngyàn gùrán zhòngyào, dàn miǎnqiǎng zhàobān shì bùxíng de.
学习别人的经验固然重要,但勉强照搬是不行的。

- 我把电脑用打印机给你搬过来了。Wǒ bǎ diànnǎo yòng dǎyìnjī gěi nǐ bānguòlái le.
- 今天他讲的话大半都是从书本上搬过来的。
  Jīntiān tā jiǎng de huà dàbàn dōu shì cóng shūběn shang bānguòlái de.
- 把别的企业的宗旨理念文字搬家式地搬过来,那怎么行?
  Bǎ bié de qǐyè de zōngzhǐ lǐniàn wénzì bānjiāshì de bānguòlái, nà zěnme xíng?
- 他们全家从美国回来不久就搬回上海了。
  Tāmen quánjiā cóng Měiguó huílái bùjiǔ jiù bānhuí Shànghǎi le.
- 谁把我的电脑搬去了? Shéi bǎ wǒ de diànnǎo bānqù le?
- 那个导演打算把《雷雨》搬上银幕。Nàge dǎoyǎn dǎsuan bǎ《Léiyǔ》bānshàng yínmù.
- 愚公一家人搬山的事感动了上帝,他就派了两个神仙把两座山搬走了。
  Yúgōng yìjiārén bān shān de shì gǎndòng le Shàngdì, tā jiù pài le liǎng ge shénxiān bǎ liǎng zuò shān bānzǒu le.

CD 2-15

136 みんなでここの荷物を外に運びましょう。

137 ゴールデンウイーク前に引っ越しを済ますのは、どうも無理なようです。

138 私たちのアパートの三階に、ある家族が引っ越してきました。

139 今の部屋に満足しているので、ほかのところに引っ越したくはありません。

140 父の仕事の関係で、私は子供の時何度も引っ越しました。

141 彼がまたお決まりの文句を持ち出してきました。

142 私たちは外国の経験を無理矢理取り入れるべきではありません。

143 他人の経験を学ぶのは無論大切なことですが、無理矢理真似をするのでは駄目です。

・私がパソコン用プリンターを運んできてあげました。
・今日彼がスピーチした話の大半は、本からの受け売りです。

・他の企業の根本理念をそのまま借用してくるなんて、よいわけがありません。

・彼の家はアメリカから帰ってきてすぐに元の上海に引っ越しました。

・誰が僕のパソコン持ち出したのですか。
・あの監督は、『雷雨』を映画化しようと考えています。
・愚公一家が山を移していることに感動した天帝は、二人の神仙を遣わして二つの山を運ばせました。

第16課 挂 guà

"挂"でよく使われる意味は「(物をある場所に)掛ける、掛かる」です。

「"挂"＋目的語」が一般的な言い方で、"挂大衣"「オーバーを掛ける」、"挂地图"「地図を掛ける」などと使います。

「"挂"＋場所」の言い方もあり、"挂墙上"「壁に掛ける」、"挂衣架上"「ハンガーに掛ける」、"挂腰带上"「ベルトに引っ掛ける」などと使います。

ほかに、覚えておきたい用法として、次のようなものがあります。
"挂电话"「電話をかける」、"心里挂着～"「～が気にかかる」、"挂号"「申し込む、登録する」、"挂牙科"「歯科の診察を申し込む」

144 Nǐ bǎ kèren de dàyī guàzài yījià shang.
你 把 客人 的 大衣 挂在 衣架 上。

145 Wǒ de kùzi bèi dīngzi guàshàng le.
我 的 裤子 被 钉子 挂上 了。

146 Bié guà diànhuà, wǒ háiyǒu huà yào shuō.
别 挂 电话，我 还有 话 要 说。

147 Tā xīn shang guàzhe nǐ de shìqing.
她 心 上 挂着 你 的 事情。

148 Duōnián zhùzài yìguó tāxiāng, xīnli lǎo guàzhe jiāli de shìr.
多年 住在 异国 他乡，心里 老 挂着 家里 的 事儿。

149 Wàiqiáng shang hái yào guà yì céng fángshuǐ de yóuqī.
外墙 上 还要 挂 一 层 防水 的 油漆。

150 Zhè yīyuàn bù néng yùyuē, yào páiduì guàhào.
这 医院 不 能 预约，要 排队 挂号。

151 Jīntiān de ménzhěn yǐjīng guàbuzháo hào le, qǐng míngtiān zài lái.
今天 的 门诊 已经 挂不着 号 了，请 明天 再 来。

用法例

挂 衣服	guà yīfu	服を掛ける		挂 大衣	guà dàyī	オーバーを掛ける
挂 画儿	guà huàr	絵を掛ける		挂 地图	guà dìtú	地図を掛ける
挂 墙 上	guà qiáng shang	壁に掛ける		挂 衣架 上	guà yījià shang	ハンガーに掛ける
挂 腰带 上	guà yāodài shang	ベルトに引っ掛ける				
别 挂 电话	bié guà diànhuà	電話を切るな		电话 挂断	diànhuà guàduàn	電話が切れる
挂 电话	guà diànhuà	電話をかける		挂 长途	guà chángtú	長距離電話をかける
挂 外线	guà wàixiàn	外線にかける		挂 医院	guà yīyuàn	病院に電話をかける
心里 挂着~	xīnli guàzhe~	~が気にかかる				
心 上 挂着~	xīn shang guàzhe~	~を気にしている				
挂 油漆	guà yóuqī	ペンキが塗ってある		挂满 灰	guàmǎn huī	ほこりだらけだ
挂 牙科	guà yákē	歯科の診察を申し込む		挂号	guàhào	申し込む、登録する

144 お客さまのオーバーをハンガーに掛けなさい。

145 ズボンが釘に引っ掛かりました。

146 まだ話したいことがあるので、電話を切らないでください。

147 彼女はあなたのことを心にかけています。

148 異国の地に長く住んでいると、家のことがいつも気にかかります。

149 外壁には、もう一層防水ペンキを塗る必要があります。

150 この病院は予約できないので、並んで申し込みます。

151 今日の外来の診察の申し込みはもうできないので、明日もう一度来てください。

152 这个 问题 急需 解决，不 应该 挂下去。
Zhège wèntí jíxū jiějué, bù yīnggāi guàxiàqù.

153 你 丢 了 信用卡 吗？赶快 向 发卡 公司 挂失 吧。
Nǐ diū le xìnyòngkǎ ma? Gǎnkuài xiàng fākǎ gōngsī guàshī ba.

- 这里的衣架上挂不下这么多的衣服。Zhèli de yījià shang guàbuxià zhème duō de yīfu.
- 墙上挂着一副中国地图。Qiáng shang guàzhe yì fú Zhōngguó dìtú.
- 圆圆的月亮挂在天上。Yuányuán de yuèliang guàzài tiānshàng.
- 日本没有挂年画的习惯。Rìběn méiyǒu guà niánhuà de xíguàn.
- 到了孟兰盆会，家家户户门口都挂着灯笼，非常好看。
  Dào le yúlánpénhuì, jiājiāhùhù ménkǒu dōu guàzhe dēnglong, fēicháng hǎokàn.
- 别让树枝挂上衣服。Bié ràng shùzhī guàshàng yīfu.
- 风筝挂到电线上了。Fēngzheng guàdào diànxiàn shang le.
- 我先挂掉电话，回头再给你打。Wǒ xiān guàdiào diànhuà, huítóu zài gěi nǐ dǎ.
- 国际电话我从来没挂过。Guójì diànhuà wǒ cónglái méi guàguo.
- 昨天我没带手机，没办法给你挂电话。
  Zuótiān wǒ méi dài shǒujī, méi bànfǎ gěi nǐ guà diànhuà.
- 关上电视机一看，玻璃屏幕表面挂满了灰呢。
  Guānshàng diànshìjī yí kàn, bōli píngmù biǎomiàn guàmǎn le huī ne.
- 她脸上挂着泪水。Tā liǎn shang guàzhe lèishuǐ.
- 医院我去晚了，没能挂上。Yīyuàn wǒ qùwǎn le, méi néng guàshàng.
- 我要挂外科。Wǒ yào guà wàikē.
- 我一个人去没问题，请不要挂着我。Wǒ yí ge rén qù méi wèntí, qǐng búyào guàzhe wǒ.
- 一上高速公路，司机就挂高速档了。Yí shàng gāosù gōnglù, sījī jiù guà gāosùdǎng le.

152 この問題は緊急を要します。放っておくわけにはいきません。

153 クレジットカードをなくしたって？　早くカード会社に紛失届けを出しなさい。

・ここのハンガーにはそんなにたくさんの服は掛けられません。
・壁に中国の地図が掛かっています。
・まんまるい月が空に掛かっています。
・日本にはお正月用に絵を飾る習慣はありません。
・お盆になると、どの家でも入口に灯篭を飾っていて、とてもきれいです。

・木の枝に服を引っ掛けないようにしなさい。
・凧が電線に引っ掛かりました。
・ひとまず電話を切ってから、追ってかけなおします。
・国際電話はかけたことがありません。
・昨日は携帯を持っていなかったので、あなたに電話をかける方法がなかったのです。
・テレビのスイッチを切ってみると、モニター画面の表面にほこりがいっぱいついています。
・彼女は泣きぬれています。
・病院に行くのが遅くなって、受付に間に合いませんでした。
・外科の診察を申し込みたいのですが。
・私一人で行って大丈夫ですので、どうかご心配なく。
・高速道路に入ると、運転手はギアをトップに入れました。

第17課 开 kāi

"开"でよく使われる意味は「開ける、開く」です。
"开锁"「鍵を開ける」、"开盖儿"「蓋を開ける」、"开门"「ドアを開ける」などと、閉まっているものを開ける場合に使います。また、荒れ地を切り開いたり、鉱山を切り開くときには、"开荒"「開墾する」、"开矿"「鉱山を切り開く」と使います。

ほかに、覚えておきたい用法として、次のようなものがあります。
"开花"「花が咲く」、"开戒"「戒律を解く」、"开汽车"「自動車を運転する」、"开机器"「機械を運転する」、"开炮"「大砲を撃つ」、"开电视机"「テレビをつける」、"开商店"「店を開く」、"开户头"「口座を開く」、"开先例"「先例をつくる」、"开研讨会"「シンポジウムを催す」、"开药方"「処方箋を書く」、"开工资"「給料を支払う」、"开水"「湯を沸かす」、"开饭"「食事を始める」、"开了三碗面条儿"「ラーメンを三杯平らげた」、"对开"「五分五分の割合」

154 Zhège pínggàir kāi bu kāi, nǐ kāikai kàn.
这个 瓶盖儿 开 不 开, 你 开开 看。

155 Xīn jiàn de gāosù gōnglù yǐjīng kāi le yì bǎi gōnglǐ le.
新 建 的 高速 公路 已经 开 了 一 百 公里 了。

156 Tāmen shì Huíjiào de, xiànzài hái méi kāizhāi ne.
他们 是 回教 的, 现在 还 没 开斋 呢。

用法例

开门	kāimén	ドアを開ける	开窗户	kāi chuānghu	窓を開ける
开锁	kāisuǒ	鍵を開ける	开盖儿	kāi gàir	蓋を開ける
开路	kāilù	道を切り開く	开荒	kāihuāng	開墾する

在墙上开窗户 zài qiáng shang kāi chuānghu 壁に窓をあける
开矿 kāi kuàng 鉱山を切り開く　开一条运河 kāi yì tiáo yùnhé 運河を開く
窗户开东面 chuānghu kāi dōngmiàn 窓を東側につくる
开花 kāihuā 花が咲く　　　　开线 kāixiàn 縫い目がほころびる
开戒 kāijiè 戒律を解く　　　开禁 kāijìn 解禁する
开汽车 kāi qìchē 自動車を運転する
开船 kāichuán 船が出航する　开机器 kāi jīqì 機械を運転する
开枪 kāiqiāng 銃を撃つ　　　开炮 kāipào 大砲を撃つ
开灯 kāi dēng 電気をつける　开电视机 kāi diànshìjī テレビをつける
队伍开向南方 duìwu kāixiàng nánfāng 軍隊が南方に出動する
部队开进城里 bùduì kāijìn chénglǐ 部隊が市内に進駐する
开商店 kāi shāngdiàn 店を経営する　开户头 kāi hùtóu 口座を開設する
开新的研究班 kāi xīn de yánjiūbān 新しいゼミを開設する
开业 kāiyè 事業を始める　　开先例 kāi xiānlì 先例をつくる
开座谈会 kāi zuòtánhuì 座談会を開く
开研讨会 kāi yántǎohuì シンポジウムを催す
开药方 kāi yàofāng 処方箋を書く　开发票 kāi fāpiào レシートを出す
开工资 kāi gōngzī 給料を支払う　开水电费 kāi shuǐdiànfèi 光熱費を払う
开水 kāishuǐ 湯を沸かす　　开锅 kāiguō 鍋が煮え立つ
开了三个肉包子 kāi le sān ge ròubāozi 肉まんを三つ平らげた
开了三碗面条儿 kāi le sān wǎn miàntiáor ラーメンを三杯平らげた
开饭 kāifàn 食事を始める
三七开 sān qī kāi 三と七の割合　对开 duìkāi 五分五分の割合、折半する

154 この瓶の蓋はどうやっても開かない。開けてみてください。

155 新しい高速道路は、既に百キロ開通しています。

156 彼らはイスラム教徒です。今はまだラマダンが明けていません。

157 Qǐng nǐmen zài zhèli shāo hòu, wǒ mǎshàng bǎ qìchē kāiguòlái.
请你们在这里稍候,我马上把汽车开过来。

158 Tiān zhème hēi le, nǐ zěnme hái bù kāi diàndēng ne?
天这么黑了,你怎么还不开电灯呢?

159 Tā de fúzhuāngdiàn kāizài chēzhàn dàlóu lǐmiàn.
她的服装店开在车站大楼里面。

160 ZhōngRì màoyì qiàtánhuì kāi le sān tiān.
中日贸易洽谈会开了三天。

161 Máfan nín, gěi wǒ kāi zhāng shōujù.
麻烦您,给我开张收据。

162 Xiànzài shítáng yǐjīng kāifàn le, wǒmen chīfàn qù ba.
现在食堂已经开饭了,我们吃饭去吧。

163 Wǒmen méiyǒu shíjiān, búyào guǎi wān mò jiǎo le, kāi mén jiàn shān ba.
我们没有时间,不要拐弯抹角了,开门见山吧。

· 教室里鸦雀无声,谁也不开口。Jiàoshì li yā què wú shēng, shéi yě bù kāikǒu.
· 他正开着保险柜呢。Tā zhèng kāizhe bǎoxiǎnguì ne.
· 我刚把钥匙交给了他,人已经走了,开不了这个门。
Wǒ gāng bǎ yàoshi jiāogěi le tā, rén yǐjīng zǒu le, kāibuliǎo zhège mén.
· 这儿的山又高又陡,开起路来十分困难。Zhèr de shān yòu gāo yòu dǒu, kāiqǐ lù lái shífēn kùnnan.
· 在东面的墙上开了一个窗户。Zài dōngmiàn de qiáng shang kāi le yí ge chuānghu.
· 这条河每年三月份才开冻,二月份开不了冻。
Zhè tiáo hé měinián sān yuèfèn cái kāidòng, èr yuèfèn kāibuliǎo dòng.
· 他从来没有开过戒。Tā cónglái méiyǒu kāiguo jiè.
· 你把车开进收费停车处去。Nǐ bǎ chē kāijìn shōufèi tíngchēchù qù.
· 坡儿这么陡,这辆小汽车开不上去。Pōr zhème dǒu, zhè liàng xiǎoqìchē kāibushàngqù.
· 今天我喝酒了,不能开汽车。Jīntiān wǒ hē jiǔ le, bù néng kāi qìchē.
· 开往上海的渡轮下午三点开船。Kāiwǎng Shànghǎi de dùlún xiàwǔ sān diǎn kāichuán.
· 他是为什么开枪的?Tā shì wèi shénme kāiqiāng de?
· 坦克瞄准靶子开了一炮。Tǎnkè miáozhǔn bǎzi kāi le yí pào.
· 对执政党提出的增税政策,在野党一齐开了炮。
Duì zhízhèngdǎng tíchū de zēngshuì zhèngcè, zàiyědǎng yìqí kāi le pào.
· 开开电视机,看看今天的新闻吧。Kāikai diànshìjī, kànkan jīntiān de xīnwén ba.
· 游行队伍开进广场里来了。Yóuxíng duìwu kāijìn guǎngchǎng li lái le.
· 大队人马正准备开向前方。Dàduì rénmǎ zhèng zhǔnbèi kāixiàng qiánfāng.

157 皆さん、ここで待っていてください。すぐに車を回してきます。

158 こんなに暗くなったのに、どうして灯りをつけないのですか。

159 彼女のブティックが、駅ビルの中に開店しました。

160 日中貿易商談会が始まって三日経ちました。

161 お手数ですが、領収書をください。

162 もう食堂は開いてるので、食べにいきましょう。

163 時間がありません。回り道はやめて、単刀直入にいきましょう。

・教室は静まりかえって、誰も口を開きません。
・彼はちょうど金庫を開けているところです。
・彼に鍵を渡したばかりですが、もう行ってしまったので、この門は開けられません。
・この山は高いし険しいので、道を切り開くのはとても大変です。
・東側の壁に窓を一つ設けました。
・この川は毎年三月にやっと氷がとけます。二月ではまだとけません。

・彼はまだ一度も戒律を破ったことがありません。
・車を有料駐車場に入れてください。
・坂の勾配がきついので、小型乗用車では上れません。
・今日私はお酒を飲んでいるので、車の運転はできません。
・上海行きのフェリーは午後三時に出航します。
・彼はどうして発砲したのですか。
・戦車が的にねらいを定めて砲を放ちました。
・与党が提出した増税案に、野党は一斉に非難の火蓋を切りました。

・テレビをつけて、今日のニュースを見ましょう。
・デモ隊が広場に入ってきました。
・ものすごい軍勢が、出動の準備をしています。

- 她回国后就开起美容院来了。Tā huíguó hòu jiù kāiqǐ měiróngyuàn lái le.
- 我要开一个户头，该到哪个窗口办手续？
  Wǒ yào kāi yí ge hùtóu, gāi dào nǎge chuāngkǒu bàn shǒuxù?
- 他们怎么开起那种先例来了？ Tāmen zěnme kāiqǐ nà zhǒng xiānlì lái le?
- 我们这儿没有开过这种先例。Wǒmen zhèr méiyǒu kāiguo zhè zhǒng xiānlì.
- 有人讲"开业容易守业难"，这有一定的道理。
  Yǒu rén jiǎng "kāiyè róngyì shǒuyè nán", zhè yǒu yídìng de dàoli.
- 这一次的判决为今后的劳资纠纷问题开了一个突破性的先例。
  Zhè yí cì de pànjué wèi jīnhòu de láozī jiūfēn wèntí kāi le yí ge tūpòxìng de xiānlì.
- 中日企业家交流会一直开到十二点。ZhōngRì qǐyèjiā jiāoliúhuì yìzhí kāidào shí èr diǎn.
- 使我们特别难忘的是，在名古屋和日本学生们开座谈会的那一次。
  Shǐ wǒmen tèbié nánwàng de shì, zài Mínggǔwū hé Rìběn xuéshengmen kāi zuòtánhuì de nà yí cì.
- 能不能开发票？ Néng bu néng kāi fāpiào?
- 大夫给我开了一个药方了。Dàifu gěi wǒ kāi le yí ge yàofāng le.
- 介绍信开好了，您拿去吧。Jièshàoxìn kāihǎo le, nín náqù ba.
- 我有特殊情况，能不能提前给我开工资？
  Wǒ yǒu tèshū qíngkuàng, néng bu néng tíqián gěi wǒ kāi gōngzī?
- 老板给他开了一周的工钱。Lǎobǎn gěi tā kāi le yì zhōu de gōngqián.
- 工资里开了房钱和水电费就剩不下多少了。
  Gōngzī li kāi le fángqián hé shuǐdiànfèi jiù shèngbuxià duōshǎo le.
- 水开了吗？ Shuǐ kāi le ma?
- 还有两分钟就开锅了。Hái yǒu liǎng fēnzhōng jiù kāiguō le.
- 她一个人开了三个肉包子。Tā yí ge rén kāi le sān ge ròubāozi.
- 今天中午他一个人开了三碗面条呢。Jīntiān zhōngwǔ tā yí ge rén kāi le sān wǎn miàntiáo ne.
- 这里的食堂晚饭几点开饭？ Zhèli de shítáng wǎnfàn jǐ diǎn kāifàn?
- 这笔收入咱们对开。Zhè bǐ shōurù zánmen duìkāi.
- 下次的收入咱们四六开。Xiàcì de shōurù zánmen sì liù kāi.
- 那个候选人尽说些漂亮话，像开空头支票似的。
  Nàge hòuxuǎnrén jìn shuō xiē piàolianghuà, xiàng kāi kōngtóu zhīpiào shìde.
- 他们开了个夜车完成了这次的工作。Tāmen kāi le ge yèchē wánchéng le zhècì de gōngzuò.
- 现在来做自我介绍，先请李先生开个头儿。
  Xiànzài lái zuò zìwǒ jièshào, xiān qǐng Lǐ xiānsheng kāi ge tóur.
- 中国一家有名的火锅店在东京涩谷开张了。
  Zhōngguó yì jiā yǒumíng de huǒguōdiàn zài Dōngjīng Sègǔ kāizhāng le.
- 今年已开了春，白天渐渐地长起来了。Jīnnián yǐ kāi le chūn, báitiān jiànjiàn de chángqǐlái le.
- 年轻时代的留学是个很好的经验，你一定会开眼界的。
  Niánqīng shídài de liúxué shì ge hěn hǎo de jīngyàn, nǐ yídìng huì kāi yǎnjiè de.
- 总是胃口不好的人，吃点儿山楂就能开胃。
  Zǒngshì wèikou bù hǎo de rén, chī diǎnr shānzhā jiù néng kāiwèi.

・彼女は国に戻ってから、美容室を始めました。
・口座を開きたいのですが、どの窓口で手続きをすればいいのでしょう。

・彼らはどうしてそんな前例を作ったのですか。
・ここではそんな前例はありません。
・「開業は易し、継続は難し」と言いますが、一理あります。

・今回の判決は、今後の労使間の問題の革新的な先例となるでしょう。

・日中企業家交流会は、十二時まで開かれています。
・とりわけ忘れがたいのは、名古屋で日本の大学生の皆さんと懇談を行ったことです。
・領収書をお願いできますか。
・医者が処方箋を書いてくれました。
・紹介状を書きましたので、持っていってください。
・特別な事情があるのですが、給料を前借りできるでしょうか。

・社長は彼に一週間の手間賃を払いました。
・給料から家賃と水道、電気料金を支払うと、いくらも残りません。

・お湯は沸きましたか。
・後二、三分で鍋ができます。
・彼女は一人で肉まんを三つ平らげました。
・今日お昼に、彼は一人でラーメンを三杯平らげました。
・ここの食堂の夕飯は何時に始まりますか。
・この収入は、半分ずつに分けましょう。
・次回の収入は四対六で分けましょう。
・あの候補者はできもしないきれいごとを言うばっかりです。

・彼らは徹夜で今回の仕事をやり遂げました。
・ではまず自己紹介をしましょう。李さんから始めてください。

・中国の有名な火鍋料理の店が東京渋谷に進出しました。

・今年も立春を過ぎて、昼が段々長くなってきました。
・若いときの留学というのは、とてもよい経験です。きっと視野が広がります。

・いつも胃腸の調子の悪い人は、さんざしを食べると食欲が出ます。

第18課　关 guān

"关"でよく使われる意味は「閉める、閉じる」です。
"关门"「ドアを閉める」、"关窗户"「窓を閉める」、"关抽屉"「引き出しを閉める」などと使います。

ほかに、覚えておきたい用法として、次のようなものがあります。
"关犯人"「犯人を監禁する」、"关买卖"「商いをやめる」、"关手机"「携帯電話の電源を切る」、"关我什么事"「私に何かかかわりがあるのか（私には関係ない）」

164
Zuìhòu yí wèi, máfan nǐ bǎ mén guānshàng.
最后一位，麻烦你把门关上。

165
Lǎo Lǐ zěnme hái méi huílái, tā bù huílái, zhèli guānbuliǎo mén.
老李怎么还没回来，他不回来，这里关不了门。

166
Zhè tiáo shāngdiànjiē guān le sān jiā fúzhuāngdiàn.
这条商店街关了三家服装店。

167
Dào le yīyuàn, wǒmen yīnggāi bǎ shǒujī guāndiào.
到了医院，我们应该把手机关掉。

- 外面风大，请把门关好。Wàimian fēng dà, qǐng bǎ mén guānhǎo.
- 他马上就回来，不要关门。Tā mǎshàng jiù huílái, búyào guānmén.
- 监狱里关着一千名犯人。Jiānyù li guānzhe yì qiān míng fànrén.
- 一名贪污犯关进监狱里来了。Yì míng tānwūfàn guānjìn jiānyù li lái le.
- 竹笼子不大，关不了这么多的鸡。Zhúlóngzi bú dà, guānbuliǎo zhème duō de jī.
- 这家超市关了门。Zhè jiā chāoshì guān le mén.
- 他的小店关了以后，已经过了几个月了。Tā de xiǎodiàn guān le yǐhòu, yǐjīng guò le jǐ ge yuè le.
- 熄灯时间到了，应该关灯啦。Xīdēng shíjiān dào le, yīnggāi guāndēng la.
- 这不关你的事，我们自己解决。Zhè bùguān nǐ de shì, wǒmen zìjǐ jiějué.
- 这种讲道德讲礼貌的精神至关重要。Zhè zhǒng jiǎng dàodé jiǎng lǐmào de jīngshen zhì guān zhòngyào.

用法例

关 门	guānmén	ドアを閉める	关 窗户	guān chuānghu	窓を閉める
关 抽屉	guān chōuti	引き出しを閉める	关 自来水	guān zìláishuǐ	水道を止める
关 犯人	guān fànrén	犯人を監禁する	关 监狱	guān jiānyù	投獄する
关 铺子	guān pùzi	店をたたむ	关 买卖	guān mǎimài	商いをやめる
关 电灯	guān diàndēng	電気を消す	关 手机	guān shǒujī	携帯電話の電源を切る
事 关 大局	shì guān dàjú	事は大局にかかわる			
关 我 什么 事	guān wǒ shénme shì	私に何かかかわりがあるのか			

164 お手数ですが、最後の人がドアを閉めてください。

165 リーさんはなんでまだ帰ってこないの。彼が帰ってこないとここの戸締りができません。

166 この商店街では、ブティックが三軒倒産しました。

167 病院に着いたら、携帯の電源は切らなければいけません。

・外は風が強いので、門をちゃんと閉めてください。
・彼はすぐに戻ってくるので、門を閉めないでください。
・監獄の中には、千人の犯罪者が収監されています。
・一人の汚職犯が、監獄に入れられました。
・竹籠は大きくないので、そんなに多くのニワトリを閉じ込めておけません。
・このスーパーは倒産しました。
・彼の店が閉店してから、数ヶ月経ちました。
・消灯時間が来たので、電気を消さなければいけません。
・これはあなたとはかかわりのないことです。自分たちで解決します。
・このような道徳や礼儀を説く精神はとても重要です。

第19課　擦 cā

"擦"でよく使われる意味は「(布などで)ぬぐう、拭く」です。
"擦玻璃"「ガラスをみがく」、"擦桌子"「机を拭く」、"擦黑板"「黒板を拭く」などと使います。

ほかに、覚えておきたい用法として、次のようなものがあります。
"擦萝卜"「ダイコンを千切りにする」、"擦药"「薬を塗る」、"擦脸上"「顔に塗る」、"擦着～"「～をかすめて」

168　Tā bǎ suǒyǒu de zhuōzi dōu cāgānjìng le.
他 把 所有 的 桌子 都 擦干净 了。

169　Nǐ kuài bǎ qī cāgānjìng, yàobù huì bèi qī yǎo.
你 快 把 漆 擦干净，要不 会 被 漆 咬。

170　Bǎnshū nǐ bié cādiào, wǒ hái méi chāowán.
板书 你 别 擦掉，我 还 没 抄完。

171　Nǐ bǎ yàoshuǐ cādào shāngkǒu shang.
你 把 药水 擦到 伤口 上。

172　Wǒ yào cā yi cā Xiāngnài'ěr zuì xīn de kǒuhóng.
我 要 擦 一 擦 香奈儿 最 新 的 口红。

173　Wǒ de pífū guòmǐn, zhè zhǒng zhēnzhūshuāng cābuliǎo.
我 的 皮肤 过敏，这 种 珍珠霜 擦不了。

174　Yànzi cāzhe wūyán fēiguòqù le.
燕子 擦着 屋檐 飞过去 了。

- 他把皮鞋擦干净了。Tā bǎ píxié cāgānjìng le.
- 她太慢吞吞了，一个上午也擦不了几块玻璃。
  Tā tài màntūntūn le, yí ge shàngwǔ cābuliǎo jǐ kuài bōli.
- 让砂纸擦破了手。Ràng shāzhǐ cāpò le shǒu.
- 请大家擦擦鞋底再进去。Qǐng dàjiā cāca xiédǐ zài jìnqù.
- 这个桌子上的脏，怎么也擦不掉。Zhège zhuōzi shang de zāng, zěnme yě cābudiào.

用法例					
擦 桌子	cā zhuōzi 机を拭く		擦 玻璃	cā bōli	ガラスをみがく
擦 皮鞋	cā píxié 革靴をみがく		擦 黑板	cā hēibǎn	黒板を拭く
擦 上边	cā shàngbian 上の部分をみがく		擦 里头	cā lǐtou	内部をみがく
擦 鞋底	cā xiédǐ 靴底をこする		擦破～	cāpò～	～がこすれて破ける
擦 手	cā shǒu 手をこする				
擦 萝卜	cā luóbo ダイコンを千切りにする				
擦 药	cā yào 薬を塗る		擦 香水	cā xiāngshuǐ	香水を塗る
擦 脸 上	cā liǎn shang 顔に塗る		擦 手 上	cā shǒu shang	手に塗る
擦着～	cāzhe～ ～をかすめて				

168 彼は机を全部きれいに拭きました。

169 漆はちゃんと拭き取らないと、かぶれてしまいますよ。

170 まだ写し終えていないので、黒板を消さないでください。

171 傷口に薬を塗りなさい。

172 私はシャネルの最新の口紅を使ってみたいです。

173 私の肌は敏感なので、このパールクリームは塗れません。

174 燕が軒下をかすめて飛んでいきました。

・彼は革靴をきれいにみがきました。
・彼女はぐずぐずしていて、午前中いっぱいかかっても、窓をいくつも拭けません。

・紙やすりで手がこすれました。
・皆さん、靴底をぬぐってから入ってきてください。
・テーブルのこの汚れがどうしても拭き取れません。

- 他在雨后的泥泞道路上不小心摔倒，擦破了膝盖。
  Tā zài yǔ hòu de nínìng dàolù shang bù xiǎoxīn shuāidǎo, cāpò le xīgài.
- 今天做菜时，我帮妈妈擦萝卜丝来着。Jīntiān zuòcài shí, wǒ bāng māma cā luóbosī láizhe.
- 你擦什么香水，我很喜欢这个香味儿。
  Nǐ cā shénme xiāngshuǐ, wǒ hěn xǐhuan zhège xiāngwèir.
- 一般女性外出时都会擦粉底，这不是想在别人的心中留下好印象，而是为了活出女性的自尊。
  Yìbān nǚxìng wàichū shí dōu huì cā fěndǐ, zhè bú shì xiǎng zài biéren de xīnzhōng liúxià hǎoyìnxiàng, ér shì wèile huóchū nǚxìng de zìzūn.
- 摩托车擦着我的肩膀过去了。Mótuōchē cāzhe wǒ de jiānbǎng guòqù le.

第20課 写 xiě

"写"でよく使われる意味は「(文字を)書く」です。

「"写" + 目的語」が一般的な言い方で、"写信"「手紙を書く」、"写标语"「標語を書く」、"写诗"「詩を書く」などと使います。
「"写" + 場所」の言い方もあり、"写黑板"「黒板に書く」などと使います。
「"写" + 道具」の言い方では、"写毛笔"「筆で書く」などと使います。

ほかに、覚えておきたい用法として、次のようなものがあります。
"写人物"「人物を描写する」、"写景"「景色、情景を描写する」

175 Tā búdàn néng xiě értóng gùshi, yě néng xiě shī.
她 不但 能 写 儿童 故事，也 能 写 诗。

176 Tā de Rìběn yóujì xiěde hěn hǎo.
他 的 日本 游记 写得 很 好。

177 Zhǔréngōng jiào zuòjiā xiěhuó le.
主人公 叫 作家 写活 了。

178 Zhè shì yí ge wúmíng zuòjiā xiě de shījí.
这 是 一 个 无名 作家 写 的 诗集。

179 Tā de bàogào gāi xiě de dōu xiědào le.
他 的 报告 该 写 的 都 写到 了。

・彼は雨の後のぬかるみで転んでしまい、膝をすりむきました。

・今日はお母さんの手伝いで、大根の千切りを作りました。
・どんな香水をつけてるの？　とてもいい匂いですね。

・女性が外出時に化粧をするのは、人からよく思われたいというのではなく、女性としての品位を保つためです。

・バイクが私の肩をかすめていきました。

用法例
写 字	xiě zì	字を書く	写 标语	xiě biāoyǔ	標語を書く
写 毛笔	xiě máobǐ	筆で書く	写 草字	xiě cǎozì	草書を書く
写 黑板	xiě hēibǎn	黒板に書く	写 楷体	xiě kǎitǐ	楷書で書く
写 信	xiě xìn	手紙を書く	写 日记	xiě rìjì	日記を書く
写 小说	xiě xiǎoshuō	小説を書く	写 诗	xiě shī	詩を書く
写 人物	xiě rénwù	人物を描写する	写景	xiějǐng	景色、情景を描写する

175 彼女は童話を書くだけでなく、詩も書きます。

176 彼の日本旅行記は、とてもよく書けています。

177 主人公は、作家によって生き生きと描かれています。

178 これはある無名作家によって書かれた詩集です。

179 彼の報告には、書くべきことは全て書かれています。

180 Tāmen bù yīnggāi xiě nàyàng méiyǒu gēnjù de huà.
他们 不 应该 写 那样 没有 根据 的 话。

181 Wǒ yòng liǎng ge yuè de shíjiān xiě le yí bù zhōngpiān xiǎoshuō.
我 用 两个 月 的 时间 写 了 一 部 中篇 小说。

- 那个汉字，我怎么也写不出来。Nàge hànzì, wǒ zěnme yě xiěbuchūlái.
- 老师写黑板，我们写本子。Lǎoshī xiě hēibǎn, wǒmen xiě běnzi.
- 毛笔字我写不好。Máobǐzì wǒ xiěbuhǎo.
- 我给她写了一封信。Wǒ gěi tā xiě le yì fēng xìn.
- 毕业论文我还没有写完。Bìyè lùnwén wǒ hái méiyǒu xiěwán.
- 他有天赋之才，不但能写小说，而且能画画儿。
  Tā yǒu tiānfù zhī cái, búdàn néng xiě xiǎoshuō, érqiě néng huà huàr.
- 要写的内容这么多，一张纸写不下。Yào xiě de nèiróng zhème duō, yì zhāng zhǐ xiěbuxià.
- 我只会写个信什么的，不会写诗。Wǒ zhǐ huì xiě ge xìn shénme de, bú huì xiě shī.
- 我现在正为下次节能论坛写发言稿，如果你有值得参考的资料，就借给我。
  Wǒ xiànzài zhèng wèi xiàcì jiénéng lùntán xiě fāyángǎo, rúguǒ nǐ yǒu zhíde cānkǎo de zīliào, jiù jiègěi wǒ.
- 这个作家写活了小说里的每一个人物。Zhège zuòjiā xiěhuó le xiǎoshuō li de měi yí ge rénwù.
- 那个学生暑假的作文里把看到的捕鱼场面写活了。
  Nàge xuésheng shǔjià de zuòwén li bǎ kàndào de bǔyú chǎngmiàn xiěhuó le.

第21課　画 huà

"画"でよく使われる意味は「(絵や図を)描く」です。

「"画"＋目的語」が一般的な言い方で、"画画儿"「絵を描く」、"画人像"「肖像を描く」などと使います。
「"画"＋場所」の言い方もあり、"画墙上"「壁に描く、」などと使います。

ほかに、覚えておきたい用法として、次のようなものがあります。
"画记号"「記号を書く」、"画箭头"「矢印を書く」

182 Wǒ dìdi gēn yéye xué huà huàr.
我 弟弟 跟 爷爷 学 画 画儿。

183 Zhèyàng jiǎnzhí xiàng huà bǐng chōng jī ne.
这样 简直 像 画 饼 充 饥 呢。

180 彼らは、あんな根拠のない話を書くべきではありません。

181 私は二ヶ月で、中編小説を書き上げました。

・その漢字がどうしても書けません。
・先生は板書し、私たちはノートに筆記します。
・毛筆は、うまく書けません。
・彼女に手紙を一通書きました。
・私はまだ卒論を書き終えていません。
・彼には天賦の才があり、小説を書くだけではなく、絵も描きます。

・書きたい内容が多すぎて、一枚だけでは書ききれません。
・私は手紙とかを書けるだけで、詩は書けません。
・今、次回の省エネフォーラムの発表原稿を書いているのですが、もし参考になる資料がありましたら、貸してください。
・この作家は、それぞれの登場人物を生き生きと描き出しています。
・あの学生の夏休みの作文は、魚を捕る場面を生き生きと描き上げています。

用法例
画 画儿　　huà huàr　　絵を描く　　　　画 山水　　huà shānshuǐ　　山水画を描く
画 人像　　huà rénxiàng　肖像を描く　　　画 油画　　huà yóuhuà　　　油絵を描く
画 水彩　　huà shuǐcǎi　　水彩画を描く　　画 墙上　　huà qiáng shang　壁に描く
画 记号　　huà jìhào　　　記号を書く　　　画 线　　　huà xiàn　　　　線を引く
画 表格　　huà biǎogé　　図表を書く　　　画 箭头　　huà jiàntóu　　　矢印を書く

---

182 僕の弟はおじいさんに絵を習っています。

183 これでは絵に描いた餅のようなものです。

184 那个 小孩 正 画着 小汽车 呢。
Nàge xiǎohái zhèng huàzhe xiǎoqìchē ne.

185 我 画不了 这么 复杂 的 表格。
Wǒ huàbuliǎo zhème fùzá de biǎogé.

186 你 坚持 画下去，就 会 有 进步。
Nǐ jiānchí huàxiàqù, jiù huì yǒu jìnbù.

187 老师 的 指点 起到 了 画 龙 点 睛 的 作用。
Lǎoshī de zhǐdiǎn qǐdào le huà lóng diǎn jīng de zuòyòng.

- 我爷爷教给弟弟画画儿。Wǒ yéye jiāogěi dìdi huà huàr.
- 这张画儿是我特意给你画的。Zhè zhāng huàr shì wǒ tèyì gěi nǐ huà de.
- 他要画你的肖像画。Tā yào huà nǐ de xiàoxiànghuà.
- 画风景还行，肖像画我怎么也画不好。
  Huà fēngjǐng hái xíng, xiàoxiànghuà wǒ zěnme yě huàbuhǎo.
- 在这里还要画一条线。Zài zhèli hái yào huà yì tiáo xiàn.
- 他画错了记号了。Tā huàcuò le jìhào le.
- 她在胸前画着十字呢。Tā zài xiōng qián huàzhe shízì ne.
- 这次的考试是符号式。选择正确的答案画圈。
  Zhècì de kǎoshì wéi fúhàoshì. Xuǎnzé zhèngquè de dá'àn huà quān.
- 他连个这么单纯的标记也画不好。Tā lián ge zhème dānchún de biāojì yě huàbuhǎo.
- 我画不了那么复杂的标志。Wǒ huàbuliǎo nàme fùzá de biāozhì.
- 在这个海报里，应该把公司标志画进去。Zài zhège hǎibào li, yīnggāi bǎ gōngsī biāozhì huàjìnqù.

第22課 找 zhǎo   22/93

"找"でよく使われる意味は「探す、求める、見つける」です。
"找房子"「家を探す」、"找机会"「機会を見つける」などと使います。

ほかに、覚えておきたい用法として、次のようなものがあります。
"找朋友"「友達を訪ねる」、"找零钱"「釣りを出す」

188 我们 找 个 机会 再 提出 这个 问题。
Wǒmen zhǎo ge jīhuì zài tíchū zhège wèntí.

184 あの子供は、ちょうど自動車の絵を描いているところです。

185 私には、こんな複雑な表は作れません。

186 描き続けていれば、きっと進歩があります。

187 先生のアドバイスが最後の仕上げの決め手となりました。

・おじいちゃんは弟に絵を教えています。
・この絵は、あなたのために特別に描いたものです。
・彼はあなたの肖像画を描きたがっています。
・風景画はまだいいのですが、肖像画はどうしてもうまく描けません。

・やっぱりここに線を引きたいです。
・彼は記号を書き間違えました。
・彼女は胸の前で十字を切りました。
・このテストはマークシート方式です。正しいと思う解答にチェックをつけてください。
・彼はこんな簡単なマークすらうまく描けません。
・私はそんな複雑なマークは描くことができません。
・このポスターには、会社のロゴマークを描き入れるべきです。

用法例
找 房子　zhǎo fángzi　家を探す　　　找 原因　zhǎo yuányīn　原因を探す
找 机会　zhǎo jīhuì　機会を見つける　找 出路　zhǎo chūlù　活路を求める
找 朋友　zhǎo péngyou　友達を訪ねる　找 人　zhǎo rén　人を訪ねる
找错 人　zhǎocuò rén　人違い
找 钱　zhǎoqián　釣りを出す　　　　找 零钱　zhǎo língqián　釣りを出す

188 機会を見てもう一度この問題を出しましょう。

189 Wǒ de yǎnjìng zài nǎr ne, zěnme zhǎo yě zhǎobuzháo ne.
我的眼镜在哪儿呢，怎么找也找不着呢。

190 Chénggōngzhě zhǎo fāngfǎ, shībàizhě zhǎo jièkǒu.
成功者找方法，失败者找借口。

191 Duìbuqǐ, wǒ zhǎocuò rén le.
对不起，我找错人了。

192 Jīntiān wǒ qù zhǎo dàxué shídài de tóngxué le.
今天我去找大学时代的同学了。

193 Yí wàn Rìyuán wǒ xiànzài zhǎobukāi.
一万日元我现在找不开。

- 出毛病的原因找到了没有？ Chū máobing de yuányīn zhǎodào le méiyǒu?
- 他们正在拼命找新的出路呢。 Tāmen zhèngzài pīnmìng zhǎo xīn de chūlù ne.
- 给你找五块钱。 Gěi nǐ zhǎo wǔ kuài qián.
- 收进五千，找出三千。 Shōujìn wǔ qiān, zhǎochū sān qiān.
- 要零钱的人太多，我都找不过来了。 Yào língqián de rén tài duō, wǒ dōu zhǎobuguòlái le.
- 现在我只有一万日元的钞票，你可以找钱吗？
  Xiànzài wǒ zhǐyǒu yí wàn Rìyuán de chāopiào, nǐ kěyǐ zhǎo qián ma?
- 他总是小题大作，那种态度只不过是找别扭而已。
  Tā zǒngshì xiǎo tí dà zuò, nà zhǒng tàidu zhǐbuguò shì zhǎo bièniu éryǐ.
- 这个活儿已经做了一周，可怎么也找不着窍门儿。
  Zhège huór yǐjīng zuò le yì zhōu, kě zěnme yě zhǎobuzháo qiàoménr.
- 技能培训"找饭碗"，岗位培训"保饭碗"。
  Jìnéng péixùn "zhǎo fànwǎn", gǎnwèi péixùn "bǎo fànwǎn".
- 我们不应该找别人的刺儿。 Wǒmen bù yīnggāi zhǎo biéren de cìr.
- 你的要求太高，这样的话可能找不到对象啊。
  Nǐ de yāoqiú tài gāo, zhèyàng dehuà kěnéng zhǎobudào duìxiàng a.
- 绝对不能吸毒品，这简直是找死的。 Juéduì bù néng xī dúpǐn, zhè jiǎnzhí shì zhǎosǐ de.
- 我的奶奶就是整天没病找病，这已经成了她生活的一部分。
  Wǒ de nǎinai jiùshì zhěngtiān méi bìng zhǎo bìng, zhè yǐjīng chéng le tā shēnghuó de yí bùfen.

189 私の眼鏡はどこだろう。どこにも見当たりません。

190 成功者は方法を探し、失敗者は口実を探します。

191 すみません、人違いでした。

192 今日、私は大学時代の同級生を訪ねていきました。

193 一万円札だと、今お釣りがありません。

・故障の原因は見つかりましたか。
・彼らは今必死で新たな活路を探しています。
・五元のお釣りです。
・五千円もらったので、三千円のお釣りです。
・お釣りをたくさん出したので、小銭が足りなくなりました。
・今一万円札しかないんですが、お釣りはありますか。

・彼はいつも針小棒大なので、あれではことを面倒にするだけです。

・この仕事をもう一週間もやっていますが、どうしてもコツがつかめません。

・技能訓練で仕事を探し、職務訓練で仕事を確保しましよう。

・他人のあら探しをしないようにしましょう。
・あなたみたいに理想が高いと、結婚相手を探すのは大変ですよ。

・麻薬には絶対手を出してはいけません。自分から死を求めるようなものです。
・私のおばあさんは一日中取り越し苦労をしていて、それが生活そのものになってしまっています。

第23課　丢 diū

"丢"でよく使われる意味は「なくす、失う」です。

「"丢"＋目的語」が一般的な言い方で、"丢东西"「物をなくす」、"丢钱包"「財布をなくす」、"丢面子"「面子をなくす」などと使います。
「"丢"＋場所」の言い方もあり、"丢街上"「街でおとす」、"丢地上"「地上に捨てる」などと使います。

ほかに、覚えておきたい用法として、次のようなものがあります。
"丢本行"「本業を放っておく」、"丢知识"「知識を放っておく」

194 Yàoshi diū le!
钥匙 丢 了！

195 Wǒ bǎ shǒujī diū nǎr le?
我 把 手机 丢 哪儿 了？

196 Nǐ kě bié diūdiào zhècì de jīhuì ya.
你 可 别 丢掉 这次 的 机会 呀。

197 Zhè shì zhòngyào wénjiàn, qiānwàn diūbude.
这 是 重要 文件，千万 丢不得。

198 Zhè shì qīn'ài de gěi wǒ de, zěnme huì diū ne?
这 是 亲爱 的 给 我 的，怎么 会 丢 呢？

199 Búyào suídì diū yāntóu.
不要 随地 丢 烟头。

200 Tā bǎ gèrén lìyì zǎojiù diūdào nǎo hòu le.
他 把 个人 利益 早就 丢到 脑 后 了。

201 Zuìjìn zhì'ān bù hǎo, wǒmen bù yīnggāi bǎ háizi yí ge rén diūzài jiāli.
最近 治安 不 好，我们 不 应该 把 孩子 一 个 人 丢在 家里。

- 丢了钥匙！ Diū le yàoshi!
- 我也不知道丢到哪儿了？ Wǒ yě bù zhīdao diūdào nǎr le?
- 她随手把衣服丢到了床上。 Tā suíshǒu bǎ yīfu diūdào le chuáng shang.

用法例

丢 东西	diū dōngxi	物をなくす		丢 钱包	diū qiánbāo	財布をなくす
丢 机会	diū jīhuì	機会を失う		丢 面子	diū miànzi	面子をなくす
丢 路上	diū lù shang	道におとす		丢 街上	diū jiē shang	街でおとす
丢 果皮	diū guǒpí	果物の皮を捨てる		丢 地上	diū dì shang	地面に捨てる
丢 知识	diū zhīshi	知識を放っておく		丢 本行	diū běnháng	本業を放っておく
丢到脑后	diūdào nǎohòu	忘れてしまう				

CD 2-23

194 鍵がなくなりました！

195 携帯をどこかに置き忘れてしまいました。

196 今度のチャンスを逃してはいけません。

197 これは大切なファイルです。絶対なくしてはいけません。

198 最愛の人がくれたんだもの、なくしっこないわよ。

199 ところかまわず吸殻を捨ててはいけません。

200 彼は個人の利益については、とっくに念頭から振り払いました。

201 このところ治安がよくないし、子供を一人で家に残しておくわけにはいきません。

・鍵をなくしてしまいました！
・自分でもどこでなくしたのか分かりません。
・彼女は無造作に服をベッドの上に放りました。

- 他把床上的枕头丢了过来。Tā bǎ chuáng shang de zhěntou diū le guòlái.
- 他把果皮丢到窗外去了。Tā bǎ guǒpí diūdào chuāng wài qù le.
- 他已经把本行的工作丢了一年多了。Tā yǐjīng bǎ běnháng de gōngzuò diū le yì nián duō le.
- 这个案件丢不开。Zhège ànjiàn diūbukāi.
- 你的自行车丢到哪儿去了？Nǐ de zìxíngchē diūdào nǎr qù le?
- 他把树上的梨子给我丢下来了。Tā bǎ shù shang de lízi gěi wǒ diūxiàlái le.
- 这个花生米真好吃，真是丢不开手。Zhège huāshēngmǐ zhēn hǎochī, zhēn shì diūbukāi shǒu.
- 拍戏现场的工作都是风雨无阻，导演还需要有丢车保帅、随机应变的决断力。Pāixì xiànchǎng de gōngzuò dōu shì fēng yǔ wú zǔ, dǎoyǎn hái xūyào yǒu diū chē bǎo shuài、suí jī yìng biàn de juéduànlì.
- 他每天不是忘带这个，就是忘带那个，总是丢三落四的。Tā měitiān bú shì wàngdài zhège, jiùshì wàngdài nàge, zǒngshì diū sān là sì de.
- 我的爱好是自行车旅行，骑着车与风赛跑，把不快的事情都丢在脑后。Wǒ de àihào shì zìxíngchē lǚxíng, qízhe chē yǔ fēng sàipǎo, bǎ bú kuài de shìqing dōu diūzài nǎo hòu.
- 我跟母亲回答时，父亲急忙对我丢了个眼色让我把话岔开了。Wǒ gēn mǔqin huídá shí, fùqin jímáng duì wǒ diū le ge yǎnsè ràng wǒ bǎ huà chàkāi le.

第24課　接 jiē

"接"でよく使われる意味は「つなぐ、つながる、続く、続ける」です。
"接电话"「電話をつなぐ」、"接电线"「電線をつなぐ」、"接不上"「つながらない、続かない」などと使います。

ほかに、覚えておきたい用法として、次のようなものがあります。
"接球"「ボールを受け取る、レシーブする」、"接礼品"「贈り物を受け取る」、"接客人"「客を出迎える」、"接班"「勤務を引き継ぐ」

202　接下来，请他演唱一首歌儿。Jiēxiàlái, qǐng tā yǎnchàng yì shǒu gēr.

203　天线，地线都要接好。Tiānxiàn, dìxiàn dōu yào jiēhǎo.

204　他才两岁，接得了电话吗？Tā cái liǎng suì, jiēdeliǎo diànhuà ma?

- 彼はベッドの枕を投げて寄こしました。
- 彼は果物の皮を窓から投げ捨てました。
- 彼は本職の仕事を既に一年以上ほったらかしています。
- この案件は放ってはおけません。
- 一体どこで自転車をなくしたのですか。
- 彼は樹の上から梨を投げて寄こしました。
- このピーナツ、本当に美味しくてやめられません。
- 撮影現場の仕事は常に待ったなしで、監督には飛車を捨て王様を守るような臨機応変な決断力が求められます。

- 彼は毎日何かしら忘れ物をして、本当にそそっかしいです。

- 私の趣味はサイクリングで、自転車に乗って風と競争していると、嫌なこともすっかり忘れてしまいます。
- 私が母に答えようとすると、父は慌てて目配せして話題を変えさせました。

用法例
接电话　jiē diànhuà　電話をつなぐ　　　　接电线　jiē diànxiàn　電線をつなぐ
接不上　jiēbushàng　つながらない、続かない
接下来　jiēxiàlái　続いて
接球　jiēqiú　ボールを受け取る、レシーブする
接货　jiē huò　荷物を受け取る　　　　接信　jiē xìn　手紙を受け取る
接礼品　jiē lǐpǐn　贈り物を受け取る
接朋友　jiē péngyou　友人を迎える　　　接客人　jiē kèren　客を出迎える
接班　jiēbān　勤務を引き継ぐ
接他的职务　jiē tā de zhíwù　彼の職務を引き継ぐ

CD 2-24

202　続いて、彼に一曲歌っていただきましょう。

203　アンテナもアースもきちんとつながなければいけません。

204　あの子はまだ二歳なのに、電話を取れるわけがありません。

205 Zhèxiē tiān lái yìzhí méi jiēdào nǐ de xìn, nǐ xiànzài háihǎo ma?
这些 天 来 一直 没 接到 你 的 信，你 现在 还好 吗？

206 Nǐ qù chēzhàn jiē kèren qù.
你 去 车站 接 客人 去。

207 Wǒ zài Chéngtián jīchǎng jiēguo hǎoduō pī fùRì dàibiǎotuán.
我 在 成田 机场 接过 好多 批 赴日 代表团。

208 Ràng tā jiē zhè xiàng gōngzuò.
让 他 接 这 项 工作。

209 Míngtiān wǒ yǒu shì, jiēbuliǎo kèren ne.
明天 我 有 事，接不了 客人 呢。

210 Jiānglái wǒ yào jiē fùqin de gōngzuò.
将来 我 要 接 父亲 的 工作。

- 电话占着线，接不上。Diànhuà zhànzhe xiàn, jiēbushàng.
- 这两张桌子接起来，就能打乒乓球。Zhè liǎng zhāng zhuōzi jiēqǐlái, jiù néng dǎ pīngpāngqiú.
- 我接不着你的球。Wǒ jiēbuzháo nǐ de qiú.
- 对方接了货，会给我们联系的。Duìfāng jiē le huò, huì gěi wǒmen liánxì de.
- 今天接到了你的信。Jīntiān jiēdào le nǐ de xìn.
- 今天接到了一份请柬。Jīntiān jiēdào le yí fèn qǐngjiǎn.
- 这算是一种贿赂，我们可接不得。Zhè suànshì yì zhǒng huìlù, wǒmen kě jiēbude.
- 我去机场接朋友。Wǒ qù jīchǎng jiē péngyou.
- 明天你可不可以代我到车站接一下客人呢？
  Míngtiān nǐ kě bu kěyǐ dài wǒ dào chēzhàn jiē yíxià kèren ne?
- 你要我接你的工作，我可接不了。Nǐ yào wǒ jiē nǐ de gōngzuò, wǒ kě jiēbuliǎo.
- 没人愿意接他的班呢。Méi rén yuànyi jiē tā de bān ne.
- 请让我接这项工作，我一定接好。Qǐng ràng wǒ jiē zhè xiàng gōngzuò, wǒ yídìng jiēhǎo.
- 我们公司是规模很小的街道工厂，同时接不了那么多活儿。
  Wǒmen gōngsī shì guīmó hěn xiǎo de jiēdào gōngchǎng, tóngshí jiēbuliǎo nàme duō huór.

205 ここのところずっとあなたからの便りがありませんが、お元気でお過ごしでしょうか。

206 私は駅にお客さんを迎えにいきました。

207 私は成田空港で、もう何回も訪日代表団を出迎えました。

208 彼にこの仕事を引き継がせます。

209 明日は用事があって、お客様の相手ができません。

210 将来的には父の仕事を継ぐつもりです。

・電話中で、つながりません。
・このテーブルを二つ合わせれば、卓球ができます。
・あなたの球をレシーブすることができません。
・相手は荷物を受け取ったら、私たちに連絡してくれるはずです。
・今日、あなたの手紙を受け取りました。
・今日、招待状を一通受け取りました。
・これは一種の賄賂ですから、我々は受け取るわけにはいきません。
・私は空港に友達を迎えにいきます。
・明日、私の代わりに駅までお客さんを迎えにいってもらえますか。

・あなたは仕事を引き継ぎたいのでしょうが、私は引き継げません。
・誰も彼の仕事を引き継ぎたいと思いません。
・この仕事はぜひ私に引き継がせてください。きっとしっかりやってみせます。
・うちは小規模な町工場なので、それだけ多くの仕事だと一度に引き受ける力はありません。

第25課 做 zuò

"做"でよく使われる意味は「(物、料理などを)作る」です。
"做饭"「ご飯を作る」、"做衣服"「服を作る」などと使います。

ほかに、覚えておきたい用法として、次のようなものがあります。
"做文章"「文章を書く」、"做买卖"「商売をする」、"做生日"「誕生祝いをやる」、"做教员"「教師になる」、"做朋友"「友達になる」、"做样子"「ふりをする、それらしい格好をする」

211　Píjiǔ shì yòng shuǐ, dàmài hé píjiǔhuā zuò de.
啤酒 是 用 水、大麦 和 啤酒花 做 的。

212　Wǒ wèi nǐ zuò le yì shǒu shī.
我 为 你 做 了 一 首 诗。

213　Tā niánjì dà le, zhòngtǐlì huór kě zuòbudòng le.
他 年纪 大 了，重体力 活儿 可 做不动 了。

214　Tāmen zhèng wèi fùqin zuòzhe liù shí dàshòu ne.
他们 正 为 父亲 做着 六 十 大寿 呢。

215　Zìcóng zuò le yuànzhǎng yǐhòu, gōngzuò jiù gèng máng le.
自从 做 了 院长 以后，工作 就 更 忙 了。

216　Fèisùliàopíng kěyǐ zuò huàxiān de yuánliào.
废塑料瓶 可以 做 化纤 的 原料。

217　Tā hěn xǐhuan háizi, yídìng néng zuòdehǎo bǎomǔ.
她 很 喜欢 孩子，一定 能 做得好 保姆。

218　Zánmen yìqǐ qù chī hǎochī de dōngxi gǎishàn yíxià shēnghuó zěnmeyàng, wǒ lái zuòdōng.
咱们 一起 去 吃 好吃 的 东西 改善 一下 生活 怎么样，我 来 做东。

用法例

做饭 zuòfàn ご飯を作る	做 衣服 zuò yīfu 服を作る
做菜 zuòcài 料理を作る	做 书架 zuò shūjià 本棚を作る
做 文章 zuò wénzhāng 文章を書く	
做 工作 zuò gōngzuò 仕事をする	做 买卖 zuò mǎimài 商売をする
做 好事 zuò hǎoshì よいことをする	做 游戏 zuò yóuxì ゲームをする
做 生日 zuò shēngri 誕生祝いをやる	做 六十大寿 zuò liù shí dàshòu 還暦を祝う
做 教员 zuò jiàoyuán 教師になる	做 研究生 zuò yánjiūshēng 大学院生になる
做 原料 zuò yuánliào 原料にする	做 模范 zuò mófàn 手本にする
做 朋友 zuò péngyou 友達になる	做 亲家 zuò qìngjia 親戚になる、結婚する
做 样子 zuò yàngzi ふりをする、それらしい格好をする	

211 ビールは水、大麦、ホップで作ります。

212 あなたのために詩を一篇作りました。

213 彼は年をとっているので、力仕事はとてもできません。

214 彼らはちょうど父親の還暦を祝っているところです。

215 院長になってから、仕事は益々忙しくなりました。

216 使い終わったペットボトルは繊維の原料になります。

217 彼女は子供好きだから、きっといいベビーシッターになれます。

218 何か美味しいものでも食べにいきませんか。私がご馳走します。

219 我虽然不做广告，但这个电影真的值得一看。
Wǒ suīrán bú zuò guǎnggào, dàn zhège diànyǐng zhēn de zhíde yí kàn.

- 给老公做衣服做到夜里两点。Gěi lǎogōng zuò yīfu zuòdào yèli liǎng diǎn.
- 女学生们在课堂里自己动手做了一条裙子。
  Nǚxuéshēngmen zài kètáng li zìjǐ dòngshǒu zuò le yì tiáo qúnzi.
- 我不擅长做文章。Wǒ bú shàncháng zuò wénzhāng.
- 小华，你能帮助我做点儿事吗？Xiǎo Huá, nǐ néng bāngzhù wǒ zuò diǎnr shì ma?
- 这么多活儿，我一天做不了。Zhème duō huór, wǒ yì tiān zuòbuliǎo.
- 本钱小，做不起大买卖。Běnqian xiǎo, zuòbuqǐ dàmǎimài.
- 我们为孩子做生日。Wǒmen wèi háizi zuò shēngri.
- 他的性格做不了外交官。Tā de xìnggé zuòbuliǎo wàijiāoguān.
- 你的文章可以做口头翻译的教材。Nǐ de wénzhāng kěyǐ zuò kǒutóu fānyì de jiàocái.
- 他们俩为了一点小事就做下仇了。Tāmen liǎ wèile yìdiǎn xiǎoshì jiù zuòxià chóu le.
- 从那以后，他们就做了死对头了。Cóng nà yǐhòu, tāmen jiù zuò le sǐduìtou le.
- 亲上做亲有什么不好？Qīn shàng zuò qīn yǒu shénme bù hǎo?
- 在客人面前别做鬼脸。Zài kèren miànqián bié zuò guǐliǎn?
- 你不会喝酒，干杯时做做样子就得了。Nǐ bú huì hē jiǔ, gānbēi shí zuòzuo yàngzi jiù dé le.
- 昨天我到一个朋友家做客，聊生活，聊自己，过得非常愉快。
  Zuótiān wǒ dào yí ge péngyou jiā zuòkè, liáo shēnghuó, liáo zìjǐ, guòde fēicháng yúkuài.
- 面对面做鬼脸，先笑的人为输，一、二、三！
  Miàn duì miàn zuò guǐliǎn, xiān xiào de rén wéi shū, yī, èr, sān!
- 这件事还是得要请示科长，我一个人做不了主。
  Zhè jiàn shì háishi děi yào qǐngshì kēzhǎng, wǒ yí ge rén zuòbuliǎo zhǔ.
- 你总是逢场做戏，我早就看穿你的用心了！
  Nǐ zǒngshì féng chǎng zuò xì, wǒ zǎojiù kànchuān nǐ de yòngxīn le!
- 你的想法太天真了，这简直就像做梦似的。
  Nǐ de xiǎngfǎ tài tiānzhēn le, zhè jiǎnzhí jiù xiàng zuòmèng shìde.

219 宣伝するつもりじゃないですが、この映画は本当に一見の価値があります。

・主人の服を、夜中の二時までかかってこしらえました。
・女子生徒たちは授業で、手作りのスカートを一着作りました。

・私は文章を書くのが苦手です。
・シャオホア、ちょっと私の手伝いをしてくれませんか。
・これだけ仕事の量が多いと、一日ではやりきれません。
・元手が少ないので、大きな商売はできません。
・私たちは子供の誕生祝いをします。
・彼の性格では外交官になれません。
・あなたの文章は、通訳の教材として使えます。
・彼らはほんの些細なことでかたき同士となりました。
・あれ以来、彼らは犬猿の仲となりました。
・親戚同士の縁組だからって、おかしいことはありません。
・お客様の前であかんべえなんかしてはいけません。
・あなたはお酒を飲めないから、乾杯の時はそのふりをすればいいです。
・昨日友人の家を訪ね、あれこれお喋りして、とても楽しく過ごしました。

・にらめっこしましょう、笑っちゃ負けよ、あっぷっぷ。

・この件は、やはり課長にお伺いを立てる必要があります。私の一存では決められません。
・そうやっていつもお茶を濁すのはやめてください。あなたの下心なんてとっくにお見通しです！
・あなたの考え方は甘すぎます。それじゃ夢を見ているのと一緒です。

第26課　要 yào

動詞の"要"でよく使われる意味は「欲しい、欲しがる、必要とする、要る」です。
"要这个"「これが欲しい」、"要你"「あなたが必要だ」などと使います。

ほかに、覚えておきたい用法として、次のようなものがあります。
"要什么"「何を注文するのか」、"要他介绍经验"「彼に経験を紹介してくれるよう頼んだ（兼語の形をとります）」

"要"には助動詞の用法もあります。助動詞"要"は動詞の前に置かれ、「①～すべきだ、～しなければならない、②～したい、～するつもりだ、③（"要～了"で）～しそうだ、まもなく～だろう」という意味を表します。

220　Zhège dōngxi nǐ hái yào bu yào?
这个 东西 你 还 要 不 要？

221　Zài Zhōngguó mǎi zhè zhǒng gōngyù yào duōshao qián?
在 中国 买 这 种 公寓 要 多少 钱？

222　Nǐmen hái yào shénme cài ma?
你们 还 要 什么 菜 吗？

223　Tā yào wǒ dào jīchǎng qù jiē yí wèi wàiguó kèren.
她 要 我 到 机场 去 接 一 位 外国 客人。

224　Gōngsī yào wǒ dào Zhōngguó de hézī qǐyè gōngzuò liǎng nián.
公司 要 我 到 中国 的 合资 企业 工作 两 年。

225　Jièchūqù de shū dōu yàohuílái le.
借出去 的 书 都 要回来 了。

226　Rén yào liǎn, shù yào pí, wǒmen gāi yǒudiǎnr zìzūnxīn ba.
人 要 脸, 树 要 皮, 我们 该 有点儿 自尊心 吧。

・我们要她的支持。Wǒmen yào tā de zhīchí.
・要多少就给多少。Yào duōshao jiù gěi duōshao.
・你跟他要去。Nǐ gēn tā yào qù.
・我要一盘醋拌凉菜。Wǒ yào yì pán cù bàn liángcài.
・上司要我提前完成这项工作。Shàngsi yào wǒ tíqián wánchéng zhè xiàng gōngzuò.

用法例

要 这个 yào zhège	これが欲しい	要 钱 yào qián	金が必要だ
要 支持 yào zhīchí	支持を必要とする	要 你 yào nǐ	あなたが必要だ
要 多少 钱 yào duōshao qián	いくらお金が必要か		
要 多少 yào duōshao	どのくらい必要か		
要 什么 yào shénme	何を求めるのか		
要 什么 菜 yào shénme cài	どんな料理を注文するのか		
要 他 参加 婚礼 yào tā cānjiā hūnlǐ	彼に結婚式に来てくれるよう頼んだ		
要 他 介绍 经验 yào tā jièshào jīngyàn	彼に経験を紹介してくれるよう頼んだ		

220 これ、あなたはまだ要りますか。

221 中国でこのタイプのマンションを買うにはいくら必要ですか。

222 ほかにお料理のご注文はございますか。

223 彼女は私に、空港で外国のお客さんを出迎えるように頼みました。

224 会社側は私に、中国との合弁会社で二年間働くよう要求しました。

225 貸し出していた本は全部返してもらいました。

226 樹木に皮が必要なように、人には面子が必要といいます。私たちもプライドを持ちましょう。

・我々には彼女の支持が必要です。
・欲しいだけあげます。
・彼のところにもらいにいってください。
・酢の物を一皿お願いします。
・上司がこの任務の完成を繰り上げるよう要請してきました。

- 公司要我提前退休。Gōngsī yào wǒ tíqián tuìxiū.
- 他要你替他说两句好话。Tā yào nǐ tì tā shuō liǎng jù hǎohuà.
- 求教是一时之耻,不闻是终身之羞,不懂装懂是最要不得的。
  Qiújiào shì yìshí zhī chǐ, bù wén shì zhōngshēn zhī xiū, bù dǒng zhuāng dǒng shì zuì yàobude de.
- 天天看那种要死要活的爱情电视连续剧,你也看不腻,真有你的。
  Tiāntiān kàn nà zhǒng yào sǐ yào huó de àiqíng diànshì liánxùjù, nǐ yě kànbunì, zhēn yǒu nǐ de.
- 你不应该向小妹妹要钱。Nǐ bù yīnggāi xiàng xiǎomèimei yào qián.

第27課 改 gǎi

27/93

"改"でよく使われる意味は「正す、改める」です。
"改名字"「名前を変える」、"改主意"「意見を変える」、"改错"「間違いを正す」などと使います。

227 Rìběn fùnǚ jiàgěi nánrén hòu dōu yào gǎi xìng.
日本 妇女 嫁给 男人 后 都 要 改 姓。

228 Shānhé yì gǎi, bǐngxìng nán yí.
山河 易 改, 秉性 难 移。

229 Yīnggāi gǎi de bù gǎi, bù yīnggāi gǎi de jiù gǎi, duìyìng cuòshī hěn bù hélǐ.
应该 改 的 不 改, 不 应该 改 的 就 改, 对应 措施 很 不 合理。

230 Zhè shì wǒ de lǎomáobìng, yào gǎi yě gǎibuguòlái.
这 是 我 的 老毛病, 要 改 也 改不过来。

231 Wǒ xiāngxìn, nǐ yídìng néng gǎihǎo zhè máobìng.
我 相信, 你 一定 能 改好 这 毛病。

232 Wǒ zěnme yě gǎibuliǎo chōuyān de èxí.
我 怎么 也 改不了 抽烟 的 恶习。

- 大阪城原来是木头的,战后改成钢筋混凝土的了。
  Dàbǎnchéng yuánlái shì mùtou de, zhànhòu gǎichéng gāngjīn hùnníngtǔ de le.

- 会社は私に早期退職を要請しました。
- 彼はあなたに、彼の代わりに口をきいてほしいと頼んでいます。
- 聞くは一時の恥、聞かぬは一生の恥です。分かっていないのに分かったふりをするのが一番いけません。
- 毎日生きるの死ぬのというメロドラマをよくも見飽きないものだと、感心してしまいます。
- 妹さんにお金をくれと言ったりしてはいけません。

用法例

改 名字	gǎi míngzi	名前を変える		改 主意	gǎi zhǔyi	意見を変える
改 次序	gǎi cìxù	順番を変える		改 商標	gǎi shāngbiāo	商標を変える
改 文章	gǎi wénzhāng	文章に手を加える		改 稿子	gǎi gǎozi	原稿に手を入れる
改 規划	gǎi guīhuà	計画を修正する		改 衣服	gǎi yīfu	服を仕立て直す
改 错	gǎi cuò	間違いを正す		改掉 恶习	gǎidiào èxí	悪い習慣を改める
改 缺点	gǎi quēdiǎn	欠点を改める		改 毛病	gǎi máobing	悪い癖を直す

CD 2-27

227 日本では女性は男性に嫁ぐと、姓を変えます。

228 三つ子の魂百までもです。(人の気性は変えがたい。)

229 正すべきを正さず、改めるべきでないものを改め、対応がおかしいです。

230 これは私の昔からのよくない癖で、直したくても直せないんです。

231 きっとあなたはその悪い癖を直せると、私は信じています。

232 どうしても喫煙の悪習を直すことができません。

- 大阪城は元々木造でしたが、戦後鉄筋コンクリートに改築されました。

- 现在开会日期改不了了。Xiànzài kāihuì rìqī gǎibuliǎo le.
- 你的稿子我还没有改过来呢。Nǐ de gǎozi wǒ hái méiyǒu gǎiguòlái ne.
- 十八世纪到十九世纪在英国发生了产业革命，人们的生活也发生了改天换地的变化。
  Shí bā shìjì dào shí jiǔ shìjì zài Yīngguó fāshēng le chǎngyè gémìng, rénmen de shēnghuó yě fāshēng le gǎi tiān huàn dì de biànhuà.
- 他被判了五年徒刑，服满刑期后，改恶从善了。
  Tā bèi pàn le wǔ nián túxíng, fúmǎn xíngqī hòu, gǎi è cóng shàn le.
- 他以前是飞车党的成员，到后来改邪归正，现在在认真工作。
  Tā yǐqián shì fēichēdǎng de chéngyuán, dào hòulái gǎi xié guī zhèng, xiànzài zài rènzhēn gōngzuò.
- 受到台风的影响，列车改点运行。Shòudào táifēng de yǐngxiǎng, lièchē gǎi diǎn yùnxíng.

第28課　买 mǎi　　28/93

"买"の意味は「買う」だけです。
"买东西"「買い物をする」、"买错"「買い間違える」などと使います。

233 Zhè dōngxi xiànzài yǐjīng mǎibudào le.
这 东西 现在 已经 买不到 了。

234 Huì mǎi de bù rú huì mài de.
会 买 的 不 如 会 卖 的。

235 Tā lǎoshì xǐhuan xiàng biérén mǎihǎor.
他 老是 喜欢 向 别人 买好儿。

236 Wǒmen gōngsī zuìjìn mǎijìn le yì tái xīn de fùyìnjī.
我们 公司 最近 买进 了 一 台 新 的 复印机。

- 这不是人家送的，是自己买的。Zhè bú shì rénjia sòng de, shì zìjǐ mǎi de.
- 我买不起这么贵的东西。Wǒ mǎibuqǐ zhème guì de dōngxi.
- 我买错了衣服的尺寸。Wǒ mǎicuò le yīfu de chǐcun.
- 我在上海买过一件旗袍。Wǒ zài Shànghǎi mǎiguo yí jiàn qípáo.
- 最近网上买空卖空的欺诈案件越来越多，我们可要小心。
  Zuìjìn wǎng shang mǎi kōng mài kōng de qīzhà ànjiàn yuè lái yuè duō, wǒmen kě yào xiǎoxīn.

- 今となっては会議の日程は変えられません。
- あなたの原稿はまだ直し終わっていません。
- 18世紀から19世紀にかけてイギリスで産業革命が勃発し、人々の生活は大きく変わりました。

- 彼は五年の実刑を言い渡され、刑期を満了して更正しました。

- 彼は以前は暴走族のメンバーでしたが、その後足を洗って今では真面目に仕事をしています。
- 台風の影響で、列車は時間を変更して運行しています。

用法例
买 东西	mǎi dōngxi	買い物をする	买 邮票	mǎi yóupiào	切手を買う
买好儿	mǎihǎor	歓心を買う、取り入る	买错	mǎicuò	買い間違える
买不起	mǎibuqǐ	（高くて）買えない	买不到	mǎibudào	（品切れで）買えない
买不着	mǎibuzháo	（物が見つからなくて）買えない			
买不了	mǎibuliǎo	全部買うことができない			

233 これは今ではもう買えません。

234 買い上手は売り上手にかないません。

235 彼はいつも他人の歓心を買おうとしています。

236 うちの会社は最近新しいコピー機を一台買いました。

- これは誰かにもらった物ではなく、自分で買った物です。
- 私はこんな高い物は買えません。
- 寸法を間違って服を買ってしまいました。
- 上海でチャイナドレスを一着買ったことがあります。
- 最近ネットでは空売りの詐欺事件が増えていますので、気をつけなければいけません。

・現在她收入增加了，也买起高档商品来了。
Xiànzài tā shōurù zēngjiā le, yě mǎiqǐ gāodàng shāngpǐn lái le.

第29課 卖 mài

"卖"でよく使われる意味は「売る」です。
"卖东西"「物を売る」、"卖友"「友を売る」などと使います。

ほかに、覚えておきたい用法として、次のようなものがあります。
"卖力气"「精を出す、骨身を惜しまない」、"卖命"「命がけで働く」、"卖人情"「恩を着せる」、"卖弄"「ひけらかす」、"卖关子"「(話の途中で)気を持たせる」

237 Nǐ bǎ dōngxi màigěi shéi le?
你把东西卖给谁了？

238 Zhèyàng pò de fángzi gēnběn màibudòng.
这样破的房子根本卖不动。

239 Zhè běn shū shì xiànliàng chūbǎn de, yì chūshòu dàngtiān jiù màiguāng le.
这本书是限量出版的，一出售当天就卖光了。

240 Wǒ kě bù néng màiyǒu qiúróng.
我可不能卖友求荣。

241 Tā wèi dàjiā mài le bùshǎo lìqi.
他为大家卖了不少力气。

242 Tā cóng méi gěi rénjia màiguo rénqíng.
她从没给人家卖过人情。

243 Bié zài biéren miànqián màinong xuéwèn.
别在别人面前卖弄学问。

・今は収入が増えて、彼女は高級品も買えるようになってきました。

用法例

卖 东西	mài dōngxi	物を売る		卖不完	mài buwán	売れ残る
卖不出去	màibuchūqù	売れない		卖得快	màidekuài	よく売れる
卖国	màiguó	国を売る		卖友	màiyǒu	友を売る
卖力气	mài lìqi	精を出す、骨身を惜しまない				
卖命	màimìng	命がけで働く		卖劲儿	màijìnr	精を出す
卖弄	màinong	ひけらかす		卖俏	màiqiào	媚を売る
卖人情	mài rénqíng	恩を着せる		卖功	màigōng	手柄をひけらかす
卖好儿	màihǎor	恩に着せる、機嫌をとる				
卖关子	mài guānzi	（話の途中で）気を持たせる				

237 商品を誰に売ったのですか。

238 こんなボロ屋では、とても買い手がつきません。

239 この本は限定出版で、売り出したその日のうちに完売しました。

240 私には出世のために友人を売るようなことはできません。

241 彼は皆のために大いに力を尽くしました。

242 彼女は人に恩を着せたことなどありません。

243 人前で知識をひけらかさないでください。

244 Xuéshengmen wèi kāihǎo zhècì wénhuàjié mài le bùshǎo jìnr.
学生们 为 开好 这次 文化节 卖 了 不少 劲儿。

- 这产品物美价廉，一推出市场就卖完了。
  Zhè chǎnpǐn wù měi jià lián, yì tuīchū shìchǎng jiù màiwán le.
- 他在胡同口卖西瓜呢。Tā zài hútòngkǒu mài xīguā ne.
- 他把朋友卖了。Tā bǎ péngyou mài le.
- 他为了开好这次的中日企业家研讨会，卖了不少劲儿。
  Tā wèile kāihǎo zhècì de ZhōngRì qǐyèjiā yántǎohuì, mài le bùshǎo jìnr.
- 他真的同意我们的意见吗？是不是向我们卖个人情？
  Tā zhēn de tóngyì wǒmen de yìjian ma? Shì bu shì xiàng wǒmen mài ge rénqíng?
- 她对我卖起人情来了。Tā duì wǒ màiqǐ rénqíng lái le.
- 别给人家卖好儿。Bié gěi rénjia màihǎor.
- 他是个响当当的三星级厨师，在开放式厨房大显身手人人地卖了两下子。
  Tā shì ge xiǎngdāngdāng de sānxīngjí chúshī, zài kāifàngshì chúfáng dà xiǎn shēn shǒu dàdà de mài le liǎngxiàzi.
- 既然当了领导，光卖嘴不行，应该把决策落实到行动上。
  Jìrán dāng le lǐngdǎo, guāng màizuǐ bùxíng, yīnggāi bǎ juécè luòshídào xíngdòng shang.
- 你的说法只顾自己的利益，真是跟卖瓜的说瓜甜一样。
  Nǐ de shuōfǎ zhǐgù zìjǐ de lìyì, zhēn shì gēn mài guā de shuō guā tián yíyàng.
- 你知道，出土的文物是国家的，千万卖不得。
  Nǐ zhīdao, chūtǔ de wénwù shì guójiā de, qiānwàn màibude.
- 他们运来的产地直销的蔬菜一早晨就卖干净了。
  Tāmen yùnlái de chǎndì zhíxiāo de shūcài yì zǎochén jiù màigānjìng le.
- 唉，咱们之间你有话好好儿说，卖关子做什么呢？
  Āi, zánmen zhījiān nǐ yǒu huà hǎohāor shuō, mài guānzi zuò shénme ne?
- 以前封建时代，年轻媳妇很难卖头卖脚，要终生服侍婆家。
  Yǐqián fēngjiàn shídài, niánqīng xífu hěn nán mài tóu mài jiǎo, yào zhōngshēng fúshi pójia.
- 他又在人家面前卖自己的本事，总是那么孩子气，真叫人不好办。
  Tā yòu zài rénjia miànqián mài zìjǐ de běnshi, zǒngshì nàme háizi qì, zhēn jiào rén bù hǎo bàn.
- 不要倚老卖老，勿忘初衷。Búyào yǐ lǎo mài lǎo, wù wàng chūzhōng.
- 这个小说很有起伏，主人公的朋友中途卖身投靠了敌人，结尾难以预料。
  Zhège xiǎoshuō hěn yǒu qǐfú, zhǔréngōng de péngyou zhōngtú màishēn tóukào le dírén, jiéwěi nányǐ yùliào.
- 那个人行窃被抓后一直装疯卖傻的，真脸皮厚。
  Nàge rén xíngqiè bèi zhuā hòu yìzhí zhuāng fēng mài shǎ de, zhēn liǎnpí hòu.

244 学生たちはこの文化祭を成功させるために、骨身を惜しまず頑張りました。

・この製品は安くて物がよく、売出したらすぐに売り切れました。

・彼なら路地の入り口でスイカを売っています。
・彼は友人を売りました。
・彼は今回の日中企業家シンポジウム開催のために、大いに力を尽くしました。

・彼は本当に私たちの意見に同意したんですか。恩を売ってるだけということはないのですか。
・彼女は私に恩を着せようとしました。
・人の機嫌を取るのはやめてください。
・彼は押しも押されもせぬ三つ星シェフで、オープンキッチンで大いにその腕前を披露しました。
・リーダーになったからには口先だけでは駄目です。決定を行動に移すべきです。

・あなたの言い分は自分の利益のことばかりで、それでは手前味噌と一緒です。

・分かっているとは思うけど、出土品は国のものなんだから、決して売ったりしてはいけません。
・彼等のあの産地直送の野菜は、朝一ですっかり売り切れました。

・僕らの仲なんだから、言いたいことがあるならはっきり言えよ。じらしたりしてどうするんだい。
・昔の封建時代の若い嫁はでしゃばることなど許されず、一生嫁ぎ先につかえました。
・彼はまた人前で自分の能力をひけらかしていますが、子供じみていて、困ったものです。
・ベテランであることを鼻にかけず、初心忘るべからずです。
・この小説は起伏に富んでいて、主人公の友人が途中で寝返って敵の手先になったりするので、なかなか結末が読めません。
・あの強盗は捕まった後もずっとしらばっくれていて、本当に面の皮の厚いやつです。

第30課　想 xiǎng

"想"でよく使われる意味は「(方法や意味を)考える、配慮する」です。
"想办法"「方法を考える」、"想问题"「問題を考える」などと使います。

ほかに、覚えておきたい用法として、次のようなものがあります。
"想往事"「昔のことを思い出す」、"我想～"「～だと想像する、思う」、"想家"「ホームシックになる」、"要想着～"「～を忘れないようにしなさい」

245 Tā xiǎngde hěn zhōudào.
她 想得 很 周到。

246 Nǐ xiǎngxiang zhège wèntí gāi zěnme jiějué.
你 想想 这个 问题 该 怎么 解决。

247 Tā xiǎng le bàntiān, háishi xiǎngbuchū shénme hǎobànfǎ lái.
他 想 了 半天，还是 想不出 什么 好办法 来。

248 Āiyā, zhēn méi xiǎngdào huì zài zhèli hé nǐ jiànmiàn.
哎呀，真 没 想到 会 在 这里 和 你 见面。

249 Zěnme le, xiǎngjiā le?
怎么 了，想家 了？

250 Wǒmen dōu xiǎngzhe nǐ ne.
我们 都 想着 你 呢。

251 Gēn nǐ líkāi kuài yì nián le, wǒ tiāntiān xiǎngdào nǐ.
跟 你 离开 快 一 年 了，我 天天 想到 你。

252 Wǒ xiǎng qù Běijīng xiǎng le sān nián le, jīntiān cái suàn shíxiàn le zhège yuànwàng.
我 想 去 北京 想 了 三 年 了，今天 才 算 实现 了 这个 愿望。

用法例

想 法子 xiǎng fǎzi 方法を考える	想 办法 xiǎng bànfǎ 方法を考える
想 主意 xiǎng zhǔyi 思案する	想 问题 xiǎng wèntí 問題を考える
想 往事 xiǎng wǎngshì 昔のことを思い出す	
想 当时 的 情景 xiǎng dāngshí de qíngjǐng 当時の情景を思い出す	
我 想～ wǒ xiǎng ～だと想像する、思う	
想家 xiǎngjiā ホームシックになる	想 孩子 xiǎng háizi 子供が恋しくなる
想 妈妈 xiǎng māma 母親が恋しくなる	想 老家 xiǎng lǎojiā 故郷を懐かしむ
要 想着～ yào xiǎngzhe～ ～を忘れないようにしなさい	
想着 责任 xiǎngzhe zérèn 責任を忘れないようにする	

CD 2-30

245 彼女の心遣いは実に行き届いています。

246 この問題をどう解決するべきか、考えてみてください。

247 彼は随分考え込んでいましたが、やっぱりよい方法は思いつきませんでした。

248 おや、ここであなたに会うとは思いもしませんでした。

249 どうしたの。ホームシックになったのですか。

250 私たちは皆あなたに会いたがっています。

251 あなたと別れてもうすぐ一年になりますが、毎日あなたのことを懐かしく思っています。

252 私は三年間ずっと、北京に行ってみたいと思っていたんですが、今日、ようやくその願いがかないました。

- 想了半天才想起来她是谁。Xiǎng le bàntiān cái xiǎngqǐlái tā shì shéi.
- 我怎么也想不起她的名字。Wǒ zěnme yě xiǎngbuqǐ tā de míngzi.
- 我想这个计划有问题。Wǒ xiǎng zhège jìhuà yǒu wèntí.
- 我想这笔买卖赔不了钱。Wǒ xiǎng zhè bǐ mǎimài péibuliǎo qián.
- 你要想着自己的责任。Nǐ yào xiǎngzhe zìjǐ de zérèn.
- 你要想着老朋友。Nǐ yào xiǎngzhe lǎopéngyou.
- 她看了小学时代的照片，就靠在沙发上想起幼年时代的美好岁月了。
  Tā kàn le xiǎoxué shídài de zhàopiàn, jiù kàozài shāfā shang xiǎngqǐ yòunián shídài de měihǎo suìyuè le.
- 小李一想起去世的妈妈，就禁不住要流眼泪。
  Xiǎo Lǐ yì xiǎngqǐ qùshì de māma, jiù jīnbuzhù yào liú yǎnlèi.
- 他做什么事情都是想入非非的，不肯考虑实际性的事。
  Tā zuò shénme shìqing dōu shì xiǎng rù fēi fēi de, bù kěn kǎolǜ shíjìxìng de shì.
- 我的房间没有空调，夏天只好想各种法子来抗暑。
  Wǒ de fángjiān méiyǒu kōngtiáo, xiàtiān zhǐhǎo xiǎng gèzhǒng fǎzi lái kàng shǔ.

第31课　抽 chōu

"抽"でよく使われる意味は「吸う、吸い込む」です。
"抽烟"「タバコを吸う」、"抽水"「水を吸って縮む」などと使います。

ほかに、覚えておきたい用法として、次のようなものがあります。
"抽签"「くじを引く」、"抽出时间"「時間をさく」、"抽芽"「(植物の)芽が出る」、"抽陀螺"「コマを回す」、"抽牲口"「役畜を鞭打つ」

253 Zhè tiáo niúzǎikù hěn chōushuǐ, dōu chōuchéng duǎnkù le.
这条牛仔裤很抽水，都抽成短裤了。

254 Yàoshi zǒuyùn, yěxǔ néng chōu zhòngcǎi.
要是走运，也许能抽中彩。

- 抽烟不但花钱，而且对身体也不好。Chōuyān búdàn huāqián, érqiě duì shēntǐ yě bù hǎo.
- 未满二十岁的年轻人，烟抽不得。Wèi mǎn èr shí suì de niánqīngrén, yān chōubude.
- 那是这商店街办的抽奖。Nà shì zhè shāngdiànjiē bàn de chōujiǎng.
- 他从抽屉里抽出信来，交给我。Tā cóng chōuti li chōuchū xìn lái, jiāogěi wǒ.
- 井里的水很少，抽不出来。Jǐng li de shuǐ hěn shǎo, chōubuchūlái.

- 散々考え、やっと彼女が誰だか思い出しました。
- どうしても彼女の名前を思い出せません。
- 私は、この計画には問題があると思います。
- この商売なら、損をすることはないと思います。
- 自分の責任を忘れないようにしてください。
- 古い友人のことを忘れないようにしてください。
- 彼女は小学校時代の写真を見て、ソファにもたれ幼い頃のよき日を思い出していました。
- 李君は亡くなったお母さんのことを思い出して、涙をこらえることができませんでした。
- 彼は何をするにも妄想にばかり耽っていて、現実的なことを考えようとしません。
- 私の部屋には空調がないので、夏になると色々工夫して暑さをしのぐしかありません。

用法例

抽烟	chōuyān　タバコを吸う	抽血	chōu xuè　採血する
抽水	chōushuǐ　水を吸って縮む		
抽小了	chōuxiǎo le　水を吸って小さくなった		
抽签	chōuqiān　くじを引く	抽奖	chōujiǎng　（賞品の）抽選をする
抽中间	chōu zhōngjiān　真ん中を引く		
抽出时间	chōuchū shíjiān　時間をさく	抽几个人	chōu jǐ ge rén　数名引き抜く
抽芽	chōuyá　（植物の）芽が出る	抽穗	chōusuì　穂が出る
抽陀螺	chōu tuóluó　コマを回す	抽牲口	chōu shēngkou　役畜を鞭打つ

253 このジーパンは洗うと縮みやすくて、とうとう半ズボンのようになってしまいました。

254 運がよければ、福引に当たるかもしれません。

- タバコはお金もかかるし、体にも悪いです。
- 二十歳未満の者はタバコを吸ってはいけません。
- あれはこの商店街がやっている抽選会です。
- 彼は引き出しから手紙を取り出して、私に渡しました。
- 井戸の水が少ないので、汲むことができません。

- 节气没到，水稻还抽不出穗儿。Jiéqì méi dào, shuǐdào hái chōubuchū suìr.
- 我很想陪你一起去，不过这次怎么也抽不出工夫来，太遗憾了。Wǒ hěn xiǎng péi nǐ yìqǐ qù, búguò zhècì zěnme yě chōubuchū gōngfu lái, tài yíhàn le.
- 他是从其他公司抽上来的干部。Tā shì cóng qítā gōngsī chōushànglái de gànbù.
- 他把陀螺抽过来了。Tā bǎ tuóluó chōuguòlái le.
- 他拿鞭子抽了牲口了。Tā ná biānzi chōu le shēngkou le.
- 抽肥补瘦算是社会主义的基础。Chōu féi bǔ shòu suànshì shèhuì zhǔyì de jīchǔ.

第32課　讲 jiǎng

32/93

"讲"でよく使われる意味は「話す、言う」です。
"讲话"「発言する」、"讲道理"「道理を説く」などと使います。

ほかに、覚えておきたい用法として、次のようなものがあります。
"讲价钱"「値段の交渉をする」、"讲条件"「条件を相談する」、"要讲相貌，〜"「容貌について言えば、〜」、"讲礼貌"「礼儀を重んずる」、"讲卫生"「衛生に気をつける」

CD 1-32

255 现在请王先生讲话。
Xiànzài qǐng Wáng xiānsheng jiǎnghuà.

256 他紧张得一句话都没讲出来。
Tā jǐnzhāngde yí jù huà dōu méi jiǎngchūlái.

257 他讲到了如何发展日中两国企业之间的合作。
Tā jiǎngdào le rúhé fāzhǎn RìZhōng liǎng guó qǐyè zhījiān de hézuò.

258 由于看法不同，我和他再也讲不下去了。
Yóuyú kànfǎ bùtóng, wǒ hé tā zài yě jiǎngbuxiàqù le.

259 她是个谈判能手，讲起价来一点儿也不客气。
Tā shì ge tánpàn néngshǒu, jiǎngqǐ jià lái yìdiǎnr yě bú kèqi.

- 時節ではないので、稲はまだ穂が出ていません。
- お供したいのはやまやまですが、どうしても時間の都合がつかず、本当に残念です。
- 彼は他の会社から引き抜かれてきた幹部です。
- 彼はコマを回しました。
- 彼は家畜を鞭で打ちました。
- 豊かなところから貧しいところへが、社会主義の基礎です。

用法例

讲话 jiǎnghuà 発言する		讲故事 jiǎng gùshi 物語を話す	
讲道理 jiǎng dàoli 道理を説く			
讲数学 jiǎng shùxué 数学の話をする		讲物理 jiǎng wùlǐ 物理の話をする	
讲价钱 jiǎng jiàqian 値段の交渉をする		讲条件 jiǎng tiáojiàn 条件を相談する	
讲劳动条件，~ jiǎng láodòng tiáojiàn, ~ 労働条件について言えば、~			
要讲相貌，~ yào jiǎng xiàngmào, ~ 容貌について言えば、~			
讲纪律 jiǎng jìlǜ 規律を重んずる		讲礼貌 jiǎng lǐmào 礼儀を重んずる	
讲道德 jiǎng dàodé 道徳を重んずる		讲卫生 jiǎng wèishēng 衛生に気をつける	

255 ただいまからワンさんにご挨拶を頂きます。

256 彼は緊張のあまり一言も話せませんでした。

257 どうしたら日中両国企業間の協力を発展させることができるかについて、彼は説明しました。

258 観点が違うので、彼とはこれ以上話を続けることができませんでした。

259 彼女はネゴシエーターです。価格交渉を始めたら、少しも遠慮などしません。

260 Jiǎng pīngpāngqiú, zài wǒmen jǐ ge rén lǐtou shǔ tā dǎde zuìhǎo.
讲 乒乓球，在 我们 几 个 人 里头 数 他 打得 最好。

261 Yào jiǎng mínzhǔ, Měiguó yǒu Měiguó de mínzhǔ, wǒmen yǒu wǒmen de mínzhǔ.
要 讲 民主，美国 有 美国 的 民主，我们 有 我们 的 民主。

262 Wǒ cónglái méi kànguo xiàng tā nàyàng jiǎng lǐmào de háizi.
我 从来 没 看过 像 他 那样 讲 礼貌 的 孩子。

263 Zhège chǎnpǐn kě bù néng zài jiǎng jiàqian, bùrán kuīběn ne.
这个 产品 可 不 能 再 讲 价钱，不然 亏本 呢。

264 Nǐ búbì dānxīn, zhè bǐ mǎimài yídìng néng jiǎngtuǒ.
你 不必 担心，这 笔 买卖 一定 能 讲妥。

- 他不会讲别人的坏话。Tā bú huì jiǎng biéren de huàihuà.
- 把问题讲开了就能消除误会了。Bǎ wèntí jiǎngkāi le jiù néng xiāochú wùhuì le.
- 他闹的笑话太多，一个小时也讲不过来。
  Tā nào de xiàohuà tài duō, yí ge xiǎoshí yě jiǎngbuguòlái.
- 这种话只能在伙伴儿里说说，可不能讲出去。
  Zhè zhǒng huà zhǐ néng zài huǒbànr li shuōshuo, kě bù néng jiǎngchūqù.
- 当时他激动得话都讲不出来了。Dāngshí tā jīdòngde huà dōu jiǎngbuchūlái le.
- 他讲事情的原委讲得不透，我们始终没听明白。
  Tā jiǎng shìqing de yuánwěi jiǎngde bú tòu, wǒmen shǐzhōng méi tīngmíngbai.
- 他就保护著作权的问题讲开了。Tā jiù bǎohù zhùzuòquán de wèntí jiǎngkāi le.
- 我跟她讲了半天，但她还是不同意。Wǒ gēn tā jiǎng le bàntiān, dàn tā háishi bù tóngyì.
- 我们要讲文明，也要讲卫生，讲礼貌。
  Wǒmen yào jiǎng wénmíng, yě yào jiǎng wèishēng, jiǎng lǐmào.
- 他从来没讲过穿戴 Tā cónglái méi jiǎngguo chuāndài.
- 现在是什么时候了，你个人的面子问题可讲不得。
  Xiànzài shì shénme shíhou le, nǐ gèrén de miànzi wèntí kě jiǎngbude.
- 他是很讲交情的人，你找他就对了。Tā shì hěn jiǎng jiāoqíng de rén, nǐ zhǎo tā jiù duì le.

|260| 卓球について言えば、我々の中では彼が一番です。

|261| 民主主義について言うなら、米国には米国の民主主義があり、私たちには私たちの民主主義があるということです。

|262| 私はこれまでに、あんな礼儀正しい子供に会ったことがありません。

|263| この商品はもう負けられません。元値を割ってしまいます。

|264| 心配しなくとも、この商談は必ずまとまりますよ。

・彼は他人の悪口を言えるような人じゃありません。
・問題を十分に話し合えば、誤解を解くことができます。
・彼についての笑い話はたくさんあって、一時間では話しきれません。

・この話は仲間内ですべきことで、外で言うべきことではありません。

・そのとき彼は心が高ぶって、話もできませんでした。
・彼はことのいきさつを説明しましたが、要領を得なくて一向に分かりませんでした。
・彼は著作権保護の問題を大いに説明しました。
・散々説得しましたが、やはり彼女は同意しませんでした。
・我々は道徳を重んじるとともに、衛生や礼儀も重んじなければいけません。

・彼はこれまで身なりを気にしたことがありません。
・こんな時なのに、あなた個人の面子のことはかまっていられません。

・彼は人情に厚い人だし、彼に頼るのはいい考えです。

第33課 念 niàn

"念"でよく使われる意味は「声を出して読む、口で唱える」です。
"念课文"「教科書を読む」、"念口诀"「九九を唱える」などと使います。

ほかに、覚えておきたい用法として、次のようなものがあります。
"念着父母"「両親のことを思う」、"念大学"「大学で学ぶ」

265
Wǒ bǎ zhège gùshi niàngěi dàjiā tīng le.
我把这个故事念给大家听了。

266
Nǐ niàn yíxià chéngfǎ kǒujué.
你念一下乘法口诀。

267
Chūlái lǚxíng méi jǐ tiān, jiějie zǒng niànzhe wòchuáng bù qǐ de nǎinai.
出来旅行没几天，姐姐总念着卧床不起的奶奶。

268
Wǒ yào zài Rìběn jìxù nǔlì, niàndào dàxué bìyè wéizhǐ.
我要在日本继续努力，念到大学毕业为止。

・我总是念着你。Wǒ zǒngshì niànzhe nǐ.
・我没念过大学。Wǒ méi niànguo dàxué.
・我的孩子正在念着初中呢。Wǒ de háizi zhèngzài niànzhe chūzhōng ne.

用法例

念 家信	niàn jiāxìn	家からの手紙を読む	念 课文	niàn kèwén	教科書を読む
念经	niànjīng	お経を唱える	念 口诀	niàn kǒujué	九九を唱える
念着 他	niànzhe tā	彼を懐かしく思う			
念着 父母	niànzhe fùmǔ	両親のことを思う			
念 大学	niàn dàxué	大学で学ぶ	念 研究生	niàn yánjiūshēng	大学院で学ぶ

265 私はこの物語をみんなに読んで聞かせました。

266 九九を唱えてみてください。

267 旅行に出て何日もしないのに、姉は寝たきりのおばあちゃんのことばかり心配しています。

268 日本で大学を卒業するまで頑張ります。

・いつもあなたのことを懐かしく思っています。
・私は大学には行っていません。
・私の子供は今中学で勉強しています。

第34課　戴 dài

"戴"でよく使われる意味は「(帽子を)かぶる、(眼鏡を)かける、(指輪、手袋を)はめる、(バッジ、装身具を)身につける、(花を髪に)さす」です。
"戴眼镜"「眼鏡をかける」、"戴手套"「手袋をする」などと使います。

ほかに、覚えておきたい用法として、次のようなものがあります。
"戴帽子"「レッテルをかぶせる」、"戴高帽儿"「おだてる」

269 Wǒ gǎnmào le, yào dàizhe kǒuzhào chūqù.
我 感冒 了，要 戴着 口罩 出去。

270 Tā xiōng qián dàizhe yí ge huīzhāng.
他 胸 前 戴着 一 个 徽章。

271 Tāmen dōu àidài zìjǐ de lǐngxiù.
他们 都 爱戴 自己 的 领袖。

272 Nǐ bié gěi wǒ dài gāomàor.
你 别 给 我 戴 高帽儿。

・这手套太小，我不能戴。Zhè shǒutào tài xiǎo, wǒ bù néng dài.
・这帽子五万日元，我戴不起。Zhè màozi wǔ wàn Rìyuán, wǒ dàibuqǐ.
・很多中国人爱戴周恩来总理。Hěn duō Zhōngguórén àidài Zhōu Ēnlái zǒnglǐ.
・铁木真被推戴为蒙古大汗，号成吉思汗。
　Tiěmùzhēn bèi tuīdài wéi Měnggǔ dàhàn, hào Chéngjísīhàn.

用法例
戴 帽子　dài màozi　帽子をかぶる、レッテルを貼る
戴 眼镜　dài yǎnjìng　眼鏡をかける　　　戴 口罩　dài kǒuzhào　マスクをする
戴 手套　dài shǒutào　手袋をする　　　　戴 花儿　dài huār　花を髪にさす
戴 徽章　dài huīzhāng　バッジをつける　　戴 头 上　dài tóu shang　頭にかぶる
戴 胸前　dài xiōng qián　胸につける
爱戴 领袖　àidài lǐngxiù　領袖を尊敬する
被 推戴 为~　bèi tuīdài wéi~　~に推戴される
戴 高帽儿　dài gāomàor　おだてる

269　風邪を引いたので、マスクをして出かけます。

270　彼は胸にバッジをつけています。

271　彼らは皆、自分たちのリーダーを敬愛しています。

272　そんなに私をかいかぶらないでください。

・この手袋小さすぎて、手が入りません。
・五万円もする帽子なんて、私にはかぶれません。
・多くの中国人が周恩来総理を敬愛しています。
・テムジンは蒙古のハンに推挙されチンギスハンと号しました。

第35課　烧 shāo

"烧"でよく使われる意味は「燃やす、燃える、加熱する、(化学薬品等により)腐蝕する」です。
"烧水""お湯を沸かす"、"烧垃圾""ゴミを燃やす"、"烧炉子""コンロでたく（ストーブをたく）"などと使います。

ほかに、覚えておきたい用法として、次のようなものがあります。
"烧茄子""茄子を油で揚げ炒める"、"烧晕了""熱でふらふらする"、"烧庄稼""肥料過多で作物を枯らす"

273 Měiguó de sēnlín huǒzāi yìlián shāo le yí ge yuè.
美国 的 森林 火灾 一连 烧 了 一 个 月。

274 Māma zài chúfáng shāozhe dàxiā ne.
妈妈 在 厨房 烧着 大虾 呢。

275 Wǒ bāo jiǎozi hái xíng, shāo yú kě shāobuhǎo.
我 包 饺子 还 行，烧 鱼 可 烧不好。

276 Zuówǎn wǒ jiā de háizi jiù shāoqǐlái le.
昨晚 我 家 的 孩子 就 烧起来 了。

277 Yèzi bèi nóngyào shāohuài le.
叶子 被 农药 烧坏 了。

・我已经把他的信烧了。Wǒ yǐjīng bǎ tā de xìn shāo le.
・躺在床上抽烟，差点儿把被褥烧着了。
　　Tǎngzài chuáng shang chōuyān, chàdiǎnr bǎ bèirù shāozháo le.
・大火都烧到住宅区来了。Dàhuǒ dōu shāodào zhùzháiqū lái le.
・我的手让硫酸烧了皮肤。Wǒ de shǒu ràng liúsuān shāo le pífū.
・他小时候，发高烧烧坏了脑子。Tā xiǎo shíhou, fā gāoshāo shāohuài le nǎozi.
・肥料过多烧庄稼。Féiliào guò duō shāo zhuāngjia.

用法例
烧 煤　shāo méi　石炭をたく　　　　　烧 垃圾　shāo lājī　ゴミを燃やす
烧 炉子　shāo lúzi　コンロでたく（ストーブをたく）
烧 水　shāo shuǐ　お湯を沸かす　　　　烧 砖　shāo zhuān　レンガを焼く
硫酸 烧 手　liúsuān shāo shǒu　硫酸で手をやけどする
烧 茄子　shāo qiézi　茄子を油で揚げ炒める
烧 海参　shāo hǎishēn　なまこの油揚げ煮込み
烧晕 了　shāoyūn le　熱でふらふらする
烧干 了 嘴唇　shāogān le zuǐchún　熱で唇が乾く
烧 庄稼　shāo zhuāngjia　肥料過多で作物を枯らす
烧 花儿　shāo huār　肥料で花を枯らす

273 アメリカの森林火災は一ヶ月間燃え続けました。

274 お母さんが台所で海老を揚げています。

275 餃子なら作れますが、焼き魚はうまく焼けません。

276 昨晩、うちの子は熱を出しました。

277 葉っぱが農薬で枯れてしまいました。

・彼の手紙はもう燃やしてしまいました。
・ベッドの上に横になってタバコを吸っていて、もう少しで布団に火をつけてしまうところでした。
・大火事が住宅地まで延焼してきました。
・私の手は硫酸で皮がむけました。
・彼は子供の頃、ひどい高熱を出して脳に損傷を受けました。
・肥料が多すぎると作物を枯らします。

第36課　烤 kǎo

> "烤"でよく使われる意味は「あぶる、焼く」です。
> "烤面包"「パンを焼く」、"烤鸭子"「ダックをあぶる」などと使います。
>
> ほかに、覚えておきたい用法として、次のようなものがあります。
> "烤衣服"「服を乾かす」、"烤火"「火に当たる」

278 Huǒ tài xiǎo, báishǔ kǎo le bàntiān yě méi kǎohǎo.
火 太 小，白薯 烤 了 半天 也 没 烤好。

279 Zhè ròu háishi bàn shēng bàn shú, zài kǎokao.
这 肉 还是 半 生 半 熟，再 烤烤。

280 Wǒ de ròu búyào kǎode tài shú.
我 的 肉 不要 烤得 太 熟。

281 Zhèyàng kǎozhe huǒ, yīfu yě kěyǐ kǎogān le.
这样 烤着 火，衣服 也 可以 烤干 了。

282 Wǒ xiànzài kǎode nuǎnhuo le.
我 现在 烤得 暖和 了。

・你把淋湿的衬衫烤干，怎么样？ Nǐ bǎ línshī de chènshān kǎogān, zěnmeyàng?
・你能烤得着火吗？ Nǐ néng kǎodezháo huǒ ma?

用法例

烤 面包	kǎo miànbāo	パンを焼く	烤 肉	kǎoròu	肉を焼く
烤 红薯	kǎo hóngshǔ	サツマイモを焼く	烤 鸭子	kǎo yāzi	ダックをあぶる
烤 衣服	kǎo yīfu	服を乾かす	烤 烟	kǎoyān	タバコの葉を乾燥させる
烤 手	kǎo shǒu	手を火で暖める	烤 火	kǎohuǒ	火に当たる

278 火が弱くていくら焼いてもサツマイモが焼けません。

279 この肉はまだ生焼けです。もう少し焼きましょう。

280 私の肉は焼きすぎないでください。

281 こうやって火にかざすと、服も乾きます。

282 もう、火に当たって温まりました。

・濡れたシャツを乾かしたらどうですか。
・あなた、ちゃんと火に当たって温まっていますか。

第37課　拔 bá

"拔"でよく使われる意味は「抜く、引き抜く」です。
"拔草"「草を引き抜く」、"拔刀"「刀を抜く」などと使います。

ほかに、覚えておきたい用法として、次のようなものがあります。
"拔禍根"「禍根を断つ」、"拔毒"「毒を吸い出す」、"用井水拔西瓜"「井戸水でスイカを冷やす」、"拔罐子"「吸い玉をかける、カッピングをする（漢方）」

283 Zhèli zácǎo tài duō, wǒ yí ge rén bábuliǎo.
这里 杂草 太 多，我 一 个 人 拔不了。

284 Yāo shang bá le huǒguàn jiù shūfu le.
腰 上 拔 了 火罐 就 舒服 了。

285 Tā shì zuìjìn tíbashànglái de xīngànbù.
他 是 最近 提拔上来 的 新干部。

286 Wǒmen de yánjiū rényuán zhōng tèbié chū lèi bá cuì de rén bù duō.
我们 的 研究 人员 中 特别 出 类 拔 萃 的 人 不 多。

287 Yòng bīngshuǐ bá yíxià xīguā zài chī.
用 冰水 拔 一下 西瓜 再 吃。

・我们不能拔苗助长。Wǒmen bù néng bá miáo zhù zhǎng.
・我给她拔了一根白头发。Wǒ gěi tā bá le yì gēn báitóufa.
・我正为孩子拔着刺呢。Wǒ zhèng wèi háizi bázhe cì ne.
・得到你的协助，终于拔掉了祸根了。Dédào nǐ de xiézhù, zhōngyú bádiào le huògēn le.
・他是我的眼中钉，要拔不能拔，对付也不好对付。
　Tā shì wǒ de yǎnzhōngdīng, yào bá bù néng bá, duìfu yě bù hǎo duìfu.
・把脓拔出来就好了。Bǎ nóng báchūlái jiù hǎo le.
・最近几年来，企业人才选拔标准的发展方向越来越明确了。
　Zuìjìn jǐ nián lái, qǐyè réncái xuǎnbá biāozhǔn de fāzhǎn fāngxiàng yuè lái yuè míngquè le.
・那个据点拔了好几天，也没拔下来。Nàge jùdiǎn bá le hǎo jǐ tiān, yě méi báxiàlái.

用法例

拔 草 bá cǎo 草を引き抜く　　　　拔 毛 bá máo 毛を抜き取る
拔 刀 bá dāo 刀を抜く　　　　　　拔 刺 bá cì とげを抜く
拔 眼中钉 bá yǎnzhōngdīng 目の上のたんこぶを除去する
拔 祸根 bá huògēn 禍根を断つ
拔 毒 bá dú 毒を吸い出す
拔 罐子 bá guànzi 吸い玉をかける、カッピングをする(漢方)
选拔 xuǎnbá 抜擢する、選抜する　　提拔 tíba 選抜する
出类拔萃 chū lèi bá cuì 抜群である、ずば抜けている
拔 岗楼 bá gǎnglóu 監視塔を奪い取る　　拔 据点 bá jùdiǎn 拠点を奪い取る
用 井水 拔 西瓜 yòng jǐngshuǐ bá xīguā 井戸水でスイカを冷やす

CD 2-37

283　ここの雑草は多すぎて、私一人では全部抜けません。

284　腰にカッピング(吸い玉)をしたら気分がよくなりました。

285　彼は最近抜擢されてきた新しい幹部です。

286　私たち研究員の中で、特別にずば抜けた人は多くありません。

287　冷たい水でスイカを冷やしてから食べましょう。

・功を焦ってやり方を間違ってはいけません。
・私は彼女の白髪を一本抜いてあげました。
・私はちょうど子供のとげを抜いているところです。
・あなたの協力のおかげで、ついに災いの元を取り除くことができました。
・彼は目の上のたんこぶですが、取り除こうと思ってもできないし、渡り合うのも大変です。
・膿を吸い出せば大丈夫です。
・ここ数年企業の人材抜擢の基準が、益々明確になってきました。

・あの拠点は既に何日も攻撃を続けているが、攻略できていません。

第38課　抱 bào

"抱"でよく使われる意味は「抱く、抱える」です。
"抱孩子"「子供を抱く」、"抱膝盖"「膝を抱える」などと使います。

ほかに、覚えておきたい用法として、次のようなものがあります。
"抱孙子"「孫ができる」、"抱个孩子"「子供を養子にする」、"抱身儿"「(服が)体にぴったり合う」、"抱着理想"「理想を抱く」、"抱有希望"「希望を抱く」

288 她让抱在怀里的孩子摇了摇手。
Tā ràng bàozài huái li de háizi yáo le yáo shǒu.

289 你很快可以抱孙子了。
Nǐ hěn kuài kěyǐ bào sūnzi le.

290 我两岁就被抱到这家来了。
Wǒ liǎng suì jiù bèi bàodào zhè jiā lái le.

291 这双鞋抱脚儿。
Zhè shuāng xié bàojiǎor.

292 他抱有远大理想。
Tā bào yǒu yuǎndà lǐxiǎng.

293 她对这个问题还抱有一线希望。
Tā duì zhège wèntí hái bào yǒu yíxiàn xīwàng.

294 她抱着对中国的无限憧憬到上海去留学了。
Tā bàozhe duì Zhōngguó de wúxiàn chōngjǐng dào Shànghǎi qù liúxué le.

・他抱着膝盖坐在地上。Tā bàozhe xīgài zuòzài dìshang.
・这儿有一棵合抱的大树。Zhèr yǒu yì kē hébào de dàshù.
・老太太怕抱不上孙子。Lǎotàitai pà bàobushàng sūnzi.

用法例

抱 孩子	bào háizi 子供を抱く		抱 膝盖	bào xīgài 膝を抱える
抱 头	bào tóu 頭を抱える		抱在 怀里	bàozài huái li 懐に抱く
抱着 包袱	bàozhe bāofu ふろしき包みを抱える			
抱 上身	bào shàngshēn 上半身を抱える			
抱 孙子	bào sūnzi 孫ができる			
抱 个 孤儿	bào ge gū'ér 孤児を養子にもらう			
抱 个 孩子	bào ge háizi 養子をとる			
抱脚儿	bàojiǎor 足にぴったり合う			
抱身儿	bàoshēnr （服が）体にぴったり合う			
抱着~ 态度	bàozhe~ tàidu ～の態度をとる			
抱着 理想	bàozhe lǐxiǎng 理想を抱く		抱着 幻想	bàozhe huànxiǎng 幻想を抱く
抱 有 希望	bào yǒu xīwàng 希望を抱く			

288 彼女は抱いた子供に手を振らせています。

289 もうすぐお孫さんが生まれますね。

290 私は二歳の時にこの家に養子に来ました。

291 この革靴は、サイズが足にぴったりです。

292 彼は大きな理想を胸に抱いています。

293 彼女はこの問題に、まだ一縷の望みを抱いています。

294 彼女は中国への大きな憧れを胸に、上海へ留学にいきました。

・彼は膝を抱えて地べたに座っています。
・ここには一抱えもある大きな木があります。
・お婆さんは孫ができないのではないかと心配しています。

- 他们原来想再抱一个孩子，可是没抱成。
  Tāmen yuánlái xiǎng zài bào yí ge háizi, kěshì méi bàochéng.
- 这件牛仔衫挺抱身儿。Zhè jiàn niúzǎishān tǐng bàoshēnr.
- 他对我抱着敌对态度。Tā duì wǒ bàozhe díduì tàidu.
- 他抱着很大的希望到日本来留学。Tā bàozhe hěn dà de xīwàng dào Rìběn lái liúxué.

第39課　分 fēn　　　　　　　　　　　　　　　　39/93

"分"でよく使われる意味は「分ける、分かれる」です。
"分组"「組み分けする」、"分开"「別れる、分ける」などと使います。

ほかに、覚えておきたい用法として、次のようなものがあります。
"分任务"「任務を割り当てる」、"分情况"「情況を見分ける」、"分清～"「～をはっきり区別する」

CD 1-39

295 Zhè yào fēn sān cì chī.
这 药 分 三 次 吃。

296 Cānguān xiànchǎng de shíhou fēn liǎng zǔ qù.
参观 现场 的 时候 分 两 组 去。

297 Gōngsī fēngěi tā yí xiàng jǐnjí rènwu.
公司 分给 他 一 项 紧急 任务。

298 Jīnnián gōngsī bǎ wǒ fēndào le hézī qǐyè.
今年 公司 把 我 分到 了 合资 企业。

299 Wǒmen yào fēnqīng wèntí de shìfēi.
我们 要 分清 问题 的 是非。

300 Tā niánjì suī qīng, dàn néng fēnqīng shìfēi.
他 年纪 虽 轻，但 能 分清 是非。

- 你能把这个苹果分两半吗？Nǐ néng bǎ zhège píngguǒ fēn liǎngbàn ma?
- 哪儿有这种是非不分的荒唐事啊！Nǎr yǒu zhè zhǒng shìfēi bù fēn de huāngtángshì a!

- 彼らは元々もう一人養子をもらいたいと考えていましたが、まだうまくいっていません。
- このジーンズは体にぴったりです。
- 彼は私に敵意を抱いています。
- 彼は大きな希望を胸に、日本に留学にやってきました。

用法例
分组　fēnzǔ　組み分けする	分类　fēnlèi　分類する
分手　fēnshǒu　別れる	分开　fēnkāi　別れる、分ける
分 任务　fēn rènwu　任務を割り当てる	分 房子　fēn fángzi　住居を割り当てる
分 情况　fēn qíngkuàng　情況を見分ける	分出～　fēnchū~　～を見分ける
要 分～　yào fēn~　～を区別しなければならない	
分清～　fēnqīng~　～をはっきり区別する	

CD 2-39

295 この薬は三回に分けて飲みます。

296 現場見学に行くときは、二組に分かれていきます。

297 会社は彼に緊急任務を割り当てました。

298 今年、会社は私を合弁企業に配属しました。

299 私たちは問題の是非を見極めなければいけません。

300 彼は年は若いですが、ことの良し悪しは見分けられます。

- 君この林檎を二つにできますか。
- こんな是非もないでたらめなことがあってたまるものですか！

第40課　包 bāo

"包"でよく使われる意味は「(紙、布などの薄い物で)包む、くるむ」です。
"包东西"「物を包む」、"包伤口"「傷口の場所をくるむ」、"包报纸"「新聞紙で包む」
("包" + 道具)などと使います。

ほかに、覚えておきたい用法として、次のようなものがあります。
"包罗～"「～を網羅する」、"包任务"「任務を引き受ける」、"包你满意"「満足することを請け合う」、"包一辆车"「車を一台借りきる」

301 Tā de náshǒucài shì bāo jiǎozi.
他 的 拿手菜 是 包 饺子。

302 Tánqǐ diànnǎo de kěnéngxìng, tā wú suǒ bù bāo, wú suǒ bú zài.
谈起 电脑 的 可能性，它 无 所 不 包，无 所 不 在。

303 Zhè xiàng rènwu wǒ lái bāo le.
这 项 任务 我 来 包 了。

304 Wǒmen yídìng bāo nǐ mǎnyì.
我们 一定 包 你 满意。

305 Zhè liàng jiàochē bāo le yì zhōu, nǐmen suíshí kěyǐ shǐyòng.
这 辆 轿车 包 了 一 周，你们 随时 可以 使用。

306 Bāo yí liàng zhè zhǒng dàchē, yì tiān yào fù duōshao qián?
包 一 辆 这 种 大车，一 天 要 付 多少 钱？

・头上包着一条手巾。Tóu shang bāozhe yì tiáo shǒujīn.
・纸里包不住火。Zhǐ li bāobuzhù huǒ.
・大家把他包在中间了。Dàjiā bǎ tā bāozài zhōngjiān le.

用法例
包 东西　　bāo dōngxi　　物を包む　　　　　包 饺子　　bāo jiǎozi　　餃子を包む(作る)
包 伤口　　bāo shāngkǒu　傷口を(包帯で)しばる
包 外边　　bāo wàibian　　外側をくるむ
包 报纸　　bāo bàozhǐ　　新聞紙で包む　　　包 金箔　　bāo jīnbó　　金箔で包む
包在 人群 之中　　bāozài rénqún zhīzhōng　群集に取り囲まれる
把~包在 中间　　bǎ~bāozài zhōngjiān　　～の周りを取り囲む
包罗~　　bāoluó~　　～を網羅する　　　　包含~　　bāohán~　　～を中に含んでいる
包 任务　　bāo rènwu　　任務を引き受ける　包活儿　　bāohuór　　一手に引き受ける
包 产量　　bāo chǎnliàng　生産量を請け負う　包 修　　bāo xiū　　修理を請け負う
包 你 满意　　bāo nǐ mǎnyì　　満足することを請け合う
～包好　　~bāohǎo　　～は大丈夫なのを請け合う
包 一 辆 车　　bāo yí liàng chē　　車を一台借りきる
包 一 架 飞机　　bāo yí jià fēijī　　飛行機を一機チャーターする

301 彼の得意料理は餃子です。

302 コンピューターの可能性について言えば、それは全てを包括し、ユビキタスであるということです。

303 この任務は私が引き受けます。

304 必ずご満足いただけることを保証します。

305 この車を一週間チャーターしたので、いつでも自由に使ってください。

306 この大型バスは一日チャーターするといくらですか。

・手ぬぐいで鉢巻をしています。
・悪事は必ず露見します。(紙では火を包めない)
・みんなは彼の周りを取り囲みました。

- 日本漫画包罗万象，很有趣味性，很受读者的欢迎。
  Rìběn mànhuà bāo luó wàn xiàng, hěn yǒu qùwèixìng, hěn shòu dúzhě de huānyíng.
- 这么多任务他一个人哪能包得了。Zhème duō rènwu tā yí ge rén nǎ néng bāodeliǎo.
- 让我做这个工作包你没错。Ràng wǒ zuò zhège gōngzuò bāo nǐ méi cuò.

第41課　办 bàn

"办"でよく使われる意味は「する、やる、処理する、取り扱う、さばく」です。
"办手续"「手続きを行う」、"办喜事"「結婚式を挙げる」などと使います。

ほかに、覚えておきたい用法として、次のようなものがあります。
"办工厂"「工場を経営する」、"办年货"「年越し用品を買う」、"办罪"「処罰する」

307
Gāi bàn de shì dōu bàndào le.
该 办 的 事 都 办到 了。

308
Zhège huìchǎng xǐshì sāngshì dōu kěyǐ bàn.
这个 会场 喜事 丧事 都 可以 办。

309
Nǐ yào bàn gōngchǎng, wǒ jiù zhù nǐ yí bì zhī lì.
你 要 办 工厂，我 就 助 你 一 臂 之 力。

310
Jiājiāhùhù dōu bànzhe niánhuò ne.
家家户户 都 办着 年货 呢。

- 这是重体力活儿，她办不了。Zhè shì zhòngtǐlì huór, tā bànbuliǎo.
- 这点事儿我一个人办得了。Zhè diǎn shìr wǒ yí ge rén bàndeliǎo.
- 我和朋友曾经办过汉语会话培训班。
  Wǒ hé péngyou céngjīng bànguo Hànyǔ huìhuà péixùnbān.
- 嫁妆也差不多办好了。Jiàzhuang yě chàbuduō bànhǎo le.
- 首恶必办，无一例外。Shǒu'è bì bàn, wú yì lìwài.
- 坐牢的坐牢，办罪的办罪，皇亲国戚犯了法难道就不该办罪？
  Zuòláo de zuòláo, bànzuì de bànzuì, huáng qīn guó qī fàn le fǎ nándào jiù bù gāi bànzuì?

- 日本の漫画は内容が充実しており、面白く味わいがあるので、読者の人気を博しています。
- こんなに任務が多くては、彼一人で請け負いきれるわけがありません。
- 私にこの仕事をさせていただければ、間違いありません。

用法例
办事　bànshì　仕事をする、用を足す　　办 手续　bàn shǒuxù　手続きを行う
办 酒席　bàn jiǔxí　宴席を設ける　　办 案子　bàn ànzi　事件を処理する
办 喜事　bàn xǐshì　結婚式を挙げる　　办 丧事　bàn sāngshì　葬儀を行う
办 工厂　bàn gōngchǎng　工場を経営する　　办 学校　bàn xuéxiào　学校を創立する
办货　bànhuò　商品を仕入れる　　办 年货　bàn niánhuò　年越し用品を買う
办罪　bànzuì　処罰する
首恶 必 办　shǒu'è bì bàn　主謀者は必ず処罰する

307　やるべきことは、皆やりました。

308　この会場は、結婚式も葬式も両方できます。

309　あなたが工場をやると言うなら、及ばずながら力をお貸ししましょう。

310　どの家も、ちょうどお正月用品をそろえているところです。

- これはきつい肉体労働なので、彼女にはできません。
- これくらいの事、私一人で十分やれます。
- 私は以前友達と、中国語会話教室を運営していました。

- 嫁入り道具も大体そろいました。
- 首謀者は必ず処罰する。例外はありません。
- 投獄し、処罰すべきは皆そうしたのに、皇帝の親族だからと言って、法を犯した者を処罰しないで済ませられるわけがありません。

II 「どこどこで〜する」、「どこどこから〜する」という動詞

第42課〜第62課　42〜62/93

zhàn、zuò、dǎo、qǐ、tǎng、pǎo、tiào、fēi、lái、qù、zhù、dào、huí、guò、zǒu、
站、坐、倒、起、躺、跑、跳、飞、来、去、住、到、回、过、走、
chū、jìn、shàng、xià、qí、lí
出、进、上、下、骑、离

第42課　站 zhàn　　　　　　　　　　　　　　　42/93

"站"でよく使われる意味は「立つ」です。
"站起来"「立ち上がる」などと使います。

ほかに、覚えておきたい用法として、次のようなものがあります。
"站下来"「立ち止まる」、"站住！"「止まれ！」、"站在她一边"「彼女の肩を持つ」

CD 1-42　311
Tā zhànzài ménkǒu děng nǐ ne.
她 站在 门口 等 你 呢。

312
Yǒu rén zhànzài mén wài.
有 人 站在 门 外。

313
Tā zǒngshì zhànzài tā nà yìbiān shuōhuà.
他 总是 站在 她 那 一边 说话。

314
Zuótiān de dìzhèn hěn dà, wǒ zhēn de zhànbuzhù le.
昨天 的 地震 很 大，我 真 的 站不住 了。

315
Zhège fángjiān méi nàme dà, dǐngduō zhàndekāi shí ge rén.
这个 房间 没 那么 大，顶多 站得开 十 个 人。

＊「どこどこで～する」という言い方の例：
・他站在门口等人。　Tā zhànzài ménkǒu děng rén.　彼は入口の所に立って人を待っています。
＊「どこどこから～する」という言い方の例：
・他站在她那一边说话。　Tā zhànzài tā nà yìbiān shuōhuà.　彼は彼女の側に立って話します。

用法例
站起来　zhànqǐlái　立ち上がる　　　　　　站在 门口　zhànzài ménkǒu　入り口に立つ
站着 吃　zhànzhe chī　立って食べる
站下来　zhànxiàlái　立ち止まる
站在～一边　zhànzài~yìbiān　～の肩を持つ

311　彼女が入り口に立って君を待っています。

312　誰かが入り口の外で立っています。

313　彼はいつも彼女の肩を持って話をします。

314　昨日の地震はとても大きくて、本当に立っていられませんでした。

315　この部屋はそんなに大きくないので、せいぜい十人も入れればいい方でしょう。

- 站得高，看得远。Zhàndegāo, kàndeyuǎn.
- 你能站起来吗？ Nǐ néng zhànqǐlái ma?
- 我叫到你们的名字，你们就站起来吧。Wǒ jiàodào nǐmen de míngzi, nǐmen jiù zhànqǐlái ba.
- 站着吃也行。Zhànzhe chī yě xíng.
- 不怕慢，只怕站。Bú pà màn, zhǐ pà zhàn.
- 站住！不站住就开枪了！Zhànzhù! Bú zhànzhù jiù kāiqiāng le!
- 不要净站在她一方面说话。Búyào jìng zhànzài tā yìfāngmiàn shuōhuà.
- 这辆火车怎么在这儿站上了半个小时呢？是不是发生事故了？
  Zhè liàng huǒchē zěnme zài zhèr zhànshàng le bàn ge xiǎoshí ne? Shì bu shì fāshēng shìgù le?
- 我们这儿有急病患者，有医学知识的请站出来！
  Wǒmen zhèr yǒu jíbìng huànzhě, yǒu yīxué zhīshi de qǐng zhànchūlái!
- 他的话站得住脚，我们难以反驳他。Tā de huà zhànde zhù jiǎo, wǒmen nányǐ fǎnbó tā.
- 那个首相的政权没站多久，只有一年就完了。
  Nàge shǒuxiàng de zhèngquán méi zhàn duō jiǔ, zhǐyǒu yì nián jiù wán le.

第43課　坐 zuò

"坐"でよく使われる意味は「座る、腰かける」です。
"坐下"「腰かける」、"坐椅子"「椅子にかける」などと使います。

ほかに、覚えておきたい用法として、次のようなものがあります。
"坐飞机"「飛行機に乗る」、"坐东朝西"「東側に位置し、西向きである」、"坐一壶水"「ヤカンを火にかける（湯を沸かす）」、"向后坐"「後ろに傾く」

316 Zánmen zuòxiàlái tán ba.
咱们 坐下来 谈 吧。

317 Gēge zuò chuán dào Shànghǎi qù.
哥哥 坐 船 到 上海 去。

318 Nǐ bǎ guō zuòzài lúzi shang.
你 把 锅 坐在 炉子 上。

・高いところに立てば見晴らしがいいです。(高所は見通しがきく。)
・立ち上がれますか？
・私が名前を読んだら、起立してください。
・立って食べてもかまいません。
・遅いことは苦にせず、立ち止まることだけはないようにしましょう。
・止まれ！　止まらなければ撃つぞ！
・彼女の肩ばかり持ってものを言うのはやめてください。
・この列車はどうしてこんなところで三十分も止まっているのでしょう。事故でもあったのでしょうか。
・急患が出ました！　医療の心得のある方は、前に出てください！

・彼の話は筋が通っているので、私たちには反論しづらいです。
・あの首相の政権は長続きせず、一年で終わってしまいました。

用法例
坐下　　　zuòxià　　腰かける　　　　　坐垫子　　zuò diànzi　　座布団に座る
坐在～　　zuòzài~　　～に座る　　　　坐椅子　　zuò yǐzi　　椅子にかける
坐飞机　　zuò fēijī　　飛行機に乗る　　坐轮船　　zuò lúnchuán　　汽船に乗る
坐出租车　zuò chūzūchē　タクシーに乗る
坐一壶水　zuò yì hú shuǐ　ヤカンを火にかける(湯を沸かす)
向后坐　　xiàng hòu zuò　後ろに傾く
坐果　　　zuòguǒ　　実を結ぶ
坐东朝西　zuò dōng cháo xī　東側に位置し、西向きである
坐下病　　zuòxià bìng　病気にかかる

CD 2-43 316　座って話しましょう。

317　兄は船で上海へ行きます。

318　鍋をコンロにかけてください。

319 ^{Sìhéyuàn de fángmén dōu shì zuò běi cháo nán.}
四合院 的 房门 都 是 坐 北 朝 南。

320 ^{Tā zhǐgù yǎnqián lìyì, jiéguǒ zuò shī liáng jī.}
他 只顾 眼前 利益，结果 坐 失 良 机。

321 ^{Tā zuò huǒjiàn yíxiàzi jìnshēng le liǎng jí.}
他 坐 火箭 一下子 晋升 了 两 级。

322 ^{Měiguó de jīnróng wēijī lìng shìjiè gè guó de tóujīzhě zuò le zhēnzhān.}
美国 的 金融 危机 令 世界 各 国 的 投机者 坐 了 针毡。

- 请客人坐下来。Qǐng kèren zuòxiàlái.
- 坐在海边钓鱼。Zuòzài hǎibiān diàoyú.
- 他坐不起头等舱。Tā zuòbuqǐ tóuděngcāng.
- 我妈妈坐出租车到车站去了。Wǒ māma zuò chūzūchē dào chēzhàn qù le.
- 我爷爷坐飞机到日本去了。Wǒ yéye zuò fēijī dào Rìběn qù le.
- 在炉子上坐一壶水。Zài lúzi shang zuò yì hú shuǐ.
- 这房子有点儿向后坐了。Zhè fángzi yǒudiǎnr xiàng hòu zuò le.
- 这棵树今年又坐了很多果。Zhè kē shù jīnnián yòu zuò le hěn duō guǒ.
- 他从小就坐下了气喘病。Tā cóngxiǎo jiù zuòxià le qìchuǎnbìng.
- 客人接连不断地来，总经理忙得一会儿也坐不了。
  Kèren jiēlián búduàn de lái, zǒngjīnglǐ mángde yíhuìr yě zuòbuliǎo.
- 你不要对孩子过分关爱，娇生惯养的孩子习惯于坐享其成，不能一个人克服困难。
  Nǐ búyào duì háizi guòfèn guān'ài, jiāo shēng guàn yǎng de háizi xíguànyú zuò xiǎng qí chéng, bù néng yí ge rén kèfú kùnnan.
- 那个长凳油漆未干，你可坐不得。Nàge chángdèng yóuqī wèi gān, nǐ kě zuòbude.
- 我的房间太小，坐不下这么多人。Wǒ de fángjiān tài xiǎo, zuòbuxià zhème duō rén.
- 我买不到票，火车坐不成了。Wǒ mǎibudào piào, huǒchē zuòbuchéng le.
- 瓜已经坐上果了。Guā yǐjīng zuòshàng guǒ le.
- 你到底有什么心事，怎么这么坐卧不安呢?
  Nǐ dàodǐ yǒu shénme xīnshì, zěnme zhème zuò wò bù ān ne?
- 哪个政党坐天下也都是一样。Nǎge zhèngdǎng zuò tiānxià yě dōu shì yíyàng.

319 四合院の入り口は皆北側に位置しており(主室は)南向きです。

320 彼は目先の利益にこだわって、絶好のチャンスを逃してしまいました。

321 彼は一気に二階級特進の出世をしました。

322 アメリカの金融危機は、世界中の投機家を窮地に立たせました。

・お客様におかけいただくようにしてください。
・海辺に座って釣りをします。
・彼にはファーストクラスなんて乗れません。
・母はタクシーで駅に行きました。
・祖父は飛行機で日本に行きました。
・コンロにヤカンがかけてあります。
・この家は少し後ろに傾いています。
・この木は今年もまたたくさんの実をつけました。
・彼は幼少から喘息を患っています。
・お客さんがひっきりなしにやってきて、社長は腰を落ち着ける暇もありません。

・子供にかまいすぎてはいけません。甘やかすと何でも簡単に手に入ることに慣れて、一人では困難を克服できません。

・あのベンチはペンキ塗りたてなので、座らないでください。
・私の部屋は狭いので、そんなに多くの人は座れません。
・切符が買えなかったので、列車に乗れません。
・瓜はもう実を結んでいます。
・何か気にかかることでもあるのですか。不安で落ち着かない様子ですが。

・どの政党が天下を取ってもそう代わり映えしません。

第44課 倒 dǎo

"倒"でよく使われる意味は「倒れる、横倒しになる」です。
"倒下来"「倒れてくる」、"倒下去"「倒れていく」などと使います。

ほかに、覚えておきたい用法として、次のようなものがあります。
"公司倒了"「会社が潰れる」、"倒胃口"「食欲がなくなる」、"倒电车"「電車に乗り換える」

323 Yóuyú jīngjì xiāotiáo, nà jiā gōngsī zhōngyú dǎobì le.
由于 经济 萧条，那 家 公司 终于 倒闭 了。

324 Tā bǎ suǒyǒu de fángchǎn dōu dǎochūqù le.
他 把 所有 的 房产 都 倒出去 了。

325 Xià yì bān de rén dǎoshànglái le.
下 一 班 的 人 倒上来 了。

326 Nàge zàitáo fànrén zài zhèli dǎo qìchē táopǎo le.
那个 在逃 犯人 在 这里 倒 汽车 逃跑 了。

· 请大家走路小心，别摔倒。Qǐng dàjiā zǒulù xiǎoxīn, bié shuāidǎo.
· 别推！危险！再推就倒过来了。Bié tuī! Wēixiǎn! Zài tuī jiù dǎoguòlái le.
· 刚成立的内阁又倒了。Gāng chénglì de nèigé yòu dǎo le.
· 他为什么又倒了嗓子呢？Tā wèi shénme yòu dǎo le sǎngzi ne?
· 到了中国，吃油腻的菜太多，总有点儿倒胃口。
　Dào le Zhōngguó, chī yóunì de cài tài duō, zǒng yǒudiǎnr dǎo wèikou.
· 这条路太窄，倒不开身儿呢。Zhè tiáo lù tài zhǎi, dǎobukāi shēnr ne.
· 孙悟空一见到三藏法师就倒身下拜道"师父，您就是我的师父！"。
　Sūn Wùkōng yí jiàndào Sānzàng fǎshī jiù dǎo shēn xià bài dào "Shīfu, nín jiùshì wǒ de shīfu!".
· 根据市场的需求，我们才把山区的特产倒出来了。
　Gēnjù shìchǎng de xūqiú, wǒmen cái bǎ shānqū de tèchǎn dǎochūlái le.
· 新仓库还没完工，库存产品还倒不成。
　Xīncāngkù hái méi wángōng, kùcún chǎnpǐn hái dǎobuchéng.

用法例
倒下来　dǎoxiàlái　倒れてくる　　　　　倒下去　dǎoxiàqù　倒れていく
摔倒　shuāidǎo　つまずいて転ぶ
(公司)倒了　(gōngsī) dǎo le　(会社が)潰れる
倒阁　dǎo gé　政府を倒す
倒胃口　dǎo wèikou　食欲がなくなる　　　倒嗓子　dǎo sǎngzi　声が潰れる
倒开身　dǎokāi shēn　身を交わす
倒房产　dǎo fángchǎn　家屋敷を譲る
两班倒　liǎng bān dǎo　二班で交替勤務を行う
倒电车　dǎo diànchē　電車に乗り換える

CD 2-44

323 不景気で、あの会社はついに倒産しました。

324 彼は全ての家屋敷を売り払いました。

325 次のシフトの人たちが交替に来ました。

326 逃亡犯はここで車を乗り換えて逃走しました。

・皆さん、転ばないように気をつけてください。
・押さないで！　危ないですよ、倒れてしまいます！
・成立したばかりの内閣がまた倒れました。
・彼はどうしてまた声を潰したのですか。
・中国に来てから油っぽいものを食べすぎて、どうも食傷気味です。

・この道は狭すぎます。すれ違うこともできないのですから。
・孫悟空は三蔵法師を見るなりひれ伏して、「お師匠さま、あなたこそが私のお師匠さまです！」と言いました。
・市場のニーズがあるからこそ、私たちは山地の特産品を持ってきたのです。

・新しい倉庫は完成していないので、在庫製品をまだ移すことはできません。

第45課 起 qǐ

"起"でよく使われる意味は「起きる、立つ、跳び上がる」です。
"起来"「起き上がる」、"早起"「早くに起きる」などと使います。

ほかに、覚えておきたい用法として、次のようなものがあります。
"起网"「網を引き上げる」、"起痱子"「あせもができる」、"起盖子"「栓を抜く」、"起作用"「役に立つ」、"起草稿"「草稿を書く」、"起外号"「あだ名をつける」

327 Zǎo qǐ zuò zǎocāo duì shēntǐ hěn hǎo.
早 起 做 早操 对 身体 很 好。

328 Zhèyàng měitiān zǎo qǐ wǎn shuì huì gǎohuài shēntǐ.
这样 每天 早 起 晚 睡 会 搞坏 身体。

329 Wǒ yí dào xiàtiān jiù qǐ fèizi.
我 一 到 夏天 就 起 痱子。

330 Qǐng bāng wǒ qǐ yíxià zhège gàizi.
请 帮 我 起 一下 这个 盖子。

331 Tāmen de xīnfáng kuàiyào qǐlái le.
他们 的 新房 快要 起来 了。

332 Shàng ge yuè wǒ cái zǒngsuàn qǐ le ge yíngyè zhízhào lái.
上 个 月 我 才 总算 起 了 个 营业 执照 来。

333 Duōnián yǐlái, tā zài ZhōngRì yǒuhǎo shìyè fāngmiàn, qǐdào le qiáoliáng de zuòyòng.
多年 以来, 他 在 中日 友好 事业 方面, 起到 了 桥梁 的 作用。

334 Jīntiān zǒu le hěn cháng lù, jiǎo shang qǐ le pàor le.
今天 走 了 很 长 路, 脚 上 起 了 泡儿 了。

用法例

起床 qǐchuáng 起床する	早起 zǎo qǐ 起きるのが早い
起来 qǐlái 起き上がる		
起锚 qǐmáo 碇を上げる	起网 qǐwǎng 網を引き上げる
起疙瘩 qǐ gēda 吹き出物ができる	起痱子 qǐ fèizi あせもができる
起钉子 qǐ dīngzi 釘を抜く	起盖子 qǐ gàizi 栓を抜く
起作用 qǐ zuòyòng 役に立つ	起贡献 qǐ gòngxiàn 貢献する
起草稿 qǐ cǎogǎo 草稿を書く	起外号 qǐ wàihào あだ名をつける
起名儿 qǐ míngr 名前をつける	
起高楼 qǐ gāolóu ビルを建てる	
起护照 qǐ hùzhào パスポートを申請し、発行してもらう	
起介绍信 qǐ jièshàoxìn 紹介状を書いてもらう	

327 早起きして体操することは、身体にいいことです。

328 そんなふうに毎日朝早いのに遅くまで起きていると、体を壊します。

329 夏になると、私はすぐにあせもになってしまいます。

330 この栓を抜いてください。

331 彼らの新しい家はもうすぐできあがります。

332 私は先月ようやく営業免許を出してもらいました。

333 彼は長年、中日友好事業で、架け橋の役割を果たしてきました。

334 今日は相当の距離を歩いたので、足に豆ができてしまいました。

335 Tā zài bān li bìng bù qǐyǎnr, dàn chéngjī hěn hǎo.
他 在 班 里 并 不 起眼儿，但 成绩 很 好。

- 他们起五更去爬富士山了。Tāmen qǐ wǔgēng qù pá Fùshìshān le.
- 风筝起到五六米高了。Fēngzheng qǐdào wǔ liù mǐ gāo le.
- 脸上又起疙瘩了。Liǎn shang yòu qǐ gēda le.
- 他正在起着螺丝钉。Tā zhèngzài qǐzhe luósīdīng.
- 企业也是社会的一个成员，因此在社会上要起积极的贡献。
  Qǐyè yě shì shèhuì de yí ge chéngyuán, yīncǐ zài shèhuì shang yào qǐ jījí de gòngxiàn.
- 你不要给我起这种难听的外号。Nǐ búyào gěi wǒ qǐ zhè zhǒng nántīng de wàihào.
- 你能告诉我，公司的新楼今年起得来吗？
  Nǐ néng gàosu wǒ, gōngsī de xīnlóu jīnnián qǐdelái ma?
- 那座正在建设的高层大楼已经起到第三十层了。
  Nà zuò zhèngzài jiànshè de gāocéng dàlóu yǐjīng qǐdào dì sān shí céng le.
- 你每天起早贪黑忙于上网，不觉得费时费电吗？
  Nǐ měitiān qǐ zǎo tān hēi mángyú shàngwǎng, bù juéde fèi shí fèi diàn ma?
- 他是个能够起手回春的中医，你放心地请他看吧。
  Tā shì ge nénggòu qǐ shǒu huí chūn de zhōngyī, nǐ fàngxīn de qǐng tā kàn ba.
- 心脏移植成功了，那个医生的医术真是可以起死回生的。
  Xīnzàng yízhí chénggōng le, nàge yīshēng de yīshù zhēn shì kěyǐ qǐ sǐ huí shēng de.

第46课　躺 tǎng

"躺"でよく使われる意味は「（人や動物が）横になる、寝そべる、（物が）倒れている」です。
"躺在床上"「ベッドに横になる」などと使います。

336 Tā tǎngzài shāfā shang, biān chī guāzi biān kàn diànshì.
她 躺在 沙发 上，边 吃 瓜子 边 看 电视。

337 Zhè zhāng chuáng tài xiǎo, wǒ tǎngbuxià.
这 张 床 太 小，我 躺不下。

338 Shìgù xiànchǎng héng tǎngzhe yí liàng yánzhòng huīhuài le de gōnggòng qìchē.
事故 现场 横 躺着 一 辆 严重 毁坏 了 的 公共 汽车。

- 在动物园的槛里躺着一只狮子。Zài dòngwùyuán de jiàn li tǎngzhe yì zhī shīzi.

335 彼はクラスではそんなに目立たないのですが、成績はよい方です。

・彼らは明け方に起きて富士山に登りにいきました。
・凧が五、六メートルの高さまで上がりました。
・また顔に吹き出物ができてしまいました。
・彼はボルトを外しているところです。
・企業もまた社会の一員なのですから、社会貢献には積極的であるべきです。

・そんな変なあだ名をつけるのはやめてください。
・会社の新しいビルは、今年中に建つことになったのでしょうか。

・あの現在建設中の高層ビルは、もう三十階までできています。

・毎日朝早くから夜遅くまでネットばかりしていて、時間や電気が無駄だとは思わないのですか。
・彼は不治の病をも治すと言われる漢方医です。安心して診てもらいなさい。

・心臓移植が成功しました。あの医者の腕前でまさに起死回生となりました。

用法例
躺下来　tǎngxiàlái　横になる
躺在~　tǎngzài~　~に横になる、倒れている
路旁 躺着~　lùpáng tǎngzhe　道端に~が横たわっている

336 彼はソファーに横になって瓜の種を食べながらテレビを見ています。

337 このベッドは私が使うには小さすぎます。

338 事故現場には、大破したバスが横倒しになっていました。

・動物園の檻の中には、ライオンが一匹寝そべっています。

- 奶奶整天在床上躺着，结果躺出了褥疮。
  Nǎinai zhěngtiān zài chuáng shang tǎngzhe, jiéguǒ tǎngchū le rùchuāng.
- 孩子们闹得厉害，我想躺一会儿也躺不成。
  Háizimen nàode lìhai, wǒ xiǎng tǎng yíhuìr yě tǎngbuchéng.
- 我累得要死，一趟下去就起不来了。Wǒ lèide yàosǐ, yì tǎngxiàqù jiù qǐbulái le.
- 一颗大树躺在半山腰。Yì kē dàshù tǎngzài bànshānyāo.

第47課　跑 pǎo

47/93

"跑"でよく使われる意味は「走る、駆ける」です。
"跑长途"「長距離を走る」、"跑第一"「走って一番になる」などと使います。

ほかに、覚えておきたい用法として、次のようなものがあります。
"跑味儿"「味が抜ける」、"跑不了"「逃げられない」、"跑资金"「金策に奔走する」

CD 1-47

339 Wǒ pǎo yì quān, tā yǐjīng pǎo le liǎng quān le.
我 跑 一 圈，他 已经 跑 了 两 圈 了。

340 Zěnme pīnmìng pǎo, wǒ yě gēnbushàng tā.
怎么 拼命 跑，我 也 跟不上 他。

341 Mǎpéng li pǎo le yì pǐ mǎ.
马棚 里 跑 了 一 匹 马。

342 Pínggài bú gàihǎo, jiǔjīng jiù huì pǎodiào.
瓶盖 不 盖好，酒精 就 会 跑掉。

343 Shuǐlóngtóu xiūhǎo le, zhèyàng jiù pǎobuliǎo shuǐ le.
水龙头 修好 了，这样 就 跑不了 水 了。

344 Súhuà shuō, pǎodeliǎo héshang pǎobuliǎo miào ba. Nǐ búyào zài dǐlài le.
俗话 说，跑得了 和尚 跑不了 庙 吧。你 不要 再 抵赖 了。

- 今天下大雪，跑步跑不成了。Jīntiān xià dàxuě, pǎobù pǎobuchéng le.
- 他购买年货，跑自由市场。Tā gòumǎi niánhuò, pǎo zìyóu shìchǎng.
- 警察为了追寻在逃犯人的行踪，跑情况。
  Jǐngchá wèile zhuīxún zàitáo fànrén de xíngzōng, pǎo qíngkuàng.

・おばあさんは一日中寝たきりなので、床ずれができてしまいました。

・子供たちがうるさく騒ぐので、横になりたくてもなれやしません。

・疲れていたので、横になってしまったら、もう起きられませんでした。
・大きな樹が、山の中腹で倒れています。

用法例
跑 一 百 米　pǎo yì bǎi mǐ　百メートルを走る
跑 第一　pǎo dìyī　走って一番になる　　　跑 长途　pǎo chángtú　長距離を走る
跑在 河边　pǎozài hébiān　川辺を走る　　　跑进 小路　pǎojìn xiǎolù　小道に駆け込む
跑 资金　pǎo zījīn　金策に奔走する
跑不了　pǎobuliǎo　逃げられない
跑气　pǎoqì　ガスが漏れる　　　　　　　跑 味儿　pǎo wèir　味が抜ける

339　僕が一周走ると彼はもう二周走っていました。

340　どう頑張ってみても僕は彼には追いつけません。

341　厩（うまや）から、馬が一頭逃げました。

342　ちゃんと蓋をしないと、アルコールが抜けてしまいます。

343　蛇口の修理が済んだので、これでもう水漏れしません。

344　いくらしらを切っても証拠は上がっているのだから、これ以上言い逃れをするのはやめなさい。

・今日は大雪が降ったので、ジョギングはできません。
・彼は正月用品の買い出しで、自由市場を奔走しました。
・警察は逃亡犯の足取りを追って、情報を集めに奔走しています。

- 别让笼子里的小鸟跑掉。Bié ràng lóngzi li de xiǎoniǎo pǎodiào.
- 自行车的轮胎跑气了。Zìxíngchē de lúntāi pǎoqì le.
- 在逃犯人已经在全国通缉了，他跑得了今天也跑不了明天。
  Zàitáo fànrén yǐjīng zài quánguó tōngjī le, tā pǎodeliǎo jīntiān yě pǎobuliǎo míngtiān.
- 他为弟弟的婚礼跑前跑后来张罗。Tā wèi dìdi de hūnlǐ pǎo qián pǎo hòu lái zhāngluo.

第48課　跳 tiào

"跳"でよく使われる意味は「跳ぶ、跳び上がる、踊る」です。
"跳舞"「踊りを踊る」、"跳高"「高飛びをする」などと使います。

ほかに、覚えておきたい用法として、次のようなものがあります。
"跳到河里"「川に飛び込む」、"连蹦带跑"「跳びはねる」

345 Tā tiàoxià chē pǎo le guòlái.
他 跳下 车 跑 了 过来。

346 Tāmen wèi wǒmen tiào le mínzú wǔdǎo.
她们 为 我们 跳 了 民族 舞蹈。

347 Xiàngpíqiú tiàochū le wéiqiáng wài.
橡皮球 跳出 了 围墙 外。

348 Wǒ yí zhànzài tā de miànqián, xīnli jiù pēngpēng de tiào ge bù tíng.
我 一 站在 她 的 面前，心里 就 怦怦 地 跳 个 不 停。

349 Wǒ zhème dà suìshu le, bèngchuáng tiàobudòng le, nǐmen tiào ba.
我 这么 大 岁数 了，蹦床 跳不动 了，你们 跳 吧。

350 Jiànzhèngrén yì sǐ, wǒ de yuānwang jiùshì tiàojìn Huánghé yě xǐbuqīng le.
见证人 一 死，我 的 冤枉 就是 跳进 黄河 也 洗不清 了。

351 Zài duōnián de nǔlì zhīxià, tā zhōngyú tiào lóngmén le.
在 多年 的 努力 之下，他 终于 跳 龙门 了。

・籠の小鳥を逃がさないようにしてください。
・自転車のタイヤの空気が抜けてしまいました。
・逃亡犯は全国に指名手配されたので、どのみち逃げきれはしないでしょう。
・彼は弟の結婚式のためにあちこち駆け回り、何くれとなく世話をしました。

用法例
跳高　　tiàogāo　　高飛びをする　　　　　跳舞　　tiàowǔ　　踊りを踊る
跳下車　tiàoxià chē　車から跳び下りる
跳到～　tiàodào　　～に飛び込む
连蹦带跳　lián bèng dài tiào　跳びはねる
心直跳　xīn zhí tiào　動悸がする
跳级　tiàojí　飛び級する

345 彼は車から跳び下りて駆け寄ってきました。

346 彼女らは私たちのために民族舞踊を踊ってくれました。

347 ゴムボールが跳ねてフェンスの外に出ていってしまいました。

348 彼女の前に立つと、すぐ胸がドキドキします。

349 私はもうこんな年なので、トランポリンはとても無理です。あなたたちでどうぞ。

350 目撃者が死んでしまったら、私の濡れ衣はどんなことをしても晴らすことはできません。

351 長年の努力の末、彼はついに出世しました。

- 小猫是从窗口跳进来的。Xiǎomāo shì cóng chuāngkǒu tiàojìnlái de.
- 悲剧的女主人公跳海自杀了。Bēijù de nǚzhǔréngōng tiào hǎi zìshā le.
- 孟姜女在渤海跳海了。Mèngjiāngnǚ zài Bóhǎi tiào hǎi le.
- 眼皮跳了几下。Yǎnpí tiào le jǐ xià.
- 他一下跳了两级。Tā yíxià tiào le liǎng jí.
- 你怎么把序文跳过去没看呢？Nǐ zěnme bǎ xùwén tiàoguòqù méi kàn ne?
- 上台的时间快到了，我的心砰砰地跳了起来。
  Shàngtái de shíjiān kuài dào le, wǒ de xīn pēngpēng de tiào le qǐlái.
- 收到录取的通知，她高兴得跳了起来。Shōudào lùqǔ de tōngzhī, tā gāoxìngde tiào le qǐlái.

第49課　飞 fēi

"飞"でよく使われる意味は「(羽や飛行機で)飛ぶ」です。
"飞在天空"「空を飛ぶ」、"鸟飞了"「鳥が飛んだ」などと使います。

ほかに、覚えておきたい用法として、次のようなものがあります。
"飞来飞去"「ひらひら漂う」、"飞掉了"「なくなる、消えうせる」

352 Jīntiān fēi Běijīng.
今天 飞 北京。

353 Xuěhuā zhěngzhěng fēi le yí yè.
雪花 整整 飞 了 一 夜。

354 Běijīng yí dào chūntiān jiù fēi liǔxù.
北京 一 到 春天 就 飞 柳絮。

355 Zhège shānyúcài xiāngwèir fēi le.
这个 山萮菜 香味儿 飞 了。

356 Tǒng li de qìyóu fēi le bùshǎo.
桶 里 的 汽油 飞 了 不少。

357 Yóuyú táifēng de yǐngxiǎng, fēijī fēibuchéng le.
由于 台风 的 影响，飞机 飞不成 了。

- 子猫は窓から跳び込んできたのです。
- 悲劇のヒロインは、海に跳び込んで自殺しました。
- 孟姜女は渤海で身投げしました。
- まぶたがぴくぴくします。
- 彼は二階級特進しました。
- どうして序文を抜かして読んでしまったんですか。
- 舞台に上がる時間が近づくと、胸がドキドキしてきました。

- 採用の知らせを受け、彼女は躍り上がって喜びました。

用法例
飞在 天空上　fēizài tiānkōng shang　　空を飛ぶ
鸟 飞 了　niǎo fēi le　鳥が飛んだ
直 飞 北京　zhí fēi Běijīng　（飛行機で）北京へ直行する
气球 满天 飞　qìqiú mǎntiān fēi　風船が空一面に舞う
飞 来 飞 去　fēi lái fēi qù　ひらひらと漂う
飞 雪花　fēi xuěhuā　雪がちらちら降る
汽车 从 眼前 飞过去　qìchē cóng yǎnqián fēiguòqù　車が目の前を飛ぶように通過した
酒精 飞掉 了　jiǔjīng fēidiào le　アルコールがすっかり飛んだ

352　今日飛行機で北京に飛びます。

353　雪は一晩中降っていました。

354　北京では春になると柳絮（りゅうじょ）が舞います。

355　このわさびは風味が落ちてしまいました。

356　ドラム缶のガソリンはかなり揮発してしまいました。

357　台風の影響で、飛行機は飛べなくなりました。

358 Tiānshàng yòu fēiqǐ xuěhuā lái le.
　　天上 又 飞起 雪花 来 了。

359 Nǐ yào bǎ gàir gàiyán, bùrán jiǔjīng huì quán dōu fēizǒu de.
　　你 要 把 盖儿 盖严，不然 酒精 会 全 都 飞走 的。

・苍蝇飞进屋里了。Cāngying fēijìn wū li le.
・这只蝴蝶是从窗口飞进来的。Zhè zhī húdié shì cóng chuāngkǒu fēijìnlái de.
・他一接到紧急通知，就飞跑到了医院。Tā yì jiēdào jǐnjí tōngzhī, jiù fēipǎo dào le yīyuàn.
・他一看表，就朝车站飞奔而去。Tā yí kàn biǎo, jiù cháo chēzhàn fēibēn ér qù.
・树上的黄叶被风一刮，全都飞下去了。Shù shang de huángyè bèi fēng yì guā, quán dōu fēixiàqù le.
・开往北京的飞机刚刚从机场飞出去了。
　Kāiwǎng Běijīng de fēijī gānggāng cóng jīchǎng fēichūqù le.
・这次甲型流感的蔓延对我们来说真像是飞来横祸。
　Zhècì jiǎxíng liúgǎn de mànyán duì wǒmen lái shuō zhēn xiàng shì fēi lái hèng huò.

第50課　来 lái　　　　　　　　　　　　　　　50/93

"来"でよく使われる意味は「(話し手に近づいて)来る」です。
"来日本"「日本に来る」、"他来了"「彼が来た」などと使います。

ほかに、覚えておきたい用法として、次のようなものがあります。
"他来过一封信"「彼が手紙を寄こした」、"我来唱"「私が歌います(「"来"＋動詞」で積極性を表わす)」、"来，来"「さあさあ、(人を促す呼びかけ)」

360 Zhèli wǒ láiguo yí cì.
　　这里 我 来过 一 次。

361 Wǒ jiā lái le yí wèi kèren.
　　我 家 来 了 一 位 客人。

362 Wǒ kěsǐ le! Kuài lái yì bēi liángshuǐ ba.
　　我 渴死 了！快 来 一 杯 凉水 吧。

358 雪がまたちらちらと降ってきました。

359 しっかりと蓋をしておかないと、アルコールが全部抜けてしまいます。

・蠅が部屋に入りました。
・この蝶々は窓から舞い込んできたのです。
・彼は緊急の知らせを受けて、病院へ駆けつけました。
・彼は時計を見るなり、駅に向かってすっ飛んでいきました。
・樹の上の色づいた葉は風にあおられ残らず落ちていきました。
・北京行きの飛行機は、今しがた、飛行場を飛び立っていきました。

・今回の新型インフルエンザの大流行は、私たちにとって全く不慮の災害のようなものです。

用法例
来 日本　lái Rìběn　日本に来る　　　　　来 中国　lái Zhōngguó　中国に来る
他 来过 一 封 信　tā láiguo yì fēng xìn　彼は手紙を一通寄こした
来 事 了　lái shì le　問題が起きた
我 自己 来　wǒ zìjǐ lái　自分でやります
我 来 唱　wǒ lái chàng　私が歌います　　　我 来 说　wǒ lái shuō　私が話します
找 工作 来 了　zhǎo gōngzuò lái le　仕事を探しにきた
努力 来 做　nǔlì lái zuò　努力してやる
由 我 来 负责　yóu wǒ lái fùzé　私が責任を持つ
来, 来　lái, lái　さあさあ

---

360 ここは一度来たことがあります。

361 家にお客さんが一人来られました。

362 喉が渇いてたまりません！　早く水を一杯持ってきてください。

363 Qǐng bié zhāngluo, wǒ zìjǐ lái.
请 别 张罗，我 自己 来。

364 Nǐ xíngli zhème duō, wǒ lái ná yí ge.
你 行李 这么 多，我 来 拿 一 个。

365 Tā dào Dōngjīng chūchāi lái le.
他 到 东京 出差 来 了。

366 Wànyī shībài dehuà, yóu wǒ lái fùzé.
万一 失败 的话，由 我 来 负责。

367 Nàge háizi lái bu lái jiù kū, hěn nán hǒng.
那个 孩子 来 不 来 就 哭，很 难 哄。

368 Tā yí kàn piàoliang de gūniang jiù lái qíngxù.
他 一 看 漂亮 的 姑娘 就 来 情绪。

369 Nàge rén lái zhě bú jù, qù zhě bù zhuī, gēnběn duì biéren méiyǒu xìngqù.
那个 人 来 者 不 拒，去 者 不 追，根本 对 别人 没有 兴趣。

- 今天来了一封信。Jīntiān lái le yì fēng xìn.
- 他给我来过电报了。Tā gěi wǒ láiguo diànbào le.
- 我真没想到一天就来了这么多问题。Wǒ zhēn méi xiǎngdào yì tiān jiù lái le zhème duō wèntí.
- 天突然阴下来了，雷阵雨马上就要来了。
  Tiān tūrán yīnxiàlái le, léizhènyǔ mǎshàng jiù yào lái le.
- 我们来一盘棋吧。Wǒmen lái yì pán qí ba.
- 这个工作，请让我来做吧。Zhège gōngzuò, qǐng ràng wǒ lái zuò ba.
- 我们到杭州旅游来了。Wǒmen dào Hángzhōu lǚyóu lái le.
- 来来，喝茶吧！Lái lái, hē chá ba!
- 来来，吃饭吧！Lái lái, chīfàn ba!
- 建设的高潮又来到了。Jiànshè de gāocháo yòu láidào le.
- 他总是来回来去地发牢骚，结果谁都不理他了。
  Tā zǒngshì láihuí láiqù de fā láosāo, jiéguǒ shéi dōu bù lǐ tā le.
- 你太轻率了！不要这么容易相信他，俗话说来者不善，善者不来啊。
  Nǐ tài qīngshuài le! Búyào zhème róngyì xiāngxìn tā, súhuà shuō lái zhě bú shàn, shàn zhě bù lái a.
- 这一带治安不好，孩子们可来不得。Zhè yídài zhì'ān bù hǎo, háizimen kě láibude.
- 哟！已经是十二点了，末班车还来得及吗？
  Yō! Yǐjīng shì shí èr diǎn le, mòbānchē hái láidejí ma?
- 拉丁舞很有意思，学起来越学越来劲儿。Lādīngwǔ hěn yǒu yìsi, xuéqǐlái yuè xué yuè láijìnr.

363 どうぞおかまいなく。自分でやりますから。

364 荷物が多いですね。一つ持ちましょう。

365 彼は出張で東京に来ました。

366 万一失敗したら、私が責任を取ります。

367 あの子は何かというとすぐ泣くので、あやすのが大変です。

368 彼はきれいな女の子を見ると途端に上機嫌になります。

369 あの人は来るものは拒まず去るものは追わずで、他人への関心など少しもありません。

・今日手紙が一通届きました。
・彼は私に電報を寄こしました。
・一日でこんなにたくさんの問題が起きるなんて、思ってもみませんでした。
・突然空が曇ってきて、雷雨になりそうです。

・将棋を一番さしましょう。
・この仕事は私にやらせてください。
・私たちは杭州に観光にきました。
・さあ、お茶をどうぞ！
・さあ、食事にしましょう。
・建設ブームがまたやってきました。
・彼はくどくどと愚痴ばかりこぼしているので、とうとう誰にも相手にされなくなりました。
・軽率すぎますよ！　そんなに簡単に彼を信用してはいけません。俗に来る者は皆したたか者だと言うではないですか。
・この一帯は治安が悪いので、子供は絶対来てはいけません。
・うわ、もう十二時ですよ！　まだ終電に間に合うでしょうか。

・ラテンダンスは面白くて、習い始めたらどんどんやる気がわいてきました。

- 他赌博得来的钱两天就花完了，真是来得容易去得快啊！
  Tā dǔbó délái de qián liǎng tiān jiù huāwán le, zhēn shì láide róngyì qùde kuài a!
- 他一听对他母亲的坏话就来火儿了。Tā yì tīng duì tā mǔqin de huàihuà jiù lái huǒr le.

第51課　去 qù

"去"でよく使われる意味は「(話し手から遠のいて)行く」です。"去北京"「北京へ行く」、"他去了"「彼は行った」などと使います。

ほかに、覚えておきたい用法として、次のようなものがあります。"去信"「手紙を出す」、"去研究"「すすんで検討する(「"去"＋動詞」で積極性を表わす)」、"去了皮"「皮を取り去る」、"买东西去"「買い物に行く(「動詞句＋"去"」で、行く目的を表す)」

370 Nàli wǒ qùguo yí cì.
那里 我 去过 一 次。

371 Guānyú zhè jiàn shì, wǒ shì qùxìn wènguo de.
关于 这 件 事，我 是 去信 问过 的。

372 Lǎoshī yìzhí diànzhe nǐ, nǐ zuìhǎo gěi tā qù ge diànhuà.
老师 一直 惦着 你，你 最好 给 他 去 个 电话。

373 Búyào zǒngshì kào biéren, nǐ zìjǐ qù xiǎng bànfǎ.
不要 总是 靠 别人，你 自己 去 想 办法。

374 Jīntiān wǎnshang zánmen yìqǐ kàn diànyǐng qù ba.
今天 晚上 咱们 一起 看 电影 去 吧。

375 Duō chī shūcài néng qù bìng.
多 吃 蔬菜 能 去 病。

376 Zhège shuǐguǒ qù pí chī.
这个 水果 去 皮 吃。

377 Qù tā de ba! Fǎnzhèng tā bù tīng biéren de huà ya.
去 他 的 吧！反正 他 不 听 别人 的 话 呀。

・彼は賭けごとで勝ったお金を二日で使い果たしてしまいました。悪銭身につかずとはこのことです。
・彼は母親の悪口を耳にして、カッとなりました。

用法例
去 北京　qù Běijīng　北京へ行く
去 信　qù xìn　手紙を出す
去 研究　qù yánjiū　すすんで検討する
出差 去　chūchāi qù　出張にいく
去 了皮　qù le pí　皮を取り去る

去 日本　qù Rìběn　日本へ行く
去 个 电话　qù ge diànhuà　電話をかける
去 了解　qù liǎojiě　すすんで理解する
买 东西 去　mǎi dōngxi qù　買い物にいく
去 了 顾虑　qù le gùlǜ　心配事を取り去る

370 そこは一度行ったことがあります。

371 この件に関して、私は手紙で問い合わせました。

372 先生はいつも君を気にかけているんだから、電話した方がいいですよ。

373 人に頼ってばかりいないで、自分で方法を考えなさい。

374 今晩一緒に映画を見にいきましょう。

375 野菜をたくさん食べると病気にかかりづらくなります。

376 この果物は、皮をむいて食べます。

377 彼のことは放っておきましょう。どうせ人の話を聞こうとしないのですから。

- 姐姐是坐飞机到北京去的。Jiějie shì zuò fēijī dào Běijīng qù de.
- 下个月我到上海出差去。Xià ge yuè wǒ dào Shànghǎi chūchāi qù.
- 用凉水洗碗，去不了油。Yòng liángshuǐ xǐ wǎn, qùbuliǎo yóu.
- 我原定到欧洲旅游，但由于工作紧张，结果去不成了。
  Wǒ yuándìng dào Ōuzhōu lǚyóu, dàn yóuyú gōngzuò jǐnzhāng, jiéguǒ qùbuchéng le.
- 去你的！那种话已经听腻了。Qù nǐ de! Nà zhǒng huà yǐjīng tīngnì le.
- 为了提高小麦的质量，去杂去劣也是重要的工作之一。
  Wèile tígāo xiǎomài de zhìliàng, qù zá qù liè yě shì zhòngyào de gōngzuò zhīyī.

第52課　住 zhù

"住"でよく使われる意味は「住む、泊まる」です。
"住北京"「北京に住む」、"住饭店"「ホテルに泊まる」などと使われます。

ほかに、覚えておきたい用法として、次のようなものがあります。
"雨住了"「雨がやんだ」、"住手"「やめろ」

「動詞＋"住"」で、結果補語としてよく使われます。
"挡住"「遮る」、"捉住"「つかまえる」、"停住"「止まる」

378 Wǒ zài zhèli zhù le yì nián.
我 在 这里 住 了 一 年。

379 Yǔ zhù le, tàiyáng chūlái le.
雨 住 了，太阳 出来 了。

380 Tāmen tíngzhù jiǎobù, děngzhe hòumian de rén gēnshànglái.
他们 停住 脚步，等着 后面 的 人 跟上来。

381 Nàge gāocéng dàlóu zhēzhù le yángguāng.
那个 高层 大楼 遮住 了 阳光。

382 Tā shànyú zhuāzhù kèhù de xīnlǐ.
他 善于 抓住 客户 的 心理。

383 Wǔxīngjí fàndiàn de fángfèi tài guì, wǒ gēnběn zhùbuqǐ.
五星级 饭店 的 房费 太 贵，我 根本 住不起。

- 姉は飛行機で北京へ行きました。
- 来月、上海に出張にいきます。
- 水でお碗を洗っただけでは、油汚れは落ちません。
- ヨーロッパ旅行へ行く予定だったのですが、仕事が忙しくて結局行けないことになりました。
- もうやめてください！　そんな話はもううんざりです。
- 小麦の質を上げようということで言えば、間引きも重要な作業の一つです。

用法例

住 旅馆 zhù lǚguǎn 旅館に泊まる		住 北京 zhù Běijīng 北京に住む、泊まる
住 一个人 zhù yí ge rén 一人で泊まる		
雨 住 了 yǔ zhù le 雨がやんだ		
住手 zhùshǒu やめろ		住口 zhùkǒu 黙れ
挡住 去路 dǎngzhù qùlù 行く手を遮る		停住 tíngzhù 止まる
拿住 názhù しっかり持つ		捉住 zhuōzhù つかまえる

378　私はここに一年住みました。

379　雨がやんで、日がさしてきました。

380　彼らは立ち止まって、後ろの人たちが追いついてくるのを待ちました。

381　あの高層ビルが日差しを遮っています。

382　彼はユーザーの心をつかむのが上手です。

383　五つ星ホテルは高すぎて、私じゃとても泊まれません。

384 Yóuyú shānyá bēngtā, huǒchē wù diǎn sān ge xiǎoshí, zhídào yèli cái zhùjìn fàndiàn.
由于 山崖 崩塌, 火车 误 点 三 个 小时, 直到 夜里 才 住进 饭店。

- 这个房间住不开三个人。Zhège fángjiān zhùbukāi sān ge rén.
- 很多朋友去了城市，但我还要在老家住下去。
  Hěn duō péngyou qù le chéngshì, dàn wǒ hái yào zài lǎojiā zhùxiàqù.
- 这样陌生的地方，我住也住不惯呢。Zhèyàng mòshēng de dìfang, wǒ zhù yě zhùbuguàn ne.
- 看来今天这风到下午也住不了。Kànlái jīntiān zhè fēng dào xiàwǔ yě zhùbuliǎo.
- 老师一进来，同学们就住了口，教室里变得鸦雀无声。
  Lǎoshī yí jìnlái, tóngxuémen jiù zhù le kǒu, jiàoshì li biànde yā què wú shēng.
- 这篇论文抓住了问题的核心。Zhè piān lùnwén zhuāzhù le wèntí de héxīn.

第53課 到 dào

53/93

"到"でよく使われる意味は「行く、来る」です。
"到上海"「上海に行く」、"冬天到了"「冬が来た」などと使います。

ほかに、覚えておきたい用法として、次のようなものがあります。
"时间到了"「時間になった」、"到了时间，～"「時間になったら、～」、"照顾到"「行き届く（「動詞」＋"到"」で動作の実現、到達した結果、場所、時間、程度を表す）」

　＊「"到" ＋場所＋動詞」の形で"到"を「介詞」としている場合もありますが、ここでは動詞として扱います。

CD 1-53

385 Nǐ dào nǎr, wǒ jiù dào nǎr.
你 到 哪儿, 我 就 到 哪儿。

386 Yí dào lìqiū jiù liángkuài duō le.
一 到 立秋 就 凉快 多 了。

387 Yǒu shénme bú dào zhī chù, qǐng nín duōduō bāohán.
有 什么 不 到 之 处, 请 您 多多 包涵。

388 Zǒude zhème màn, zhōngwǔ yǐqián kě dàobuliǎo mùdìdì.
走得 这么 慢, 中午 以前 可 到不了 目的地。

384 がけ崩れで電車が三時間遅れたので、ホテルへのチェックインは夜中になってしまいました。

・この部屋では三人は泊まれません。
・友達はほとんど都会へ行ってしまいましたが、私はそれでも故郷に住み続けたいです。
・こんな見知らぬ土地では、落ち着いて暮らすことができません。
・今日のこの風は午後になってもやみそうにありません。
・先生が入ってきた途端、生徒たちは話をやめて、教室内は静まり返りました。
・この論文は問題の核心をついています。

用法例
到 上海　dào Shànghǎi　上海へ行く　　到 北京 去　dào Běijīng qù　北京へ行く
冬天 到 了　dōngtiān dào le　冬が来た　　时间 到 了　shíjiān dào le　時間になった
照顾 不 到　zhàogù bú dào　世話が行き届かない
收到 了 一 封 信　shōudào le yì fēng xìn　手紙を一通受け取った
办得到　bàndedào　やりとげることができる

385 あなたの行くところならどこへでも行きます。

386 立秋になれば随分涼しくなります。

387 至らないところがございましたら、どうぞご容赦ください。

388 こんなにゆっくり歩いていたら、昼までにはとても目的地に着けません。

389　Shí yuè shí wǔ hào, Xiǎo Lǐ、Xiǎo Wáng, dào cǐ yì yóu.
十月十五号，小李、小王，到此一游。

390　Nàge yùndòngyuán zhōngyú nádào le pànwàng yǐ jiǔ de jīnpái.
那个运动员终于拿到了盼望已久的金牌。

391　Jìqù de xìn bù zhī nǐ shōudào méiyǒu?
寄去的信不知你收到没有？

・我们到一个凉快的地方去吧。Wǒmen dào yí ge liángkuài de dìfang qù ba.
・北京到了春天就刮风。Běijīng dào le chūntiān jiù guā fēng.
・到了如今，一切的一切都不能挽回，后悔莫及。
　Dào le rújīn, yíqiè de yíqiè dōu bù néng wǎnhuí, hòu huǐ mò jí.
・到如今你怎么说不去呢？这可和原来的约定有出入啊。
　Dào rújīn nǐ zěnme shuō bú qù ne? Zhè kě hé yuánlái de yuēdìng yǒu chūrù a.

第54課　回　huí　　　　　　　　　　　54/93

"回"でよく使われる意味は「帰る、戻る」です。
"回家"「家に帰る」、"回国"「帰国する」などと使います。

ほかに、覚えておきたい用法として、次のようなものがあります。
"回头"「振り返る」、"回信"「返事を出す」、"回绝"「断る」

392　Yóuyú gōngzuò tài máng, wǒ jīnnián Chūnjié huíbuliǎo jiā le.
由于工作太忙，我今年春节回不了家了。

393　Huí yí cì jiā děi huā hěn duō qián, zànshí hái huíbuqǐ.
回一次家得花很多钱，暂时还回不起。

394　Tā tóu dōu bù huí, jiù zǒu le.
他头都不回，就走了。

395　Nǐ yě gāi gěi jiārén huí fēng xìn ba.
你也该给家人回封信吧。

396　Dìdi xiàng tā jiè qián, dàn bèi tā yìkǒu huíjué le.
弟弟向他借钱，但被他一口回绝了。

389 10月15日、シャオリーとシャオワンここに遊ぶ。

390 あの選手は、ついに念願の金メダルを手に入れました。

391 お送りした手紙は届きましたでしょうか。

・どこか涼しいところに行きましょう。
・北京では春になると強い風が吹きます。
・今となっては、一切のことが挽回できません。後悔しても仕方ありません。

・今になってどうして行かないなんて言うんですか。それじゃ約束が違います。

用法例
回家　huí jiā　家に帰る　　　　　　回国　huí guó　帰国する
回过头　huíguò tóu　振り返る　　　回过身子　huíguò shēnzi　回れ右をする
回信　huíxìn　返事を出す　　　　　回电话　huí diànhuà　折り返し電話をする
回绝　huíjué　断る、取り消す　　　回戏　huíxì　芝居が休演する

---

392 仕事が忙しいので、今年の旧正月は実家に帰れそうにありません。

393 一回帰省すると出費が相当かさむので、暫くは帰れません。

394 彼は振り返りもせず、行ってしまいました。

395 やっぱりあなたも家族には返事を出した方がいいですよ。

396 弟は彼に借金を申し込みましたが、きっぱりと断られました。

- 咱们回头见吧！ Zánmen huítóu jiàn ba!
- 你对人家回过礼了没有？ Nǐ duì rénjia huíguo lǐ le méiyǒu?
- 他跪下低头认错，你也就不能不回心转意吧。
  Tā guìxià dī tóu rèn cuò, nǐ yě jiù bù néng bù huí xīn zhuǎn yì ba.
- 上次的古典音乐会真令人回肠荡气，久久难以忘怀。
  Shàngcì de gǔdiǎn yīnyuèhuì zhēn lìng rén huí cháng dàng qì, jiǔjiǔ nányǐ wànghuái.

第55課　过 guò　　　　　　　　　　　　55/93

"过"でよく使われる意味は「通る、渡る」です。
"过马路"「道路を渡る」、"过桥"「橋を渡る」などと使います。

ほかに、覚えておきたい用法として、次のようなものがあります。
"过难关"「難関を越える」、"时间过得真快"「時間が経つのは早い」、"过目"「目を通す」

CD 1-55

397　Guò mǎlù yào xiǎoxīn a!
过 马路 要 小心 啊！

398　Wǒ hé tā zài Xiàwēiyí guò le yí duàn fēicháng yúkuài de shíjiān.
我 和 她 在 夏威夷 过 了 一 段 非常 愉快 的 时间。

399　Tā hé péngyoumen guò le yí ge fēicháng yúkuài de shēngri.
她 和 朋友们 过 了 一 个 非常 愉快 的 生日。

400　Xiàbān shíjiān yǐ guò, nǐ kěyǐ huí jiā le.
下班 时间 已 过，你 可以 回 家 了。

401　Bǎ zhè tiáo yú guòguo yóu ba.
把 这 条 鱼 过过 油 吧。

402　Zhèxiē zuòpǐn dōu shì guò shāizi xuǎnbáchūlái de, quán dōu zhíde yí kàn.
这些 作品 都 是 过 筛子 选拔出来 的，全 都 值得 一 看。

403　Méiyǒu zhùcè yìnzhāng, zhè gǔpiào guòbuliǎo hù.
没有 注册 印章，这 股票 过不了 户。

- 後ほどお会いしましょう。
- 相手方にお礼のお返しはしたのでしょうね。
- 彼は土下座して謝っているのですから、あなたも思い直さざるを得ないでしょう。
- この前のクラシックコンサートには深い感銘を受けました。当分忘れられそうにありません。

用法例
过马路 guò mǎlù　道路を渡る　　　过桥 guò qiáo　橋を渡る
过河 guò hé　川を渡る　　　　　　过难关 guò nánguān　難関を越える
时间过得真快 Shíjiān guòde zhēn kuài　時間が経つのは早い
年过半百 nián guò bànbǎi　年齢が五十歳を越した
限期已过 xiànqī yǐ guò　期限は既に超えた
过目 guòmù　目を通す
过户 guòhù　名義書き換えをする　　过账 guòzhàng　(別の帳簿に)転記する

397 道路を渡るときは気をつけてください！

398 私と彼女はハワイでとても楽しい時間を過ごしました。

399 彼女は誕生日を友人たちと楽しく過ごしました。

400 退社時間はもう過ぎたから、帰っていいですよ。

401 この魚を唐揚げにしてください。

402 これらの作品は、ふるいにかけられて残ったものばかりですから、皆、一見の価値があります。

403 届け印がないと、この株券の名義変更はできません。

404 Wèi shénme nǐ zǒngshì gēn tā guòbuqù ne.
为什么你总是跟他过不去呢。

405 Nǐ zěnme hái yóuyù, guò le zhège cūnr, méi zhège diàn ne.
你怎么还犹豫，过了这个村儿，没这个店呢。

406 Bié kànbuqǐ tā hái niánqīng, tā sīxiǎng jìshù dōu guòdeyìng.
别看不起他还年轻，他思想技术都过得硬。

407 Wǎnshang dào yuànzi li guòguo fēngr, zhēn lìng rén gǎndào shūchàng.
晚上到院子里过过风儿，真令人感到舒畅。

- 过了铁桥就到站了。Guò le tiěqiáo jiù dào zhàn le.
- 这座小桥过得了翻斗车吗？ Zhè zuò xiǎoqiáo guòdeliǎo fāndǒuchē ma?
- 只要生活过得简朴，还算过得去。Zhǐyào shēnghuó guòde jiǎnpǔ, hái suàn guòdequ.
- 改革开放以后，我们才过上了好日子。Gǎigé kāifàng yǐhòu, wǒmen cái guòshàng le hǎorìzi.
- 看病的时间已经过了，明天再来吧。Kànbìng de shíjiān yǐjīng guò le, míngtiān zài lái ba.
- 你借的款，怎么过到我的账上来了？ Nǐ jiè de kuǎn, zěnme guòdào wǒ de zhàng shang lái le?
- 我们应该有恩知报，不该采取过河拆桥的态度。
  Wǒmen yīnggāi yǒu ēn zhī bào, bù gāi cǎiqǔ guò hé chāi qiáo de tàidu.
- 获得了一等奖，真的大喜过望。Huòdé le yīděngjiǎng, zhēn de dà xǐ guò wàng.
- 他的玩笑总是有点儿过火儿，你不必那么介意。
  Tā de wánxiào zǒngshì yǒudiǎnr guòhuǒr, nǐ búbì nàme jièyì.
- 我没有你那样过目不忘的才能。Wǒ méiyǒu nǐ nàyàng guò mù bú wàng de cáinéng.
- 再过一个星期就要放假了。Zài guò yí ge xīngqī jiù yào fàngjià le.

404 どうしてあなたはいつも彼と仲が悪いのですか。

405 何をためらっているのですか。こんなチャンスは二度とありません。

406 青二才と侮ってはいけません。彼は考え方も技術もしっかりしています。

407 夜、庭で涼むのは気持ちがいいです。

・鉄橋を越えると駅です。
・この橋は、ダンプカーでも渡れますか。
・質素な生活さえしていれば、なんとか暮らしていけます。
・開放改革以降、私たちはやっと暮らしが楽になってきました。
・診療時間は過ぎてますので、また明日来てください。
・あなたが借りたお金なのに、なんで私のつけになっているのでしょう。
・私たちは恩情に応えるべきです。恩を仇で返すようなことをするべきではありません。
・一等賞を取れたなんて、望外の喜びです。
・彼は冗談がきつい人ですけれど、そんなに気にする必要はありません。

・私はあなたのように、一度読んだら忘れないというような才能はありません。
・あと一週間で休みになります。

第56課　走 zǒu

"走"でよく使われる意味は「歩く、行く」です。
"走路"「(道を)歩く」、"一直走"「まっすぐ行く」などと使います。

ほかに、覚えておきたい用法として、次のようなものがあります。
"走开"「どきなさい」、"走亲戚"「親戚を訪問する」、"走味儿"「味が抜ける(元の形や、香りを失う)」

CD 1-56

408 Tāmen yì xiǎoshí néng zǒu liù gōnglǐ.
她们 一 小时 能 走 六 公里。

409 Tāmen mǎ bù tíng tí de zǒudào le mùdìdì.
她们 马 不 停 蹄 地 走到 了 目的地。

410 Wéiqí wǒ zǒubuhǎo, qǐng nín shǒuxià liúqíng ba.
围棋 我 走不好，请 您 手下 留情 吧。

411 Tā zǒu le yí ge yuè, kě yìzhí méiyǒu lái xìn.
他 走 了 一 个 月，可 一直 没有 来 信。

412 Zhè tiáo Xīngànxiàn zǒu Mínggǔwū dào Dàbǎn.
这 条 新干线 走 名古屋 到 大阪。

413 Qìchē lúntāi zǒu qì le.
汽车 轮胎 走 气 了。

414 Cháhé hǎohāor mìfēng, yàobù zǒuwèir.
茶盒 好好儿 密封，要不 走味儿。

415 Nǐ zěnme zǒngshì zǒu huítóulù ne, zhèyàng bù néng dǎkāi xīn de júmiàn.
你 怎么 总是 走 回头路 呢，这样 不 能 打开 新 的 局面。

用法例
走路　zǒulù　（道を）歩く　　　　　一直走　yìzhí zǒu　まっすぐ行く
走人行道　zǒu rénxíngdào　歩道を歩く　　往前走　wǎng qián zǒu　前へ行く
走马观花　zǒu mǎ guān huā　通り一遍に見る
飞针走线　fēi zhēn zǒu xiàn　裁縫の手際がよい
走开　zǒukāi　どきなさい
走亲戚　zǒu qīnqi　親戚を訪問する　　走娘家　zǒu niángjia　里帰りする
走后门出去　zǒu hòumén chūqù　裏口から出ていく
走侧门进去　zǒu cèmén jìnqù　通用門から入る
走气　zǒu qì　（タイヤなどの）空気が漏れる
走风声　zǒu fēngshēng　秘密が漏れる（噂が広まる）
走味儿　zǒuwèir　味が抜ける　　　　走样　zǒuyàng　型が崩れる

408 彼女らは一時間に六キロ歩けます。

409 彼女らは一時も休まず目的地まで歩きました。

410 囲碁はあまりうまくないので、お手柔らかにお願いします。

411 彼が出ていってから一ヶ月になるのに、一向に音沙汰がありません。

412 この新幹線は、名古屋を経由して大阪に行きます。

413 車のタイヤの空気が抜けました。

414 味が抜けないように、茶筒はちゃんと密封しておきなさい。

415 どうしていつも元のやり方に戻ってしまうんですか。それでは新しい局面は切り開けません。

416 咱们 认真 制定好 计划 再 去 做，以免 走 弯路。
Zánmen rènzhēn zhìdìnghǎo jìhuà zài qù zuò, yǐmiǎn zǒu wānlù.

417 对不起，我 走神儿 了，你 刚才 说 什么 来着？
Duìbuqǐ, wǒ zǒushénr le, nǐ gāngcái shuō shénme láizhe?

- 这条路不好走。Zhè tiáo lù bù hǎo zǒu.
- 这次中国行，走马观花地跑了三个城市。
  Zhècì Zhōngguóxíng, zǒu mǎ guān huā de pǎo le sān ge chéngshì.
- 我的手表走得不那么准。Wǒ de shǒubiǎo zǒude bú nàme zhǔn.
- 交了朋友嘛，以后相互走走。Jiāo le péngyou ma, yǐhòu xiānghù zǒuzou.
- 让我们一起走遍中国。Ràng wǒmen yìqǐ zǒubiàn Zhōngguó.
- 这衣服是聚酯纤维的，不容易走样。Zhè yīfu shì jùzhǐ xiānwéi de, bù róngyì zǒuyàng.
- 那个电视艺人已经开始走下坡路，最近电视上也见不到了。
  Nàge diànshì yìrén yǐjīng kāishǐ zǒu xiàpōlù, zuìjìn diànshì shang yě jiànbudào le.
- 京都景点太多，一天可走不下来。Jīngdū jǐngdiǎn tài duō, yì tiān kě zǒubuxiàlái.
- 怎么是新政权呢，他们采取的政策都是走老路的。
  Zěnme shì xīnzhèngquán ne, tāmen cǎiqǔ de zhèngcè dōu shì zǒu lǎolù de.
- 这条路太窄，卡车走得开吗？ Zhè tiáo lù tài zhǎi, kǎchē zǒudekāi ma?
- 这里的山路没有路灯，晚上走不得。Zhèli de shānlù méiyǒu lùdēng, wǎnshang zǒubude.
- 山下清是走南闯北的流浪画家。Shānxià Qīng shì zǒu nán chuǎng běi de liúlàng huàjiā.
- 据这本杂志的占星来说，人马座今年走背字儿。
  Jù zhè běn zázhì de zhānxīng lái shuō, Rénmǎzuò jīnnián zǒu bèizìr.

416 回り道をしないように、しっかり計画を立ててから始めましょう。

417 すみません、ちょっとぼんやりしていました。今なんて言ったのですか。

・この道は歩きづらいです。
・今回の中国行きは、駆け足で三都市を見て回りました。

・私の腕時計は、そんなに正確ではありません。
・もう友達なんだから、互いに行き来しましょう。
・一緒に中国を巡り歩きましょう。
・この服はポリエステルなので、型崩れしにくいです。
・あのテレビタレントはすっかり落ち目で、最近テレビでも見かけなくなりました。

・京都は観光スポットが多くて、一日ではとても回りきれません。
・何が新しい政権だ。採ってる政策は皆二番煎じじゃないですか。

・この道は狭いですが、トラックでも通れますか。
・この山道には街灯がないので、夜は歩けません。
・山下清は各地を遍歴した放浪の画家です。
・この本の星占いによると、いて座は今年星回りが悪いそうです。

第57課 出 chū

"出"でよく使われる意味は「出る」です。
"出門"「外出する、旅に出る、嫁にいく」、"出国"「国を出る」などと使います。

ほかに、覚えておきたい用法として、次のようなものがあります。
"出題目"「問題を出す」、"出问题"「問題が生じる」、"出名"「有名になる」、"出丑"「恥をさらす」

418
Tā gāng chūmén, hái méi zǒuyuǎn.
他 刚 出门，还 没 走远。

419
Tā zuótiān chūyuàn le.
她 昨天 出院 了。

420
Jīntiān wǒ yào chūxí liǎng cì huìyì.
今天 我 要 出席 两 次 会议。

421
Tā cóngxiǎo jiù xiǎng chū rén tóu dì.
他 从小 就 想 出 人 头 地。

422
Qǐng nǐ bāng wǒ chū ge zhǔyi ba.
请 你 帮 我 出 个 主意 吧。

423
Búyào bù dǒng zhuāng dǒng, miǎnde huítóu chū yángxiàng.
不要 不 懂 装 懂，免得 回头 出 洋相。

424
Zhè zhǒng guòshí de chǎnpǐn zài chūxiàqù yě méiyǒu xiāolù de.
这 种 过时 的 产品 再 出下去 也 没有 销路 的。

用法例
出门　chūmén　外出する、旅に出る、嫁にいく
出国　chūguó　出国する　　　　　　出城　chū chéng　街を出る
出狱　chū yù　出獄する
出席　chūxí　出席する　　　　　　　出场　chūchǎng　出場する
出界　chūjiè　アウトになる
出人头地　chū rén tóu dì　人に抜きんでる
出钱　chū qián　金を出す　　　　　　出题目　chū tímù　問題を出す
出问题　chū wèntí　問題が生じる　　出危险　chū wēixiǎn　危険が生じる
出油　chū yóu　石油が産出する
出汗　chūhàn　汗が出る　　　　　　出血　chūxuè　出血する
出芽儿　chūyár　芽が出る
出名　chūmíng　有名になる　　　　出丑　chūchǒu　恥をさらす
出头　chūtóu　顔を出す
量入为出　liàng rù wéi chū　収入に合わせて支出する（入ってきただけ使う）

418 彼は今出かけたばかりで、そう遠くへは行っていません。

419 彼女は昨日退院しました。

420 今日私は二つ会議に出なくてはなりません。

421 彼は小さいときから人より抜きんでようとしていました。

422 考えをまとめるのを手伝ってください。

423 後で恥をかかないためにも、知ったかぶりはやめましょう。

424 こんな時代遅れの製品を生産し続けても、もう売れません。

425 他跟她结婚,真是出乎我的意料之外。
Tā gēn tā jiéhūn, zhēn shì chūhū wǒ de yìliào zhīwài.

426 怎么回事,刚买的电脑就出毛病了。
Zěnme huí shì, gāng mǎi de diànnǎo jiù chū máobing le.

- 这次我是第一次出国。Zhècì wǒ shì dì yī cì chūguó.
- 他病情不好,现在连大门也出不了了。Tā bìngqíng bù hǎo, xiànzài lián dàmén yě chūbuliǎo le.
- 他们不应该这么早出场。Tāmen bù yīnggāi zhème zǎo chūchǎng.
- 她的发球出界了。Tā de fāqiú chūjiè le.
- 对于这个问题,我拿不出什么好主意。Duìyú zhège wèntí, wǒ nábuchū shénme hǎo zhǔyi.
- 实践出真知。Shíjiàn chū zhēnzhī.
- 吃了退烧药,身上就出汗了。Chī le tuìshāoyào, shēnshang jiù chūhàn le.
- 人怕出名,猪怕肥。Rén pà chūmíng, zhū pà féi.
- 这种米出饭。Zhè zhǒng mǐ chūfàn.
- 我家每月总是量入为出。Wǒ jiā měiyuè zǒngshì liàng rù wéi chū.
- 这次台风势头很大,一定要通知居民避难,要不可能出人命。
  Zhècì táifēng shìtóu hěn dà, yídìng yào tōngzhī jūmín bìnàn, yàobù kěnéng chū rénmìng.
- 不管理由如何,不应该拿孩子做出气筒。Bùguǎn lǐyóu rúhé, bù yīnggāi ná háizi zuò chūqìtǒng.
- 为了开发新产品,咱们互相出点子吧。Wèile kāifā xīnchǎnpǐn, zánmen hùxiāng chū diǎnzi ba.
- 选美大会中,她的美貌也是出类拔萃的。
  Xuǎnměi dàhuì zhōng, tā de měimào yě shì chū lèi bá cuì de.

425 彼が彼女と結婚するなんて、全く予想外でした。

426 買ってきたばかりのパソコンなのに、もう故障してしまいました。

・今回初めて国を出ました。
・彼は病状がよくなくて、今では表にも出られません。
・彼らはこんなに早く出場すべきではありません。
・彼女のサーブはアウトになりました。
・この問題ですが、私はよい知恵が浮かびません。
・真の知識は実践によって得られます。
・解熱剤を飲んだら、すぐに汗が出てきました。
・人は有名になるといざこざを招き、豚は太ると殺されます。(出る杭は打たれる)
・この米は炊くとふっくら炊き上がります。
・我が家は毎月入ってきた分をすっかり使い果たします。
・今回の台風は勢力が強いので、避難警報を出さないと人命にかかわるかもしれません。
・理由はどうあれ、子供にやつあたりをするべきではありません。
・新商品開発のため、みんなでアイデアを出し合いましょう。
・ミスコンテストでも、彼女の美しさは群を抜いています。

第58課 进 jìn

> "进"でよく使われる意味は「入る」です。
> "进门"「門を入る」、"进城"「街に行く」などと使います。
>
> ほかに、覚えておきたい用法として、次のようなものがあります。
> "进大学"「大学に入る」、"向前进"「前に進む」

CD 1-58

427
Wǒ kěyǐ jìnlái ma?
我 可以 进来 吗？

428
Qǐng tāmen jìnlái.
请 他们 进来。

429
Tuì yí bù cái néng jìn liǎng bù.
退 一 步 才 能 进 两 步。

430
Tōngguò zhècì jiāoliú, shuāngfāng de guānxi gèng jìn le yí bù.
通过 这次 交流，双方 的 关系 更 进 了 一 步。

431
Wǒ chǎng jīnnián jìn le sān shí míng gōngrén.
我 厂 今年 进 了 三 十 名 工人。

- 工程重地，闲人免进。Gōngchéng zhòngdì, xiánrén miǎn jìn.
- 他只知向前进，不知往后退。Tā zhǐ zhī xiàng qián jìn, bù zhī wǎng hòu tuì.
- 为君进一言。Wèi jūn jìn yì yán.
- 今后，我们要进一步努力工作，更严格地要求自己，一定不辜负各位的期待。
  Jīnhòu, wǒmen yào jìn yí bù nǔlì gōngzuò, gèng yángé de yāoqiú zìjǐ, yídìng bù gūfù gèwèi de qīdài.
- 解放前，不少孩子进不了学校。Jiěfàng qián, bùshǎo háizi jìnbuliǎo xuéxiào.
- 我们的店很小，哪能进得了这么多的货呢。
  Wǒmen de diàn hěn xiǎo, nǎ néng jìndeliǎo zhème duō de huò ne.
- 他没好好儿考虑就接受了很多工作，结果陷于进退两难的状态。
  Tā méi hǎohāor kǎolǜ jiù jiēshòu le hěn duō gōngzuò, jiéguǒ xiànyú jìn tuì liǎng nán de zhuàngtài.

用法例

进 里屋	jìn lǐwū	奥の部屋に入る	进城	jìnchéng	街に行く
进 大学	jìn dàxué	大学に入る			
向 前 进	xiàng qián jìn	前に進む	学业 大 进	xuéyè dà jìn	学業が大きく進む
进 了 一 批 货	jìn le yì pī huò	一ロットの入荷があった			
进 了 新职工	jìn le xīnzhígōng	新しい職員が入った			

CD 2-58

427 入ってもよろしいですか。

428 彼らに入っていただきなさい。

429 一歩後退してこそ、二歩前進できます。

430 今回の交流で、互いの関係はより深まりました。

431 うちの工場では今年、人員が三十名入りました。

・工事現場につき、関係者以外立ち入り禁止です。
・彼は前進するばかりで、後退するということを知りません。
・君に一言忠告します。
・今後、さらに努力して仕事を続け、自らに厳しく要求し、必ずや皆様のご期待に添うようにいたします。
・解放前は、多くの子供たちが学校に上がれませんでした。
・私たちの店は小さいので、そんなにたくさんの品物を仕入れることはできません。

・彼は考えなしにたくさんの仕事を引き受け、結局にっちもさっちもいかない状態になってしまいました。

第59課　上　shàng

"上"でよく使われる意味は「上がる、登る、(乗り物に)乗る」です。
"上山"「山に登る」、"上车"「車に乗る」などと使います。

ほかに、覚えておきたい用法として、次のようなものがあります。
"上街"「街へ行く」、"上台"「登場する」、"上药"「薬を塗る」、"上菜"「料理を出す、料理をテーブルに運ぶ」、"上当"「騙される」、"上网"「インターネットに接続する、網にかかる」、"上班"「仕事にいく」、"上年纪"「年をとる」

432 Diànchē lái le xiān ràng rén xià zài shàng.
电车来了先让人下再上。

433 Wǒmen diàn zuótiān shàng le dàliàng de huò.
我们店昨天上了大量的货。

434 Tā zuótiān shàng diànshì le.
他昨天上电视了。

435 Wū li yǒu rén, wàitou shàngbuliǎo suǒ.
屋里有人，外头上不了锁。

436 Dàmén shang yì bǎ suǒ dōu méi shàng.
大门上一把锁都没上。

437 Liǎn shang shàngzhe gāoyao, nǐ zěnme le?
脸上上着膏药，你怎么了？

用法例

上山	shàngshān	山に登る	上车 shàngchē 車に乗る	
上楼	shàng lóu	上の階に上がる	上飞机 shàng fēijī 飛行機に乗る	

迎着困难上　yíngzhe kùnnan shang　困難に向かって前進する

上街 shàngjiē 街へ行く	上厕所 shàng cèsuǒ トイレに行く
上货 shànghuò 商品を増やす	上油 shàng yóu （機械に）油をさす
上电视 shàng diànshì テレビに出る	上台 shàngtái 登場する
上领子 shàng lǐngzi 襟をつける	

大门上着一把锁　dàmén shàngzhe yì bǎ suǒ　扉に鍵がついている

上药 shàngyào 薬を塗る	上颜色 shàng yánsè 色を塗る
上眼药水 shàng yǎnyàoshuǐ 目薬をさす	
上菜 shàngcài 料理を出す	上茶 shàng chá お茶を出す
上税 shàngshuì 税金を納める	
上当 shàngdàng 騙される	上网 shàngwǎng 網にかかる
上账 shàngzhàng 帳簿に記載する	上报纸 shàng bàozhǐ 新聞に載る
上表 shàngbiǎo 時計のネジを巻く	上弦 shàng xián ネジを巻く
上班 shàngbān 仕事にいく	上课 shàngkè 授業を始める
上年纪 shàng niánjì 年をとる	上岁数 shàng suìshu 年をとる

CD 2-59

432 電車が来たら、人が降りてから乗ってください。

433 うちの店は昨日大量の入荷がありました。

434 昨日彼はテレビに出ました。

435 部屋に人がいて、外から鍵をかけられません。

436 扉には鍵が一つもついていませんでした。

437 顔に絆創膏なんか貼って、どうしたのですか。

438 Wǒ qù cuī tāmen kuài diǎnr shàngcài.
我 去 催 他们 快 点儿 上菜。

439 Zài Rìběn gòuwù shí, yào shàng xiāofèishuì.
在 日本 购物 时，要 上 消费税。

440 Fāshēng dìzhèn de xiāoxi hěn kuài shàng le bàozhǐ.
发生 地震 的 消息 很 快 上 了 报纸。

441 Míngtiān wǒ yào zǎo diǎnr shàngbān.
明天 我 要 早 点儿 上班。

442 Lái de rén shǎoshuō yě yǒu shàng bǎi rén.
来 的 人 少说 也 有 上 百 人。

443 Jīngguò bǔxí, tā de chéngjì shànglái le.
经过 补习，他 的 成绩 上 来 了。

444 Kāiyè yì nián, gōngzuò zǒngsuàn shàng le guǐdào.
开业 一 年，工作 总算 上 了 轨道。

- 你快上楼去叫他来。Nǐ kuài shàng lóu qù jiào tā lái.
- 长江我逆江而上过一次，顺江而下过一次。
  Chángjiāng wǒ nì jiāng ér shàngguo yí cì, shùn jiāng ér xiàguo yí cì.
- 让我们一起，迎着困难上。Ràng wǒmen yìqǐ, yíngzhe kùnnan shang.
- 我上一号。Wǒ shàng yīhào.
- 这个机器昨天已上过油。Zhège jīqì zuótiān yǐ shàngguo yóu.
- 水果正上着市呢。Shuǐguǒ zhèng shàngzhe shì ne.
- 这个舞台，我也上过一次。Zhège wǔtái, wǒ yě shàngguo yí cì.
- 你帮他上一下儿药。Nǐ bāng tā shàng yíxiàr yào.
- 请上菜，快点。Qǐng shàngcài, kuài diǎn.
- 还有几道菜没上来？Hái yǒu jǐ dào cài méi shànglái?
- 你们要上几种税？Nǐmen yào shàng jǐ zhǒng shuì?
- 我们不要上他的当。Wǒmen búyào shàng tā de dàng.
- 上了他们的圈套了。Shàng le tāmen de quāntào le.
- 我的朋友上报纸了。Wǒ de péngyou shàng bàozhǐ le.
- 发条要上得紧些。Fātiáo yào shàngde jǐn xiē.
- 这表要上弦吗？Zhè biǎo yào shàng xián ma?
- 快到时间了，我们上课去吧。kuài dào shíjiān le, wǒmen shàngkè qù ba.
- 上了岁数会健忘。Shàng le suìshu huì jiànwàng.
- 我已上了岁数，行动不便。Wǒ yǐ shàng le suìshu, xíngdòng búbiàn.

438 料理を早く出してくれるように、催促してきます。

439 日本では物を買うとき、消費税を納めます。

440 地震のニュースはすぐに新聞に載りました。

441 明日、私は早めに出勤しなければいけません。

442 来た人は少なくとも百人はいました。

443 補習をしたので、彼の成績は上向いてきました。

444 開業一年で、ようやく仕事が軌道に乗ってきました。

・早く上に行って彼を呼んできてください。
・長江の川上りと川下りは、一度ずつしたことがあります。

・さあ、一緒に困難に向かって前進しましょう。
・トイレに行ってきます。
・この機械は昨日もう油をさしました。
・果物が今市場に出ています。
・この舞台は私も一回出たことがあります。
・彼に薬を塗ってあげてください。
・急いで料理を出してください。
・後いくつ料理が出るのでしょうか。
・あなたがたは何種類の税を納めなければいけないのですか。
・彼に騙されないようにしましょう。
・奴らの罠にかかってしまいました。
・私の友達が新聞に載りました。
・ぜんまいをしっかり巻いてください。
・この時計はネジを巻く必要がありますか。
・もうすぐ時間です。授業にいきましょう。
・年をとると、忘れっぽくなります。
・私はもう年で、身体が思うように動きません。

- 最近眼睛花了一点儿，这也是上了年纪的关系吧。
  Zuìjìn yǎnjing huā le yìdiǎnr, zhè yě shì shàng le niánjì de guānxi ba.
- 他是个溺爱子女的人，为了孩子，上刀山，下火海，在所不辞。
  Tā shì ge nì'ài zǐnǚ de rén, wèile háizi, shàng dāoshān, xià huǒhǎi, zài suǒ bù cí.
- 不知怎么回事，我总是跟他上不来。Bù zhī zěnme huí shì, wǒ zǒngshì gēn tā shàngbulái.
- 我年纪大了，上不了这么高的坡儿。Wǒ niánjì dà le, shàngbuliǎo zhème gāo de pōr.
- 他太愚蠢，又上了别人的圈套了。Tā tài yúchǔn, yòu shàng le biéren de quāntào le.

第60課　下 xià　　　　　　　　　　　　　　　　60/93

"下"でよく使われる意味は「下りる、降りる、下がる、下る」です。
"下山"「山を下りる」、"下车"「車を降りる」などと使います。

ほかに、覚えておきたい用法として、次のようなものがあります。
"下雨"「雨が降る」、"下指示"「指示を出す」、"下种子"「種をまく」、"下围棋"「囲碁を打つ」、"下决心"「決心する」、"下班"「(勤めが)引ける、終わる」、"下岗"「職務から降りる、レイオフされる」

445 Zuò chē xià shān fēngjǐng zhēn hǎo.
坐 车 下 山 风景 真 好。

446 Zuótiān xià le yì cháng dàxuě.
昨天 下 了 一 场 大雪。

・最近少し眼が霞みますが、これも年のせいでしょうか。

・彼は子煩悩で、子供のためならたとえ火の中水の中といった感じです。

・どういうわけか分かりませんが、彼とはどうもうまが合いません。
・もう年なので、そんなきつい坂は上れません。
・また騙されるなんて、彼は迂闊すぎます。

用法例

下 山　xià shān　山を下りる	下 车　xiàchē　車を降りる
下 船　xiàchuán　下船する	
下 雨　xià yǔ　雨が降る	下 雪　xià xuě　雪が降る
下 霜　xià shuāng　霜が降りる	
下 指示　xià zhǐshì　指示を出す	下 通知　xià tōngzhī　通知を出す
下 命令　xià mìnglìng　命令を下す	
下 车间　xià chējiān　職場に行く	下 乡　xiàxiāng　田舎へ入る
下 台　xiàtái　退場する	下 马　xiàmǎ　放棄する、中止する
下 岗　xiàgǎng　職務から降りる、レイオフされる	
下 种子　xià zhǒngzi　種をまく	下 面条　xià miàntiáo　うどんを入れる
下 功夫　xià gōngfu　身を入れる、努力する	
下 围棋　xià wéiqí　囲碁を打つ	下 象棋　xià xiàngqí　将棋を指す
下 螺丝钉　xià luósīdīng　ネジ釘を取り外す	
下 决心　xià juéxīn　決心する	下 结论　xià jiélùn　結論を下す
下 保证　xià bǎozhèng　保障する	
下 毒手　xià dúshǒu　悪辣な手口を用いる	下 笔　xiàbǐ　筆を下す(筆を使う)
下 药　xiàyào　投薬する、手を打つ	
下 蛋　xiàdàn　卵を産む	下 崽儿　xià zǎir　(動物が)子供を産む
下 班　xiàbān　(勤めが)引ける、終わる	下 课　xiàkè　(授業が)終わる
不下 两百人　búxià liǎng bǎi rén　二百人を下回らない	

445 車で山を下りると景色がすばらしいです。

446 昨夜、大雪が降りました。

447 Xiàlái zhǐshì, qǐng mǎshàng gàosu wǒmen.
下来 指示，请 马上 告诉 我们。

448 Chǎngzhǎng shàngwǔ kāihuì, xiàwǔ hái yào xià gōngdì qù.
厂长 上午 开会，下午 还 要 下 工地 去。

449 Jiǎngwán le yǐhòu, qǐng nǐ cóng yòubian xià.
讲完 了 以后，请 你 从 右边 下。

450 Tā zài gùkè mǎnyì fāngmiàn, xià le hěn duō gōngfu.
他 在 顾客 满意 方面，下 了 很 多 功夫。

451 Nǐ huì xià guójì xiàngqí ma?
你 会 下 国际 象棋 吗？

452 Nǐ búyào cōngmáng de xià jiélùn.
你 不要 匆忙 地 下 结论。

453 Wǒmen yīnggāi línghuó jīdòng, duì zhèng xiàyào.
我们 应该 灵活 机动，对 症 下药。

454 Dōngjīngdū, dān shì shìqū rénkǒu yě xiàbuliǎo bā bǎi wàn rén.
东京都，单 是 市区 人口 也 下不了 八 百 万 人。

455 Nǐ dāngzhe kèren miànqián, búyào ràng rénjia xiàbuqù.
你 当着 客人 面前，不要 让 人家 下不去。

456 Bù yīnggāi shuō dàhuà, yàobù shìhòu huì xiàbulái tái.
不 应该 说 大话，要不 事后 会 下不来 台。

457 Nàge yǎnyuán yìzhí hěn nǔlì, kěn xià kǔ gōngfu, zhōngyú dāngshàng le zhǔjué.
那个 演员 一直 很 努力，肯 下 苦 工夫，终于 当上 了主角。

- 从武汉乘船，顺江而下，三天就可以到上海。
  Cóng Wǔhàn chéng chuán, shùn jiāng ér xià, sān tiān jiù kěyǐ dào Shànghǎi.
- 明天又要下雨啦。Míngtiān yòu yào xià yǔ la.
- 看来，今天是小雨，下不了大雨。Kànlái, jīntiān shì xiǎoyǔ, xiàbuliǎo dàyǔ.
- 上级下了一道命令。Shàngjí xià le yí dào mìnglìng.
- 今天我们下馆子去。Jīntiān wǒmen xià guǎnzi qù.

447 指示が下りたら、すぐにお知らせください。

448 工場長は午前は会議で、午後は工事の現場へ行きます。

449 話し終わったら、右側から退場してください。

450 彼は顧客満足の面に、大いに力を入れました。

451 あなたはチェスができますか。

452 決して慌てて結論を出さないようにしてください。

453 私たちは臨機応変に情況に応じて適切な手を打たなければいけません。

454 東京都は、市街地の人口だけでも八百万人を下りません。

455 お客さんの前で、人の面子を潰すようなことをしてはいけません。

456 大きなことを言うべきではありません。さもないと、後で引っ込みがつかなくなってしまいます。

457 あの役者は長い下積みを経て、ついに主役の座を獲得しました。

・武漢から船に乗って、長江を下ると、三日で上海に到着します。

・明日も雨が降るようです。
・どうも今日は小雨で、大雨になることはなさそうです。
・上層部から命令が下されました。
・今日はみんなでレストランに行きましょう。

- 我们队下了一个人，他们队也下了一个人。
  Wǒmen duì xià le yí ge rén, tāmen duì yě xià le yí ge rén.
- 已经下了一大笔钱，一定要收回来。Yǐjīng xià le yí dà bǐ qián, yídìng yào shōuhuílái.
- 他们已下了两盘棋。Tāmen yǐ xià le liǎng pán qí.
- 我下这里的螺丝钉，你下那里的螺丝钉吧。
  Wǒ xià zhèli de luósīdīng, nǐ xià nàli de luósīdīng ba.
- 从窗户上下了一块玻璃。Cóng chuānghu shang xià le yí kuài bōli.
- 他为什么下了那样的决心？Tā wèi shénme xià le nàyàng de juéxīn?
- 没有好好儿考虑，可下不得决心。Méiyǒu hǎohāor kǎolǜ, kě xiàbude juéxīn.
- 问题很复杂，不知如何下笔。Wèntí hěn fùzá, bù zhī rúhé xiàbǐ.
- 母鸡下了三个蛋了。Mǔjī xià le sān ge dàn le.
- 母猪下小猪了。Mǔzhū xià xiǎozhū le.
- 下了班，我们一块儿去喝酒。Xià le bān, wǒmen yíkuàir qù hē jiǔ.
- 今天下了课，我们一起去看电影，怎么样？
  Jīntiān xià le kè, wǒmen yìqǐ qù kàn diànyǐng, zěnmeyàng?
- 来参加集会的人，不下两百人。Lái cānjiā jíhuì de rén, búxià liǎng bǎi rén.
- 奶奶的责备总是下毛毛雨似的，那样的话，孩子不会听话的。
  Nǎinai de zébèi zǒngshì xià máomaoyǔ shìde, nàyàng dehuà, háizi bú huì tīnghuà de.
- 你怎么没下筷子呢？是不是身体不舒服？ Nǐ zěnme méi xià kuàizi ne? Shì bu shì shēntǐ bù shūfu?

・うちのチームは一人退場しましたが、相手チームも一人退場しました。

・もう相当元手をかけているのだから、なんとかして回収しなければいけません。
・彼らはもう二局打ちました。
・私はここのネジを外すから、君はあっちのネジを外してください。

・窓からガラスを一枚取り外しました。
・彼はどうしてそんな決心をしたのでしょうか。
・ちゃんと考えないで決心するのはよくありません。
・問題が複雑で、どういうふうに書き始めればよいのか分かりません。
・めん鳥が卵を三つ産みました。
・母豚が子豚を産みました。
・仕事が引けたら、一緒に一杯飲みにいきましょう。
・今日放課後、一緒に映画を見にいきませんか。

・集会に参加した人は、二百人を下りません。
・おばあさんの叱り方はいつも手ぬるいので、あれでは子供は聞く耳を持ちません。
・どうして箸をつけないのですか。どこか具合が悪いのですか。

第61課　骑 qí

"骑"の意味は「乗る、またがる」だけです。
"骑自行车"「自転車に乗る」などと使います。

458　Bàba qí chē shàngbān qù le.
爸爸骑车上班去了。

459　Bù zhǔn qí chē dài rén.
不准骑车带人。

460　Zhè liàng zìxíngchē tài gāo, wǒ qíbushàngqù.
这辆自行车太高，我骑不上去。

- 练几次你就可以学会骑自行车了。Liàn jǐ cì nǐ jiù kěyǐ xuéhuì qí zìxíngchē le.
- 他又骑两匹马而失败了，俗话说逐二兔者不得其一啊。
  Tā yòu qí liǎng pǐ mǎ ér shībài le, súhuà shuō zhú èr tù zhě bù dé qí yī a.
- 他还小，骑不了自行车。Tā hái xiǎo, qíbuliǎo zìxíngchē.
- 没有训过的马可骑不得。Méiyǒu xùnguo de mǎ kě qíbude.
- 你不要采取那种骑墙观望的态度，应该拿定主意。
  Nǐ búyào cǎiqǔ nà zhǒng qí qiáng guān wàng de tàidu, yīnggāi nádìng zhǔyi.

用法例
骑 马　qí mǎ　馬に乗る　　　　　骑 自行车　qí zìxíngchē　自転車に乗る
骑 摩托车　qí mótuōchē　オートバイに乗る

458 父さんは自転車で出勤しました。

459 二人乗り禁止です。

460 この自転車は高すぎて、乗れません。

・何回も練習すれば君は自転車に乗れるようになります。
・彼はまた二股をかけて失敗しましたが、俗に二兎を追うものは一兎も得ずというではないですか。
・彼はまだ小さいので、自転車には乗れません。
・調教をしていない馬に乗ってはいけません。
・そんな日和見主義的な態度をとってはいけません。きちんと自分の考えを決めるべきです。

第62課　离 lí

"离"でよく使われる意味は「離れる、別れる」です。
"离家"「家を離れる」などと使います。

ほかに、覚えておきたい用法として、次のようなものがあります。
"离职"「職を辞す」、"离不开～"「～が欠かせない」

461 Bù zhī shénme yuányīn, tā lízhí huíxiāng le.
不知什么原因,他离职回乡了。

462 Nǐ yǐjīng zhǎngde zhème dà le, hái líbuliǎo māma ma?
你已经长得这么大了,还离不了妈妈吗?

463 Yúr líbukāi shuǐ, rén líbukāi jīngshén shíliáng.
鱼儿离不开水,人离不开精神食粮。

464 Tā hěn jiǔ yǐqián lí xiāng bèi jǐng láidào le Jiùjīnshān.
他很久以前离乡背井来到了旧金山。

465 Wǒmen de tǎolùn nèiróng xiànzài shìfǒu lítí wàn lǐ le, yīnggāi bǎ huà zhuǎnhuí zhèngtí.
我们的讨论内容现在是否离题万里了,应该把话转回正题。

・他已经长大了,离得了家了。Tā yǐjīng zhǎngdà le, lídeliǎo jiā le.
・我觉得世界遗产丽江这个地方应该说是大家都比较熟悉的一个地方,是一个民风很淳朴,而且远离都市喧嚣的古城。
　Wǒ juéde shìjiè yíchǎn Lìjiāng zhège dìfang yīnggāi shuō shì dàjiā dōu bǐjiào shúxī de yí ge dìfang, shì yí ge mínfēng hěn chúnpǔ, érqiě yuǎnlí dūshì xuānxiāo de gǔchéng.
・他的翻译还算不离。Tā de fānyì hái suàn bù lí.
・她已经离店结账,到机场去了。Tā yǐjīng lí diàn jiézhàng, dào jīchǎng qù le.

・他怎么采取了那样离经叛道的态度,那样就免不了大家的指责。
　Tā zěnme cǎiqǔ le nàyàng lí jīng pàn dào de tàidu, nàyàng jiù miǎnbuliǎo dàjiā de zhǐzé.

用法例
离家　lí jiā　家を離れる　　　　　离乡　lí xiāng　故郷を後にする
离职　lízhí　職を辞す
离着五十公里　lízhe wǔ shí gōnglǐ　五十キロメートル離れている
离了你不行　lí le nǐ bùxíng　あなたなしでは駄目です
离不了～　líbuliǎo～　～が欠かせない

461 理由は分かりませんが、彼は退職して田舎へ帰りました。

462 こんなに大きくなったのに、まだあなたは母親離れができないのですか。

463 魚が水から離れられないように、人も心の糧が不可欠です。

464 彼はずっと昔に故郷を離れてサンフランシスコにやってきました。

465 我々の現在の議論は本題から大きく外れていないでしょうか。本題に戻るべきです。

・彼はもう成長したので、家を離れても大丈夫です。
・世界遺産の麗江と言えば誰もがよく知っている、純朴な土地柄の、都会の喧騒から遠く離れた古い街と言えると思います。

・彼の通訳は、まずまずよろしいといったところです。
・彼女はもうチェックアウトして、空港に向かいました。

・彼はなぜあんな常軌を逸した態度をとったのでしょう。あれではみんなからの非難を免れません。

III 「誰々に…を～する」、目的語を二つ取ることのできる動詞

第63課～第76課　63～76/93

gěi	sòng	jiāo	jiāo	huán	tōu	qiǎng	yíng	jiè	wèn	kǎo	qiú	jiào	píng
给	送	教	交	还	偷	抢	赢	借	问	考	求	叫	评

第63課　给 gěi　63/93

"给"でよく使われる意味は「(人に物を)あげる、くれる」です。
"给他"「彼にあげる」などと使います。

単独で目的語を二つ取ることができるのは、上記の「(人に物を)あげる、くれる」という意味で使われる場合です。
"给我一个苹果"「私にりんごを一つください」、"给了他一本小说"「彼に小説を一冊あげました」

ほかに、覚えておきたい用法として、次のようなものがあります。
"给他两拳"「彼を二、三発殴る(被害や打撃を与える)」、"给我～"「私に～させてください(使役)」

Néng bu néng gěi wǒ yì bēi shuǐ hē.
466 能不能给我一杯水喝。

Gěi tā yì bēi liángkāishuǐ chī yào.
467 给她一杯凉开水吃药。

Huà hái méi shuōwán, tā jiù gěi le wǒ yí ge ěrguāng.
468 话还没说完，她就给了我一个耳光。

* 一部の動詞は後に目的語を二つ取れます。「動詞＋間接目的語＋直接目的語」という構造になります。
* 「誰々に何かをする、(して)あげる」という意味を表わす場合、間接目的語は人、直接目的語は物となります。この種の代表的な動詞には、给 gěi、送 sòng、教 jiāo、交 jiāo、还 huán などがあります。
* 同種の使い方をする動詞にはほかに、递 dì、奖 jiǎng、赏 shǎng、退 tuì、送还 sònghuán、退还 tuìhuán、补贴 bǔtiē、推荐 tuījiàn、传达 chuándá などがあります。

用法例
给 他 一 本 书　gěi tā yì běn shū　彼に本を一冊あげる
给 我 一 个 苹果　gěi wǒ yí ge píngguǒ　私にりんごを一つください
给 了 他 一 本 小说　gěi le tā yì běn xiǎoshuō　彼に小説を一冊あげた
给 了 我 很 多 启发　gěi le wǒ hěn duō qǐfā　多くの啓発を与えてもらった
给 他 一 个 耳光　gěi tā yí ge ěrguāng　彼にビンタを(一発)食らわせる
给 他 两 拳　gěi tā liǎng quán　彼を二、三発殴る
给 我 看看　gěi wǒ kànkan　ちょっと(私に)見せてください
给 你 听听　gěi nǐ tīngting　ちょっと(あなたに)聞かせてあげましょう

466 水を一杯飲ませてもらえませんでしょうか。

467 薬を飲む湯ざましを一杯彼女にあげてください。

468 話が終わらないうちに、彼女は私にビンタを食らわせました。

469 Zài dàzhòng miànqián, wǒ gěi gēge zhēng miànzi le.
在 大众 面前，我 给 哥哥 争 面子 了。

- 哥哥给了我一本辞典。Gēge gěi le wǒ yì běn cídiǎn.
- 我被解雇时，从前的恩师给了我一条出路。
  Wǒ bèi jiěgù shí, cóngqián de ēnshī gěi le wǒ yì tiáo chūlù.
- 人太多，粮食有限，给不过来。Rén tài duō, liángshi yǒuxiàn, gěibuguòlái.
- 这种没用的东西可给不得人。Zhè zhǒng méiyòng de dōngxi kě gěibude rén.
- 这是为朋友帮忙，你不要给起钱来。Zhè shì wèi péngyou bāngmáng, nǐ búyào gěiqǐ qián lái.
- 你给他两拳，也不能解决问题。Nǐ gěi tā liǎng quán, yě bù néng jiějué wèntí.
- 带孩子到海边玩儿了一天，给我累坏了。
  Dài háizi dào hǎibiān wánr le yì tiān, gěi wǒ lèihuài le.

第64課 送 sòng

"送"でよく使われる意味は「(人に物、文書を)届ける、渡す、運送する」です。
"送货"「商品を送る」、"送东西"「物を届ける」などと使います。

単独で目的語を二つ取ることができるのは、「贈る、あげる」という意味で使われる場合です。
"我送你一本辞典"「私はあなたに辞典を一冊贈ります」

ほかに、覚えておきたい用法として、次のようなものがあります。
"送到～"「～まで送る」、"别送"「送らなくてけっこうです(見送る、送って一緒に行く)」

470 Jiāli gěi wǒ sònglái le báilánguā.
家里 给 我 送来 了 白兰瓜。

471 Nǐ bǎ diǎnxīn sòngdào kèren nàr qù.
你 把 点心 送到 客人 那儿 去。

472 Jiějie sòng le nǎinai yí jiàn máoyī.
姐姐 送 了 奶奶 一 件 毛衣。

473 Wǒ sònggěi nǐ yì shǒu shī.
我 送给 你 一 首 诗。

|469| みんなの前だったので、私は兄の面子を立てました。

・兄が(私に)辞典を一冊くれました。
・私が仕事をクビになったとき、旧知の恩師に活路を与えてもらいました。

・人が多すぎて、食べ物には限りがあるので、とてもみんなには行き渡りません。
・こんな役に立たないものは人にはあげられません。
・これは友人としての協力なので、お金をあげる必要はありません。
・あなたが彼を二、三発殴ったところで、問題は解決できません。
・子供を一日海辺で遊ばせたので、疲れきってしまいました。

用法例
送货　sònghuò　商品を送る　　　　　送信　sòngxìn　手紙を届ける、知らせる
送 东西　sòng dōngxi　物を届ける、運送する
把 货 送到 商店 去　bǎ huò sòngdào shāngdiàn qù　商品を店まで届ける
送 他 一 本 书　sòng tā yì běn shū　彼に本を一冊贈る
别 送, 别 送　bié sòng, bié sòng　送らなくてけっこうです
送 你 到 机场　sòng nǐ dào jīchǎng　あなたを空港まで送る
送命　sòngmìng　(無駄に)命を失う

|470| 家からメロンを送ってきました。

|471| お菓子をお客様のところまで運んでいってください。

|472| 姉はおばあちゃんにセーターを一着贈りました。

|473| あなたに詩を一つ贈ります。

— 197 —

474 Zǎoshang wǒ yào bǎ xiǎoháizi sòngdào yòu'éryuán qù.
早上 我 要 把 小孩子 送到 幼儿园 去。

475 Xièxie nǐmen tèyì lái sòng wǒmen.
谢谢 你们 特意 来 送 我们。

476 Gěi nǐ bāngmáng, bìng bú shì wèile gěi nǐ sòng rénqíng.
给 你 帮忙，并 不 是 为了 给 你 送 人情。

477 Chūnjié shì sòng jiù yíng xīn de hǎorìzi.
春节 是 送 旧 迎 新 的 好日子。

- 十月革命一声炮响，给我们送来了马克思列宁主义。
  Shíyuè gémìng yì shēng pào xiǎng, gěi wǒmen sònglái le Mǎkèsī Lièníng zhǔyì.
- 他送了我们一幅画。Tā sòng le wǒmen yì fú huà.
- 我送了一幅画给她。Wǒ sòng le yì fú huà gěi tā.
- 我们快去把客人送走。Wǒmen kuài qù bǎ kèren sòngzǒu.
- 他就这样，白白地送了命。Tā jiù zhèyàng, báibái de sòng le mìng.
- 为了面子送命，你说值得吗？ Wèile miànzi sòngmìng, nǐ shuō zhíde ma?
- 老王坚决不收礼物，结果我也没送成。
  Lǎo Wáng jiānjué bù shōu lǐwù, jiéguǒ wǒ yě méi sòngchéng.
- 她要的名牌货太贵，我可送不起。Tā yào de míngpáihuò tài guì, wǒ kě sòngbuqǐ.
- 他身体不舒服，老师让同学给他送回来了。
  Tā shēntǐ bù shūfu, lǎoshī ràng tóngxué gěi tā sònghuílái le.
- 他回来了，快给他的母亲送信儿去吧。Tā huílái le, kuài gěi tā de mǔqin sòng xìnr qù ba.

474 朝は子供を幼稚園に送っていかなければいけません。

475 皆さんわざわざお見送りいただきありがとうございます。

476 あなたの手伝いをするのは、恩を着せるためではありません。

477 旧正月は、古きを送り新しきを迎えるめでたい日です。

・十月革命の一発の砲声が我々にマルクス・レーニン主義をもたらしました。

・彼は私たちに絵を一枚贈ってくれました。
・彼女には絵を一枚贈りました。
・急いでお客様をお送りしましょう。
・こうして、彼はあたら命を落としてしまいました。
・面子にこだわって命を落とすなんて、つまらないとは思いませんか。
・ワンさんは頑としてお礼を受け取らないので、私もまだ贈れていません。

・彼女が欲しがっているブランド品は高すぎて、私には贈れそうにありません。
・彼の気分が悪くなったので、先生は同級生に彼を家まで送らせました。

・彼が戻ってきました。早くお母さんに知らせてあげなさい。

第65課　教　jiāo

"教"でよく使われる意味は「(知識、技術を人に)教える」です。
"教日语"「日本語を教える」などと使います。

単独で目的語を二つ取ることができるのは、上記の「教える」という意味で使われる場合です。
"教你中文"「あなたに中国語を教える」

ほかに、覚えておきたい用法として、次のようなものがあります。
"教大学"「大学で教える」、"教书"「授業をする、教師をする」

CD 1-65

478　Liú lǎoshī jiāo tāmen gāojí Hànyǔ.
刘 老师 教 他们 高级 汉语。

479　Wáng shīfu xiān bǎ jīběn de ānquán cāozuò fāngfǎ jiāogěi le wǒ.
王 师傅 先 把 基本 的 安全 操作 方法 教给 了 我。

480　Tā fēicháng rèqíng, yídìng néng jiāohǎo.
他 非常 热情，一定 能 教好。

481　Shàng ge xuéqī, kèběn shang de nèiróng dōu jiāodào le.
上 个 学期，课本 上 的 内容 都 教到 了。

482　Wǒ zài dàxué jiāoguo jǐ nián xué.
我 在 大学 教过 几 年 学。

・妈妈现在正教妹妹做菜呢。Māma xiànzài zhèng jiāo mèimei zuòcài ne.
・孩子还小，这些内容现在还教不得。Háizi hái xiǎo, zhèxiē nèiróng xiànzài hái jiāobude.
・这班学生太闹，老师教不下去了。Zhè bān xuésheng tài nào, lǎoshī jiāobuxiàqù le.
・这么多学生，我一个人教不过来。Zhème duō xuésheng, wǒ yí ge rén jiāobuguòlái.
・她教了两年小学。Tā jiāo le liǎng nián xiǎoxué.

用法例

教 外语　jiāo wàiyǔ　外国語を教える　　　教 汉语　jiāo Hànyǔ　中国語を教える
教 他 汉语　jiāo tā Hànyǔ　彼に中国語を教える
教 小学　jiāo xiǎoxué　小学校で教える　　　教 大学　jiāo dàxué　大学で教える

CD 2-65

478 リウ先生は、彼らに上級中国語を教えています。

479 ワン親方はまず基本的な安全操作の方法を教えてくれました。

480 彼は熱心ですし、きっと上手に教えられるでしょう。

481 前学期では、教科書の内容を全て教え終わりました。

482 私は大学で何年か教えていました。

・お母さんは今妹に料理を教えています。
・子供は小さいので、まだこういう内容は教えられません。
・このクラスの学生がひどく騒ぎ、先生は教えることができませんでした。
・生徒がこれだけ多いと、私一人ではとても教えきれません。
・彼女は小学校で二年教えました。

第66課　交 jiāo

"交"でよく使われる意味は「交わる、交差する」です。
"交在～"「～で交わる」などと使います。

単独で目的語を二つ取ることができるのは、「物を渡す、引き渡す、納める」という意味で使われる場合です。
"交老师作业"「先生に宿題を提出する」

ほかに、覚えておきたい用法として、次のようなものがあります。
"交朋友"「友達になる」、"交你去办"「あなたに任せる」

483 Wǒ dào cǐdì hòu, jiāo le xǔduō péngyou.
我 到 此地 后，交 了 许多 朋友。

484 Tā jiāo wǒ yì zhāng biǎo yào wǒ tiánxiě.
他 交 我 一 张 表 要 我 填写。

485 Zhège rènwu jiāogěi tā bàn ba.
这个 任务 交给 他 办 吧。

486 Yòngguo de cānkǎoshū yào jíshí jiāohuílái.
用过 的 参考书 要 及时 交回来。

487 Zhème guì de yīliáofèi wǒ kě jiāobuqǐ.
这么 贵 的 医疗费 我 可 交不起。

・他把两手交在背后走了过来。Tā bǎ liǎng shǒu jiāozài bèihòu zǒu le guòlái.
・这两条河相交于市中心。Zhè liǎng tiáo hé xiāngjiāoyú shìzhōngxīn.
・现在已经交立春了。Xiànzài yǐjīng jiāo lìchūn le.
・他们都已经交六十岁了。Tāmen dōu yǐjīng jiāo liù shí suì le.
・作业已经交给老师了。Zuòyè yǐjīng jiāogěi lǎoshī le.
・他把钥匙交给了我。Tā bǎ yàoshi jiāogěi le wǒ.
・这个问题交我去解决。Zhège wèntí jiāo wǒ qù jiějué.
・老师不在，作业交不成了。Lǎoshī bú zài, zuòyè jiāobuchéng le.
・跟那种流里流气的人可交不得朋友。Gēn nà zhǒng liúliliúqì de rén kě jiāobude péngyou.
・如果你要入学，请你预先交学费。Rúguǒ nǐ yào rùxué, qǐng nǐ yùxiān jiāo xuéfèi.
・我既然自己决定去，就不能回来交白卷。Wǒ jìrán zìjǐ juédìng qù, jiù bù néng huílái jiāo báijuàn.

用法例

手儿 交在 背后　shǒur jiāozài bèihòu　手を後ろで組む
两 线 相交　liǎng xiàn xiāngjiāo　二つの線路が交わる
两 条 河 相交　liǎng tiáo hé xiāngjiāo　二本の川が交わる
交 立春　jiāo lìchūn　立春になる
交 朋友　jiāo péngyou　友達になる
交 老师 作业　jiāo lǎoshī zuòyè　宿題を先生に提出する
交上 报告　jiāoshàng bàogào　報告を出す　　交 税　jiāo shuì　税を納める
交 你 去 办　jiāo nǐ qù bàn　あなたに任せる
交 你 去 解决　jiāo nǐ qù jiějué　あなたに解決してもらう

483 ここに来てから、友達がたくさんできました。

484 彼は私に記入すべき書類を一枚渡してくれました。

485 この任務は彼に任せましょう。

486 使った参考書は、速やかに返してください。

487 こんなに高い医療費はとても払えません。

・彼は手を後ろに組んで歩いてきました。
・この二本の川は、市の中心部で交わっています。
・もう立春になりました。
・彼らはもう六十歳になりました。
・宿題はもう先生に提出しました。
・彼は私に鍵を渡しました。
・この問題は、私に解決を任せてください。
・先生がいないので、宿題を提出できません。
・あんなチンピラっぽい人と友達になってはいけません。
・入学をご希望でしたら、学費は前払いとなります。
・自分で行くと決めたからには、手ぶらで戻るわけにはいきません。

第67課 还 huán

> "还"でよく使われる意味は「返却する、返済する」です。
> "还书"「本を返す」、"还钱"「金を返す」などと使います。
>
> 単独で目的語を二つ取ることができるのは、上記の「返却する、返済する」という意味で使われる場合です。
> "还他一本书"「彼に本を一冊返す」
>
> ほかに、覚えておきたい用法として、次のようなものがあります。
> "还乡"「帰郷する」、"还俗"「還俗する」、"还嘴"「言い返す」

488 Wǒ huán nǐ zhè běn shū lái le.
我 还 你 这 本 书 来 了。

489 Bǐjìběn diànnǎo tā zěnme hái bù huángěi wǒ?
笔记本 电脑 他 怎么 还 不 还给 我?

490 Tāmen hǎoxiàng shì lái huányuàn de.
他们 好像 是 来 还愿 的。

491 Jiè qián róngyì, huánqǐlái kě jiù nán le.
借 钱 容易，还起来 可 就 难 了。

492 Tǎo jià huán jià yě suànshì mǎi dōngxi de lèqù zhīyī.
讨 价 还 价 也 算是 买 东西 的 乐趣 之一。

- 当了和尚也可以还俗。Dāng le héshang yě kěyǐ huánsú.
- 小乌龟顺利还原归大海去了。Xiǎowūguī shùnlì huányuán guī dàhǎi qù le.
- 这本漫画明天你还得了吗？Zhè běn mànhuà míngtiān nǐ huándeliǎo ma?
- 每月这样还下去，得还半年才能还清。
  Měiyuè zhèyàng huánxiàqù, děi huán bàn nián cái néng huánqīng.
- 这么多债务，我还还不起。Zhème duō zhàiwù, wǒ hái huánbuqǐ.
- 借钱太多，还也还不清。Jiè qián tài duō, huán yě huánbuqīng.
- 你踢他一脚，他还你一拳。Nǐ tī tā yì jiǎo, tā huán nǐ yì quán.
- 人家打他，他从不还手儿，坚持非暴力主义。
  Rénjia dǎ tā, tā cóng bù huán shǒur, jiānchí fēibàolì zhǔyì.
- 爷爷最近开始跑步，真是返老还童了。Yéye zuìjìn kāishǐ pǎobù, zhēn shì fǎn lǎo huán tóng le.
- 他去年终于告老还乡了。Tā qùnián zhōngyú gào lǎo huán xiāng le.

用法例
还 书　huán shū　本を返す　　　　　还 钱　huán qián　金を返す
还本付息　huánběn fùxī　元金を返し利息を支払う
还他一本书　huán tā yì běn shū　彼に本を一冊返す
还 乡　huánxiāng　帰郷する　　　　还 家　huán jiā　家に帰る
还 俗　huánsú　還俗する　　　　　　还 原　huányuán　回復する
还 嘴　huánzuǐ　言い返す　　　　　　还 手　huánshǒu　殴り返す
以牙还牙　yǐ yá huán yá　目には目を歯には歯を
还 愿　huányuàn　お礼参りをする

488　この本を返しにきました。

489　ノートパソコン、彼はどうして返してくれないのでしょう。

490　彼らはお礼参りにきたようです。

491　借金は簡単ですが、返済は大変です。

492　値段の駆け引きは、買い物の醍醐味の一つとも言えます。

・お坊さんになったからと言って、還俗できないわけではありません。
・子亀は無事海に戻っていきました。
・この漫画、明日には返してもらえますか。
・毎月返済したとしても、後半年でやっと返し終わります。

・こんなに債務が多くては、私には返済できません。
・借金が多すぎて、返しきれません。
・君が彼を蹴ったら、彼は君を殴り返しますよ。
・彼は殴られても決して殴り返さず、非暴力主義を貫きました。

・おじいさんは最近ジョギングを始めました。まさに老いてなお益々盛んです。
・彼は去年定年退職して田舎に帰りました。

第68課　偷 tōu

"偷"でよく使われる意味は「盗む」です。
"偷东西"「物を盗む」などと使います。

単独で目的語を二つ取ることができるのは、上記の「盗む」という意味で使われる場合です。
"偷他东西"「彼の物を盗む」、"偷了他一只笔"「彼のペンを盗んだ」

ほかに、覚えておきたい用法として、次のようなものがあります。
"偷空儿"「暇を見つける」

493　Zhège rén tōu le biéren kuàbāo.
这个 人 偷 了 别人 挎包。

494　Wǒ bù néng tōushēng yíbèizi.
我 不 能 偷生 一辈子。

495　Xièxie nǐ máng li tōuxián lái wǒmen de hūnlǐ.
谢谢 你 忙 里 偷闲 来 我们 的 婚礼。

・偷了敌人一份文件。Tōu le dírén yí fèn wénjiàn.
・有人把我的雨伞偷走了。Yǒu rén bǎ wǒ de yǔsǎn tōuzǒu le.
・我家的儿子最近总是偷空儿玩儿电子游戏。
　Wǒ jiā de érzi zuìjìn zǒngshì tōukòngr wánr diànzǐ yóuxì.
・由于业内人士的告发，偷工减料的事实显露出来了。
　Yóuyú yènèi rénshì de gàofā, tōu gōng jiǎn liào de shìshí xiǎnlùchūlái le.
・有人看着，我偷不了懒。Yǒu rén kànzhe, wǒ tōubuliǎo lǎn.
・别的事情且不说，学习上决不能偷奸取巧。
　Biéde shìqing qiě bù shuō, xuéxí shang jué bù néng tōu jiān qǔ qiǎo.
・他们都是偷鸡摸狗的一伙，别靠近。Tāmen dōu shì tōu jī mō gǒu de yì huǒ, bié kàojìn.

用法例

偷 东西　tōu dōngxi　物を盗む　　　　偷 他 东西　tōu tā dōngxi　彼の物を盗む
偷空儿　tōukòngr　暇を見つける
偷安 一时　tōu'ān yìshí　一時逃れをする

493　この人は他人のショルダーバッグを盗みました。

494　私は一生を無為に過ごすことはできません。

495　忙しい中、時間をさいて結婚式に来てくれてありがとうございます。

・敵の書類を一部盗みました。
・誰かが私の傘を盗んでいきました。
・うちの息子はこのところいつも暇を盗んで、テレビゲームをやっています。

・内部の告発で、手抜き仕事の事実が明るみに出ました。

・人が見ていたので、サボれませんでした。
・ほかのことならともかく、学業でごまかしや、いいとこ取りはできません。

・彼らはろくでなしばかりなので、付き合ってはいけません。

第69課 抢 qiǎng

"抢"でよく使われる意味は「奪う、ひったくる、横取りする」です。
"抢东西"「物を奪う」、"抢球"「ボールを奪い取る」などと使います。

単独で目的語を二つ取ることができるのは、上記の「奪う、ひったくる、横取りする」という意味で使われる場合です。
"抢他东西"「彼の物をひったくる」

ほかに、覚えておきたい用法として、次のようなものがあります。
"抢着说话"「我勝ちに話す」、"抢运货物"「貨物を突貫輸送する」

496 Wǒ péngyou bèi rén qiǎngzǒu le shǒutíbāo.
我 朋友 被 人 抢走 了 手提包。

497 Bié qiǎngzhe shuōhuà.
别 抢着 说话。

498 Zhège gōngzuò yídìng yào qiǎng shíjiān.
这个 工作 一定 要 抢 时间。

499 Qiǎngjiù bìngrén yàojǐn!
抢救 病人 要紧!

500 Tā zǒngshì qiǎngzuǐ duó shé, suǒyǐ shéi dōu bù lǐ tā le.
他 总是 抢嘴 夺 舌，所以 谁 都 不 理 他 了。

501 Zhēnrén bú lòuxiàng, nǐ zuìhǎo búyào tài qiǎng néng dǒu shèng.
真人 不 露相，你 最好 不要 太 抢 能 斗 胜。

- 抢了他一张电影票。Qiǎng le tā yì zhāng diànyǐngpiào.
- 那孩子又抢了老人的东西。Nà háizi yòu qiǎng le lǎorén de dōngxi.
- 所有的东西都让小偷抢去了。Suǒyǒu de dōngxi dōu ràng xiǎotōu qiǎngqù le.
- 他把被偷的书包抢回来了。Tā bǎ bèi tōu de shūbāo qiǎnghuílái le.
- 大家都抢着报名参加。Dàjiā dōu qiǎngzhe bàomíng cānjiā.

用法例
抢 东西　qiǎng dōngxi　物を奪う　　　　抢 球　qiǎng qiú　ボールを奪い取る
抢 他 东西　qiǎng tā dōngxi　彼の物をひったくる
抢着 说话　qiǎngzhe shuōhuà　我勝ちに話す
抢着 报名　qiǎngzhe bàomíng　我勝ちに申し込みをする
抢购　qiǎnggòu　先を争って買う
抢 步 上前　qiǎng bù shàngqián　我勝ちに前に出る
抢 运 货物　qiǎng yùn huòwù　貨物を突貫輸送する
抢救 病人　qiǎngjiù bìngrén　病人に救命措置を施す

496　友達がハンドバッグをひったくられました。

497　我勝ちに話してはいけません。

498　この仕事はどうしても急がなくてはいけません。

499　病人を救うことが先決です。

500　彼はいつも人に話させず自分ばかり喋るものですから、誰からも相手にされなくなりました。

501　能ある鷹は爪を隠すというように、人前で能力をひけらかさない方がいいです。

・彼から映画の切符を一枚奪いました。
・あの子はまたお年寄りの持ち物をひったくりました。
・一切合財を泥棒に奪われてしまいました。
・彼は盗られたバッグを奪い返しました。
・みんなは我勝ちに参加の申し込みをしました。

第70課　赢 yíng

"赢"でよく使われる意味は「(勝負に)勝つ」です。
"赢了"「勝った」などと使います。

単独で目的語を二つ取ることができるのは、上記の「(勝負に)勝つ」という意味で使われる場合です。
"赢他一盘棋"「(将棋で)彼に一番勝つ」

ほかに、覚えておきたい用法として、次のようなものがあります。
"赢钱"「勝って金を儲ける」

502　Xià wéiqí, wǒ zěnme yě yíngbuliǎo tā.
下 围棋，我 怎么 也 赢不了 他。

503　Zhè shì xiǎodǔbó, yíngbuliǎo duōshao.
这 是 小赌博，赢不了 多少。

504　Shéi shū shéi yíng, yào kàn yùnqi.
谁 输 谁 赢，要 看 运气。

505　Zuótiān Běijīngduì yíngguo Shànghǎiduì le ma?
昨天 北京队 赢过 上海队 了 吗？

506　Tā de shízhuāng biǎoyǎn yíngdé le quánchǎng de hècǎi.
他 的 时装 表演 赢得 了 全场 的 喝彩。

・赢了他五千块钱。Yíng le tā wǔ qiān kuàiqián.
・我已赢他两次了。Wǒ yǐ yíng tā liǎng cì le.
・昨天哪个队打赢了？Zuótiān nǎge duì dǎyíng le?
・上次他赢了一大笔钱。Shàngcì tā yíng le yí dà bǐ qián.
・印度的甘地在英国的统治下坚持不抵抗主义，最终赢得了独立。
　Yìndù de Gāndì zài Yīngguó de tǒngzhì xià jiānchí bùdǐkàng zhǔyì, zuìzhōng yíngdé le dúlì.
・我们不能让他们赢下去，下次一定要夺回冠军！
　Wǒmen bù néng ràng tāmen yíngxiàqù, xiàcì yídìng yào duóhuí guànjūn!

用法例
比赛赢了　bǐsài yíng le　試合に勝った　　赢了他们　yíng le tāmen　彼らに勝った
赢了他两次　yíng le tā liǎng cì　彼に二回勝った
赢他一盘棋　yíng tā yì pán qí　（将棋で）彼に一番勝つ
赢钱　yíng qián　勝って金を儲ける
赢不了多少　yíngbuliǎo duōshao　大して儲からない

CD 2-70

502　囲碁では、どうしても彼にかないません。

503　これはほんの手慰みで、勝っても大したことはありません。

504　勝敗は時の運です。

505　昨日、北京チームは上海チームに勝ったのですか。

506　彼のファッションショーは満場の喝采を浴びました。

・彼に五千円勝ちました。
・私はもう、二回彼に勝ちました。
・昨日はどこのチームが勝ったんですか。
・前回、彼は(賭けに)勝って大金を得ました。
・インドのガンジーはイギリス統治の下、無抵抗主義を貫き通し、ついには独立を勝ち取りました。
・これ以上彼らに勝たせ続けるわけにはいかない。次回こそ優勝旗を奪回しよう！

第71課　借 jiè

"借"でよく使われる意味は「借りる」です。
"借书"「本を借りる」、"借钱"「お金を借りる」などと使います。

単独で目的語を二つ取ることができるのは、上記の「借りる」という意味で使われる場合です。
"借他一本书"「彼に本を一冊借りる」

ほかに、覚えておきたい用法として、次のようなものがあります。
"借口"「口実にする」、"借此机会"「この機会を借りて」

507 Wǒ jiè le tā hěn duō qián.
我 借 了 他 很 多 钱。

508 Wǒ jiègěi tā wǔ bǎi kuài qián.
我 借给 他 五 百 块 钱。

509 Jiè cǐ jīhuì wǒ xiàng dàjiā biǎoshì gǎnxiè.
借 此 机会 我 向 大家 表示 感谢。

510 Nǐ kě búyào cuòguo zhège kěyǐ jiè dōngfēng de hǎojīhuì.
你 可 不要 错过 这个 可以 借 东风 的 好机会。

511 Shàngjí bù pīzhǔn, zījīn jièbuchéng le.
上级 不 批准，资金 借不成 了。

512 Wǒ de zìxíngchē xiànzài jiào dìdi jièqù le.
我 的 自行车 现在 叫 弟弟 借去 了。

- 借了图书馆一本书。Jiè le túshūguǎn yì běn shū.
- 工具都借好了，就等材料了。Gōngjù dōu jièhǎo le, jiù děng cáiliào le.
- 这本书只有一本，不出借。Zhè běn shū zhǐyǒu yì běn, bù chūjiè.
- 你需要的资料借回来了吗？Nǐ xūyào de zīliào jièhuílái le ma?
- 他借给我一本小说。Tā jiègěi wǒ yì běn xiǎoshuō.
- 我把那本书借给他，直到现在他还没还给我。
  Wǒ bǎ nà běn shū jiègěi tā, zhídào xiànzài tā hái méi huángěi wǒ.
- 他们借着出差，用公款吃喝玩乐。Tāmen jièzhe chūchāi, yòng gōngkuǎn chī hē wán lè.

用法例
借书　jiè shū　本を借りる　　　　　　借钱　jiè qián　お金を借りる
借他一本书　jiè tā yì běn shū　彼に本を一冊借りる
借他一些钱　jiè tā yìxiē qián　彼にお金を少し借りる
借给他一本书　jiègěi tā yì běn shū　彼に本を一冊貸す
借给他一些钱　jiègěi tā yìxiē qián　彼にお金を少し貸す
借书给他　jiè shū gěi tā　彼に本を貸す
借钱给他　jiè qián gěi tā　彼にお金を貸す
借着出差　jièzhe chūchāi　出張を口実に
借此机会　jiè cǐ jīhuì　この機会を借りて

507 私は彼にお金をたくさん借りました。

508 私は彼に五百元貸しました。

509 この機会をお借りして皆様に感謝申し上げます。

510 こんな絶好のチャンスを見逃す手はありません。

511 上司が承認してくれないので、資金を借りることができません。

512 私の自転車は今、弟に貸しています。

・図書館から本を一冊借りました。
・道具は全部借りてきました。後は材料を待つだけです。
・この本は一冊しかありませんし、貸し出しはしません。
・必要な資料は借りてこられましたか。
・彼は私に小説を一冊貸してくれました。
・彼にあの本を貸したら、今になっても返してくれません。

・彼らは出張を口実に、公金で飲み食いしています。

- 他借酒谈心，我也借题发挥。Tā jiè jiǔ tánxīn, wǒ yě jiè tí fāhuī.
- 我是借花献佛，这些点心都是姐姐给的。
  Wǒ shì jiè huā xiàn fó, zhèxiē diǎnxin dōu shì jiějie gěi de.

第72課　问 wèn

"问"でよく使われる意味は「問う、尋ねる、聞く、質問する」です。
"问问题"「問題を質問する」、"问他"「彼に尋ねる」などと使います。

単独で目的語を二つ取ることができるのは、上記の「問う、尋ねる、聞く、質問する」という意味で使われる場合です。
"问你一个问题"「あなたに一つ問題を質問する」

ほかに、覚えておきたい用法として、次のようなものがあります。
"问好"「よろしく言う」、"问清楚"「問いただす」

---

513 Shàngwǔ tā wèn le wǒ yǒuguān shìchǎng yíngxiāo zhànlüè de wèntí.
上午他问了我有关市场营销战略的问题。

514 Qǐng xiàng nǐ jiāli rén wènhǎo.
请向你家里人问好。

515 Zhège huìlù'àn wǒmen bù néng bú wènqīngchu.
这个贿赂案我们不能不问清楚。

516 Rènhé rén dōu yǒu yǐnsīquán, bié nàme wèn cháng wèn duǎn de.
任何人都有隐私权，别那么问长问短的。

517 Zhè guānxidào háizimen de jiānglái, bù néng bù wén bú wèn.
这关系到孩子们的将来，不能不闻不问。

518 Zuìjìn de hěn duō niánqīngrén duì zhèngzhì bù wén bú wèn.
最近的很多年轻人对政治不闻不问。

- 我问你一件事。Wǒ wèn nǐ yí jiàn shì.
- 让我私下问你几个问题，行吗？Ràng wǒ sīxià wèn nǐ jǐ ge wèntí, xíng ma?
- 问题多得问不过来。Wèntí duōde wènbuguòlái.

・彼が酒の勢いで本音を言ったので、私も便乗して言いたいことを言いました。
・姉からもらったものですが、おすそ分けします。

用法例
问 问题　wèn wèntí　問題を質問する
问 他 结果　wèn tā jiéguǒ　彼に結果を尋ねる
问 你 一 个 问题　wèn nǐ yí ge wèntí　あなたに一つ問題を質問する
问好　wènhǎo　よろしく言う
问 你 好　wèn nǐ hǎo　あなたによろしくと言っていた
要 问清楚　yào wènqīngchu　はっきり問いただしたい
不 闻 不 问　bù wén bú wèn　かかわらない

513 午前中彼は私にマーケティング戦略について質問しました。

514 おうちの方によろしくお伝えください。

515 この賄賂の件は我々も追及せざるをえません。

516 どんな人にもプライバシーの権利はあるのだから、ねほりはほり聞くのはやめなさい。

517 これは子供たちの将来にかかわるので、見過ごすわけにはいきません。

518 最近の多くの若者は政治に無関心です。

・君に一つ聞きたいことがあります。
・個人的にいくつか質問したいのですが、よろしいですか。
・問題が多すぎて、質問しきれません。

- 问他们好。Wèn tāmen hǎo.
- 这个案件太复杂,恐怕问不出来。Zhège ànjiàn tài fùzá, kǒngpà wènbuchūlái.
- 我已经问出来她的邮件地址了。Wǒ yǐjīng wènchūlái tā de yóujiàn dìzhǐ le.
- 她离婚的原因,你可问不得。Tā líhūn de yuányīn, nǐ kě wènbude.
- 别问了,你是问不出什么来的。Bié wèn le, nǐ shì wènbuchū shénme lái de.
- 宿舍的负责人对学生的生活很关心,总是问寒问暖的。Sùshè de fùzérén duì xuésheng de shēnghuó hěn guānxīn, zǒngshì wèn hán wèn nuǎn de.

第73課 考 kǎo 73/93

"考"でよく使われる意味は「試験する、試す」です。
"考大学"「大学を受験する」、"考你"「あなたを試験する」などと使います。

単独で目的語を二つ取ることができるのは、上記の「試験する、試す」という意味で使われる場合です。
"考考你一个问题"「あなたに問題を一つ出す」

ほかに、覚えておきたい用法として、次のようなものがあります。
"考古"「古代のことを研究する」

519 Zuótiān de kǎoshì kǎode zěnmeyàng?
昨天 的 考试 考得 怎么样?

520 Tā kǎoshàng le Běijīng dàxué.
她 考上 了 北京 大学。

521 Wǒ kǎo nǐ yí ge wèntí.
我 考 你 一 个 问题。

522 Nǐ píngshí hěn nǔlì, zhècì yídìng néng kǎohǎo.
你 平时 很 努力,这次 一定 能 考好。

523 Xiě lìshǐ xiǎoshuō shí, hái xūyào kǎozhèng shídài fēngsú.
写 历史 小说 时,还 需要 考证 时代 风俗。

- 明天我们还要考英语。Míngtiān wǒmen hái yào kǎo Yīngyǔ.
- 爸爸考了我几道历史问题。Bàba kǎo le wǒ jǐ dào lìshǐ wèntí.
- 上司要考考我的业务成绩。Shàngsi yào kǎokao wǒ de yèwù chéngjì.
- 我被他考住了。Wǒ bèi tā kǎozhù le.

・彼らによろしく伝えてください。
・この事件は複雑すぎて、多分調べがつかないでしょう。
・私はもう、彼女のメールアドレスを聞き出しました。
・彼女の離婚の原因を聞いたりするものではありません。
・もう聞かなくていいよ。あなたが聞いたって何も出てこないから。
・寮長は学生の生活に関心を持ち、いつもあれこれと気遣っています。

用法例
考 大学　kǎo dàxué　大学を受験する　　　考考 你　kǎokao nǐ　あなたを試験する
考考 业务 成绩　kǎokao yèwù chéngjī　業務成績を審査する
考考 你 一 个 问题　kǎokao nǐ yí ge wèntí　あなたに問題を一つ出す
考古　kǎogǔ　古代のことを研究する

519　昨日の試験はどうでしたか。

520　彼女は北京大学に合格しました。

521　あなたに問題を一つ出します。

522　日頃努力をしているのだから、今回の試験は大丈夫です。

523　歴史小説を書くときは、やはり時代考証が必要です。

・明日私たちはまだ英語の試験があります。
・父は歴史の問題をいくつか出して私をテストしました。
・上司が私の業務成績を審査します。
・私は彼の問題に答えられませんでした。

・你不好好儿学习，考不上大学。Nǐ bù hǎohāor xuéxí, kǎobushàng dàxué.

第74課 求 qiú

"求"でよく使われる意味は「(人に)頼む、求める、懇願する」です。
"求你"「あなたに頼む」、"求团结"「団結を求める」などと使います。

単独で目的語を二つ取ることができるのは、上記の「(人に)頼む、求める、懇願する」という意味で使われる場合です。
"求你一件事"「あなたに一つお願いがあります」

ほかに、覚えておきたい用法として、次のようなものがあります。
"求学问"「学問を探求する」、"求答案"「答えを出す」

524 Zhè zhǒng shìqing, bù néng qiúrén jiějué.
这种事情，不能求人解决。

525 Tā qiú wǒ yí jiàn yàojǐn shìr.
他求我一件要紧事儿。

526 Zhè zhēn shì qiú zhī bù dé de jīhuì.
这真是求之不得的机会。

527 Wǒmen yào qiú dàtóng, cún xiǎoyì.
我们要求大同，存小异。

528 Wǒ bù zhī rúhé qiú zhè túxíng de miànjī.
我不知如何求这图形的面积。

529 Tā qiú qīn gào yǒu zǒngsuàn còuqí le érzi de liúxué fèiyong.
他求亲告友总算凑齐了儿子的留学费用。

530 Zhège yìmiáo qiú guò yú gōng, gōng bù yìng qiú.
这个疫苗求过于供，供不应求。

531 Xīnwén méitǐ yídìng xūyào yǒu shí shì qiú shì de zuòfēng.
新闻媒体一定需要有实事求是的作风。

・しっかり勉強しないと、大学には受かりません。

用法例
求人　qiúrén　人に頼む、世話になる
求你一件事　qiú nǐ yí jiàn shì　あなたに一つお願いがあります
求你别走　qiú nǐ bié zǒu　行くのはやめてください
求生存　qiú shēngcún　生きる道を求める　　求团结　qiú tuánjié　団結を求める
求大同, 存小异　qiú dàtóng, cún xiǎoyì　小異を残し、大同につく
求知　qiúzhī　知識を求める　　　　　　　求学问　qiú xuéwèn　学問を探求する
求答案　qiú dá'àn　答えを出す
求梯形的面积　qiú tīxíng de miànjī　台形の面積を求める

CD 2-74

524 この種の事は人に解決を頼めません。

525 彼は私に大事なことを一つ頼みました。

526 これはまさに願ってもないチャンスです。

527 我々は小異を残しても、大同につかなければいけません。

528 私にはこの図形の面積をどうやって求めたらよいか分かりません。

529 彼は手当たり次第に頼み込んで、どうにか息子の留学費用を工面しました。

530 このワクチンは需要が多すぎて、供給が間に合いません。

531 ニュースメディアは、事実に基づいて真理を検証することが求められます。

- 他从来不求名利，我们也不可贪图名利。
  Tā cónglái bù qiú mínglì, wǒmen yě bù kě tāntú mínglì.
- 大家都有一些毛病，我们不能求全责备。
  Dàjiā dōu yǒu yìxiē máobing, wǒmen bù néng qiú quán zé bèi.
- 你的作品越来越好，真有精益求精的风格。
  Nǐ de zuòpǐn yuè lái yuè hǎo, zhēn yǒu jīng yì qiú jīng de fēnggé.
- 这人可求不得，你求他一次，他麻烦你一辈子。
  Zhè rén kě qiúbude, nǐ qiú tā yí cì, tā máfan nǐ yíbèizi.
- 他总是大好人，有求必应。Tā zǒngshì dàhǎorén, yǒu qiú bì yìng.

第75課　叫 jiào

"叫"でよく使われる意味は「叫ぶ、呼ぶ、鳴く、吠える、鳴る」です。
"叫他"「彼を呼ぶ」、"叫车"「車を呼ぶ」などと使います。

単独で目的語を二つ取ることができるのは、「(名前は)〜という、(人や物を)〜と呼ぶ」という意味で使われる場合です。
"他叫我大哥"「彼は私を兄貴と呼ぶ」

ほかに、覚えておきたい用法として、次のようなものがあります。
"叫菜"「料理を頼む」、"叫他〜"「彼に〜させる(使役)」
使役の用法は、第93課(P262)を参照してください。

532　Ménlíng jiào le jǐ shēng, yǒu rén lái le.
门铃 叫 了 几 声，有 人 来 了。

533　Kāihuì de shíhou, tūrán shǒujī jiàoqǐlái le.
开会 的 时候，突然 手机 叫起来 了。

534　Qǐng bǎ tāmen jiàolái.
请 把 他们 叫来。

535　Qǐng bāng wǒmen jiào yí liàng chūzūchē.
请 帮 我们 叫 一 辆 出租车。

536　Wǒmen jiào tā lǎoshi xiānsheng.
我们 叫 他 老实 先生。

・彼はこれまで名利を求めませんでした。我々も名利をむさぼってはなりません。

・誰しも欠点はあるのだから、完全無欠を要求することはできません。

・あなたの作品はどんどんよくなっていて、常によりよいものを求めてやまないという風格があります。

・あんな人に頼ってはいけません。一度頼ると、一生面倒なことになります。

・彼はお人よしで、頼まれると嫌と言えません。

用法例
大声 喊叫　dàshēng hǎnjiào　大声で叫ぶ
又喊又叫　yòu hǎn yòu jiào　大声で叫ぶ
把他叫来　bǎ tā jiào lái　彼を呼んできなさい
有人叫你　yǒu rén jiào nǐ　誰かがあなたを呼んでいる
叫出租车　jiào chūzūchē　タクシーを呼ぶ
叫一辆车　jiào yí liàng chē　車を一台呼ぶ
叫一个菜　jiào yí ge cài　料理を一品頼む
他叫我大哥　tā jiào wǒ dàgē　彼は私を兄貴と呼ぶ

532　ドアチャイムが鳴ったよ。誰か来たみたいです。

533　会議中に、突然携帯電話が鳴り出しました。

534　彼らを呼んできてください。

535　我々にタクシーを一台呼んでいただけませんでしょうか。

536　私たちは彼を生真面目さんと呼んでいます。

537 最近 立体 电影 相当 叫座儿。
Zuìjìn lìtǐ diànyǐng xiāngdāng jiàozuòr.

- 他摔倒在地，疼得叫了起来了。Tā shuāidǎo zài dì, téngde jiào le qǐlái le.
- 现在他把我们叫来要干什么？Xiànzài tā bǎ wǒmen jiàolái yào gàn shénme?
- 老王，外边有人在叫你。Lǎo Wáng, wàibian yǒu rén zài jiào nǐ.
- 请你把他从楼上叫下来。Qǐng nǐ bǎ tā cóng lóu shang jiàoxiàlái.
- 今天我们五个人每人叫一个菜，好不好？
  Jīntiān wǒmen wǔ ge rén měi rén jiào yí ge cài, hǎo bu hǎo?
- 我们叫她小可爱。Wǒmen jiào tā xiǎo kěài.
- 叫你说的了！我哪能做这么丢脸的事。Jiào nǐ shuō de le! Wǒ nǎ néng zuò zhème diūliǎn de shì.
- 他虽然保持着冷静的态度，但却暗暗叫苦连天。
  Tā suīrán bǎochízhe lěngjìng de tàidu, dàn què àn'àn jiào kǔ lián tiān.
- 最近的偶像走了一个，又来一个，真的叫不上来名字。
  Zuìjìn de ǒuxiàng zǒu le yí ge, yòu lái yí ge, zhēn de jiàobushànglái míngzi.
- 他一看丑闻女演员上台，就叫起倒好儿来了。
  Tā yí kàn chǒuwén nǚyǎnyuán shàngtái, jiù jiàoqǐ dàohǎor lái le.
- 现在开始做饭太麻烦，咱们叫外卖吧。
  Xiànzài kāishǐ zuòfàn tài máfan, zánmen jiào wàimài ba.
- 这一带哪家是叫字号呢？Zhè yídài nǎ jiā shì jiào zìhao ne?

537　最近は３Ｄ映画の客足が好調です。

・彼は転んで、痛くて叫び出しました。
・今彼は我々を呼び出して何をするつもりなのでしょう。
・ワンさん、誰かが外で君を呼んでいます。
・上の階に行って彼を呼んできてください。
・今日は我々五人で各人が一品ずつ料理を注文しましょう。

・私たちは彼女をかわい子ちゃんと呼んでいます。
・とんでもない！　僕がそんな恥さらしなことをするものですか。
・彼は冷静を装っていましたが、心の中では悲鳴を上げていました。

・最近のアイドルは入れ替わり立ち替わりで、全く覚えきれません。

・スキャンダル女優が舞台に上がると、彼はすぐに野次を飛ばしました。

・今から料理をするのは面倒なので、出前を取りましょう。

・このあたりで評判のよいお店はどこですか。

第76課　评 píng

"评"でよく使われる意味は「批評する、評論する、評議する」です。
"评作品"「作品を批評する」、"评得好"「評価が良い」などと使います。

単独で目的語を二つ取ることができるのは、「判定する、選定する」という意味で使われる場合です。
"评他劳模"「彼を模範労働者に選定する」

538 Zhè bù xiǎoshuō yìzhí píngde hǎo.
这 部 小说 一直 评得 好。

539 Dàjiā píng tā wéi yōuxiù xuéshēng.
大家 评 他 为 优秀 学生。

540 Zuòpǐn tài duō, jīntiān yì tiān kě píngbuguòlái.
作品 太 多，今天 一 天 可 评不过来。

541 Lǎoshī zhèngzài gěi xuéshēngmen de kǎojuàn píng fēnshù.
老师 正在 给 学生们 的 考卷 评 分数。

・那个委员会一直以来对问题评得公正。
　Nàge wěiyuánhuì yìzhí yǐlái duì wèntí píngde gōngzhèng.
・厂子里评老王为劳模。Chǎngzi li píng Lǎo Wáng wéi láomó.
・学校评我为三好学生。Xuéxiào píng wǒ wéi sānhǎo xuéshēng.
・这个演讲比赛是由三位中国人老师来评评谁说得最佳。
　Zhège yǎnjiǎng bǐsài shì yóu sān wèi Zhōngguórén lǎoshī lái píngping shéi shuōde zuìjiā.
・我们班被评为劳模班级了。Wǒmen bān bèi píngwéi láomó bānjí le.
・你们两口子的事，我评不了理。Nǐmen liǎngkǒuzi de shì, wǒ píngbuliǎo lǐ.

用法例
这 作品 评得 好 zhè zuòpǐn píngde hǎo　この作品は好評だ
评 是非 píng shìfēi　是非について評論する
评得 公正 píngde gōngzhèng　批評が公正だ
评评 哪 一 个 好 píngping nǎ yí ge hǎo　どれがよいか判定する
评出 一 名 píngchū yì míng　一名選定する
评 他 劳模 píng tā láomó　彼を模範労働者に選定する

CD 2-76

538 この小説はこれまでずっと好評です。

539 みんなは彼を優等生に選びました。

540 作品が多すぎて、今日一日では審査しきれません。

541 先生は今、学生の答案を採点しているところです。

・あの委員会は一貫して問題を公正に評議しています。

・工場ではワンさんを労働模範に選びました。
・学校は私を三つとも優れている学生に選びました。
・このスピーチコンテストは、三人の中国の先生が、誰が一番うまいかを判定するものです。
・私たちの班は、模範労働班に選ばれました。
・あなたたち夫婦のことは、私では白黒つけられません。

IV 人間の知覚を表す動詞

第77課〜第82課　　　　　　　　　　　　　77〜82/93

zhīdao、 dǒng、 míngbai、 rènshi、 pà、 xìn
知道、懂、明白、认识、怕、信

第77課　知道 zhīdao　　　　　　　　　　　77/93

"知道"でよく使われる意味は「(事実を)知っている、(〜が)分かる」です。
"知道他"「彼を知っている（面識はなく、面識がある場合は"认识"を使います）」、
"知道道理"「道理が分かる」などと使います。

ほかに、覚えておきたい用法として、次のようなものがあります。
"知道好歹"「善悪を知る」

CD 1-77

542 Zhè jiàn shì tā zhīdaode hěn xiángxì.
这件事她知道得很详细。

543 Wǒ zhīdao yìxiē, dàn bú dà xiángxì.
我知道一些，但不大详细。

544 Tā zhīdao gāi zěnme bàn.
他知道该怎么办。

545 Shéi zhīdao zhè ànjiàn de zhēnjiǎ xūshí.
谁知道这案件的真假虚实。

546 Nǐ zhǐ zhīdao chī.
你只知道吃。

用法例
知道 对方　zhīdao duìfāng　相手を知っている
家里 知道　jiāli zhīdao　家の人が知っている
知道 答案　zhīdao dá'àn　解答が分かる
情况 知道 了　qíngkuàng zhīdao le　情況が分かった
知道 道理　zhīdao dàoli　道理が分かる
知道 重要　zhīdao zhòngyào　重要さが分かる
知道 好歹　zhīdao hǎodǎi　善悪を知る

542 このことは彼女が詳しく知っています。

543 私は少し知っていますが、詳しくは知りません。

544 彼ならどうすべきかを知っています。

545 誰もこの事件の真相を知りません。

546 あなたは食べることしか頭にないのですね。

547 谁 不 知道 父母 之 恩。
Shéi bù zhīdao fùmǔ zhī ēn.

548 他 只 知道 花 钱，不 知道 赚钱。
Tā zhǐ zhīdao huā qián, bù zhīdao zhuànqián.

549 将来 的 事，谁 知道 呢。
Jiānglái de shì, shéi zhīdao ne.

・日前接到来信，知道你们都很平安。Rìqián jiēdào láixìn, zhīdao nǐmen dōu hěn píng'ān.
・估计他会知道人生的万象真理。Gūjì tā huì zhīdao rénshēng de wànxiàng zhēnlǐ.
・你们俩没告诉我，我怎么知道得了呢？ Nǐmen liǎ méi gàosu wǒ, wǒ zěnme zhīdaodeliǎo ne?
・我早就知道了这件事。Wǒ zǎojiù zhīdao le zhè jiàn shì.

第78課　懂 dǒng

"懂"でよく使われる意味は「分かる、理解する」です。
"我懂"「私は分かる、知っている」、"懂中国话"「中国語が分かる」などと使います。

ほかに、覚えておきたい用法として、次のようなものがあります。
"懂礼貌"「礼儀をわきまえている」

550 他 一 看 就 懂 了。
Tā yí kàn jiù dǒng le.

551 关于 这个 事情，我 没 他 懂得 多。
Guānyú zhège shìqing, wǒ méi tā dǒngde duō.

552 他 年纪 这么 大，还 不 懂 规矩 礼节。
Tā niánjì zhème dà, hái bù dǒng guīju lǐjié.

553 他 懂 礼貌，懂 人情。
Tā dǒng lǐmào, dǒng rénqíng.

547 親の恩は誰もが分かっています。

548 彼は金を使うだけで、稼ぐということを知りません。

549 将来のことなんて、誰にも分かりません。

・先日お手紙を拝見し、皆様がお元気であることを知りました。
・彼なら人生のあらゆる真理を知っているかもしれません。
・君たち二人から教えてもらってないのですから、私が知るわけがありません。
・この件はとっくに知っています。

用法例
我 懂　wǒ dǒng　私は知っている　　　他 懂　tā dǒng　彼は知っている
不 懂 装 懂　bù dǒng zhuāng dǒng　知っているふりをする
懂 得 少　dǒngde shǎo　分かっていることが少ない
懂 中国话　dǒng Zhōngguóhuà　中国語が分かる
懂 音乐　dǒng yīnyuè　音楽が分かる
懂 规矩　dǒng guīju　行儀がよい
懂 礼貌　dǒng lǐmào　礼儀をわきまえている
懂 人情　dǒng rénqíng　人情をわきまえている

---

550 彼は一目見てすぐ分かりました。

551 この件については、私は彼ほどよく知っているわけではありません。

552 彼はもうあんな年なのに、まだ礼儀作法が分かっていません。

553 彼は礼儀も、人情もわきまえています。

554 她是个不懂事的女儿，请你多多指教。
Tā shì ge bù dǒngshì de nǚ'ér, qǐng nǐ duōduō zhǐjiào.

- 上海话我听不懂。Shànghǎihuà wǒ tīngbudǒng.
- 不懂装懂是不行的。Bù dǒng zhuāng dǒng shì bùxíng de.
- 我不懂她的意思。Wǒ bù dǒng tā de yìsi.
- 他懂几种外国话。Tā dǒng jǐ zhǒng wàiguóhuà.
- 如果有难懂之处的话，不要客气，尽管问。
  Rúguǒ yǒu nán dǒng zhī chù dehuà, búyào kèqi, jǐnguǎn wèn.
- 他只不过是不懂世情，并不是恶意干的，请你别见怪。
  Tā zhǐbuguò shì bù dǒng shìqíng, bìng bú shì èyì gàn de, qǐng nǐ bié jiànguài.
- 关于这个案件，他是懂门路的。Guānyú zhège ànjiàn, tā shì dǒng ménlu de.

第79課　明白 míngbai

"明白"の意味は「(自分の理解力や、思考力で)分かる、理解する、はっきりする」だけです。
"明白意思"「意味が分かる」などと使います。

555 我才明白这个道理。
Wǒ cái míngbai zhège dàoli.

556 我能明白你现在的处境。
Wǒ néng míngbai nǐ xiànzài de chǔjìng.

557 我能明白他的用意。
Wǒ néng míngbai tā de yòngyì.

558 听了你的解释，我全明白了。
Tīng le nǐ de jiěshì, wǒ quán míngbai le.

559 这是他的责任，再明白不过的。
Zhè shì tā de zérèn, zài míngbai bú guò de.

- 你已经长大了，必须明白自己的责任。Nǐ yǐjīng zhǎngdà le, bìxū míngbai zìjǐ de zérèn.
- 他不明白这个道理。Tā bù míngbai zhège dàoli.
- 我忽然明白了这个道理。Wǒ hūrán míngbai le zhège dàoli.

554 ふつつかな娘ですが、よろしくご指導ください。

・私は上海語は聞きとれません。
・知ったかぶりはいけません。
・私には彼女の考えが分かりません。
・彼は数ヶ国語ができます。
・もし分かりづらいところがあったら、遠慮せずに質問してください。

・彼は世事に疎いだけで、悪気があってやったわけではないのですから、大目に見てあげてください。
・この案件に関しては、彼がやり方をよく知っています。

用法例
心里 明白　xīnli míngbai　心では分かっている
明白 心里 事儿　míngbai xīnli shìr　心理を理解する
明白 意思　míngbai yìsi　意味が分かる　　　明白 责任　míngbai zérèn　責任を理解する
明白 道理　míngbai dàoli　道理が分かる

555 私はこの理屈がやっと分かりました。

556 君の現在の境遇は理解できます。

557 私には彼のねらいが分かります。

558 あなたの説明を聞いて、合点がいきました。

559 これは彼の責任です。それだけははっきりしています。

・君はもう大人なんだし、自分の責任というものをわきまえなければいけません。
・彼はこの道理が分かりません。
・私はこの道理をはたと悟りました。

- 说来说去，他的想法我也总算明白过来了。
  Shuō lái shuō qù, tā de xiǎngfǎ wǒ yě zǒngsuàn míngbaiguòlái le.
- 不管我怎么解释，他也明白不了。Bùguǎn wǒ zěnme jiěshì, tā yě míngbaibuliǎo.

第80課　认识 rènshi　　　　　　　　　　　　　　80/93

"认识"でよく使われる意味は「分かる、見知っている、面識がある」です。
"认识他"「彼と面識がある」などと使います。

ほかに、覚えておきたい用法として、次のようなものがあります。
"认识问题"「問題を認識する」

560　Wǒ zhīdao tā, dàn bú rènshi.
我 知道 她，但 不 认识。

561　Nǐ hái rènshi wǒ ma?
你 还 认识 我 吗？

562　Tā bú rènshi zìjǐ de quēdiǎn.
他 不 认识 自己 的 缺点。

563　Wǒmen yào zhèngquè rènshi shìchǎng de xūqiú.
我们 要 正确 认识 市场 的 需求。

564　Zhè shì wǒ de rènshi bùgòu, qǐng nín yuánliàng.
这 是 我 的 认识 不够，请 您 原谅。

565　Zánmen hùxiāng jièshào, rènshi yíxià ba.
咱们 互相 介绍，认识 一下 吧。

- 我认识你很高兴。Wǒ rènshi nǐ hěn gāoxìng.
- 你是怎么认识她的？Nǐ shì zěnme rènshi tā de?
- 谁都难以清楚地认识到自己的毛病。Shéi dōu nányǐ qīngchu de rènshidào zìjǐ de máobing.

・散々話しているうちに、ようやく彼の考えが私にも分かってきました。

・どんなに説明しても、彼には分かってもらえません。

用法例
认识 他　rènshi tā　彼と面識がある　　　认识 你　rènshi nǐ　あなたと知り合う
不 认识 她　bú rènshi tā　彼女と面識がない
正确 认识　zhèngquè rènshi　正しく認識する
认识得 很 深刻　rènshide hěn shēnkè　深く認識している
认识 问题　rènshi wèntí　問題を認識する　　认识 缺点　rènshi quēdiǎn　欠点を認識する

560 彼女のことを知っていますが、面識はありません。

561 私のことをまだ覚えていますか。

562 彼は自分の欠点に気がついていません。

563 我々は市場ニーズを正しく認識しなければいけません。

564 すみません、私の認識不足でした。

565 互いに自己紹介をして、知り合いになりましょう。

・お知り合いになれてうれしいです。
・どうやって彼女と知り合ったのですか。
・誰であっても自分の欠点をはっきり認識することは難しいことです。

第81課 怕 pà

"怕"でよく使われる意味は「恐れる、怖がる」です。
"怕狗"「犬を怖がる」、"怕苦"「苦しみを恐れる」などと使います。

ほかに、覚えておきたい用法として、次のようなものがあります。
"怕水"「水に弱い」、"怕胖"「太ることを心配する(気にする)」

566 Nà shì ge zhǐlǎohǔ, wǒ gēnběn bú pà.
那 是 个 纸老虎，我 根本 不 怕。

567 Tā shénme kùnnan yě bú pà.
他 什么 困难 也 不 怕。

568 Wǒ pà dézuì tā.
我 怕 得罪 她。

569 Zhè zhǒng máoyī pà shuǐxǐ.
这 种 毛衣 怕 水洗。

570 Zhè zhǒng zhíwù pà shài tàiyáng.
这 种 植物 怕 晒 太阳。

571 Wǒ pàrè, bú pàlěng.
我 怕热，不 怕冷。

572 Wǒ pà chī rèshí.
我 怕 吃 热食。

573 Bié zháojí, bú pà màn, zhǐ pà zhàn, wǒmen tātāshishi de xuéxí ba.
别 着急，不 怕 慢，只 怕 站，我们 踏踏实实 地 学习 吧。

- 他怕师傅说他。Tā pà shīfu shuō tā.
- 你怕什么？Nǐ pà shénme?
- 他怕负责任。Tā pà fù zérèn.
- 这机器怕潮湿。Zhè jīqì pà cháoshī.
- 他是个怕老婆的人。Tā shì ge pà lǎopo de rén.

```
用法例
怕 狗   pà gǒu    犬を怖がる              怕 苦   pà kǔ    苦しみを恐れる
怕 麻烦  pà máfan  面倒を嫌う、面倒なことが苦手である
怕 胖    pà pàng   太ることを心配する
怕 水    pà shuǐ   水に弱い                怕 热   pà rè    暑さに弱い
怕 困难  pà kùnnan 困難を恐れる
```

566 あれは張子のトラだ。ちっとも怖くありません。

567 彼はどんな困難も恐れません。

568 私は彼女の感情を害しないかと心配なのです。

569 このセーターは水洗いはできません。

570 この種の植物は直射日光を嫌います。

571 私は暑いのは苦手ですが、寒いのは平気です。

572 私は猫舌です。

573 焦ることはありません。怖いのは、ゆっくりなことではなく、やめてしまうことです。着実に勉強していきましょう。

・彼は親方に叱られないかと心配しています。
・君は何を心配してるんですか。
・責任を取らされるのが心配なのです。
・この器械は湿気を嫌います。
・彼は奥さんの尻にしかれています。

- 当时我是个天不怕地不怕的小英雄，现在上了年纪，懂了一些世情了。
  Dāngshí wǒ shì ge tiān bú pà dì bú pà de xiǎoyīngxióng, xiànzài shàng le niánjì, dǒng le yìxiē shìqíng le.
- 虽然万事开头难，但俗话说，天下无难事，只怕有心人，我们也迈出第一步吧。
  Suīrán wànshì kāitóu nán, dàn súhuà shuō, tiānxià wú nánshì, zhǐ pà yǒuxīnrén, wǒmen yě màichū dì yī bù ba.
- 他为什么会被降职呢？这样的话，真是人怕出名，猪怕肥吧。
  Tā wèi shénme huì bèi jiàngzhí ne? Zhèyàng dehuà, zhēn shì rén pà chū míng, zhū pà féi ba.
- 明天考试的结果发表，我想着想着心里就怕起来。
  Míngtiān kǎoshì de jiéguǒ fābiǎo, wǒ xiǎngzhe xiǎngzhe xīnli jiù pàqǐlái.
- 你怎么这么怕前怕后的，什么都不敢干呢？
  Nǐ zěnme zhème pà qián pà hòu de, shénme dōu bù gǎn gàn ne?

第82課　信 xìn

"信"の意味は「信じる、信用する」だけです。
"信他"「彼を信じる」、"信宗教"「宗教を信じる」などと使います。

CD 1-82

574　Xìn bu xìn, yóu nǐ.
信不信，由你。

575　Nǐ xìn mìngyùn ma?
你信命运吗？

576　Wǒ cónglái bú xìn zōngjiào.
我从来不信宗教。

577　Tāmen yì jiā rén dōu xìn Jīdūjiào.
他们一家人都信基督教。

578　Nǐ shuō, tā shì xìndeguò de rén ma?
你说，他是信得过的人吗？

579　Tā de huà xìn ér yǒu zhèng, fēicháng kěkào.
他的话信而有证，非常可靠。

- 我一半儿信，一半儿不信。Wǒ yíbànr xìn, yíbànr bú xìn.

- 当時私は怖いものなしの英雄気取りでした。今は年もとって、少しは世の中のことが分かるようになりました。
- 何事でも始めは大変ですが。なせばなるというではないですか。私たちも最初の一歩を踏み出しましょう。
- 彼はなんで降格されたんですか。これではまるで出る杭は打たれるです。
- 明日試験の結果が発表されますが、考えれば考えるほど、心配になってきました。
- なんでそんなにびくびくして、何もしようとしないのですか。

用法例
信他的话　xìn tā de huà　彼の話を信じる
信得过　xìndeguò　信用がおける
信不过　xìnbuguò　信用がおけない
信以为真　xìn yǐ wéi zhēn　真に受ける
信宗教　xìn zōngjiào　宗教を信じる
信佛　xìn fó　仏を信じる
信神　xìn shén　神を信じる

574　信じるかどうかはあなた次第です。

575　あなたは運命を信じますか。

576　私は未だかつて宗教というものを信じたことがありません。

577　彼らは一家全員がクリスチャンです。

578　彼は信頼できる人だと思いますか。

579　彼の話には証拠もあり、信用に値します。

- 私は半分信じていますが、半分は信じてません。

- 我们还是需要听听双方的意见,不能偏听偏信。
  Wǒmen háishi xūyào tīngting shuāngfāng de yìjian, bù néng piān tīng piān xìn.
- 对我来说,他的话还信不着。Duì wǒ lái shuō, tā de huà hái xìnbuzháo.

・やはり双方の意見を聞くことが必要です。一方の言い分だけで判断することはできません。
・私としては、彼の話はどうも信用しきれません。

V 「誰々をほめる、けなす」という人間の感情を表す動詞

第83課〜第89課　　　　　　　　　　83〜89/93

ài、 mà、 guài、 kuā、 xián、 fán、 xǐhuan
爱、骂、怪、夸、嫌、烦、喜欢

第83課　爱 ài　　　　　　　　　　83/93

"爱"でよく使われる意味は「愛する、かわいがる」です。
"爱你"「あなたを愛する」、"爱国家"「国を愛する」などと使います。

ほかに、覚えておきたい用法として、次のようなものがあります。
"爱说话"「話好きだ」、"爱面子"「面子を重んじる」

580 Tā àishàng le yí ge nǚrén.
他 爱上 了 一 个 女人。

581 Tā tèbié ài kàn diànyǐng.
他 特别 爱 看 电影。

582 Tā gēn biéren yíyàng ài miànzi ài míngyù.
他 跟 别人 一样 爱 面子 爱 名誉。

583 Zhè jǐ tiān zhēn ài xià yǔ.
这 几 天 真 爱 下 雨。

用法例

爱 国家	ài guójiā	国を愛する	爱 祖国	ài zǔguó	祖国を愛する
爱 孩子	ài háizi	子供を愛する			
爱 干净	ài gānjìng	清潔さを好む	爱 说话	ài shuōhuà	話好きだ
爱 面子	ài miànzi	面子を重んじる	爱 公物	ài gōngwù	公共の物を大切にする
爱 哭	ài kū	よく泣く	爱 生病	ài shēngbìng	病気がちだ
爱 开 玩笑	ài kāi wánxiào	いつも冗談を言う			
爱 下 雨	ài xià yǔ	よく雨が降る			
爱 去 不 去	ài qù bú qù	行こうが行くまいが勝手だ			
爱 看 不 看	ài kàn bu kàn	見ようが見まいが勝手だ			

CD 2-83

580 彼はある女性を好きになりました。

581 彼はとても映画が好きです。

582 彼は他の人と同様、面子と名誉を重んじています。

583 ここ数日は本当によく雨が降ります。

584 Tā zǒng ài shuō yōumò de huà, ài kāi wánxiào.
他总爱说幽默的话，爱开玩笑。

585 Shàng bu shàng dàxué shì nǐ zìjǐ de xuǎnzé, nǐ ài shàng bú shàng.
上不上大学是你自己的选择，你爱上不上。

586 Tā de ài lǐ bù lǐ de tàidu, zhēn shì lìng rén tóutòng.
她的爱理不理的态度，真是令人头痛。

587 Tā zǒngshì ài miànzi, zhēn méi yìsi.
他总是爱面子，真没意思。

- 她爱说爱笑，非常开朗。Tā ài shuō ài xiào, fēicháng kāilǎng.
- 我们应该爱公物。Wǒmen yīnggāi ài gōngwù.
- 钱只剩这么多，你爱花不花。Qián zhǐ shèng zhème duō, nǐ ài huā bù huā.
- 摩托车在这儿放着，爱骑不骑，随你便。Mótuōchē zài zhèr fàngzhe, ài qí bù qí, suí nǐ biàn.
- 他对孩子爱都爱不过来，哪舍得打呀。Tā duì háizi ài dōu àibuguòlái, nǎ shěde dǎ ya.

- 他穷得活不下去了，终于卖掉了爱不释手的吉他。
  Tā qióngde huóbuxiàqù le, zhōngyú màidiào le ài bú shì shǒu de jítā.

第84課　骂 mà

"骂"でよく使われる意味は「叱る、非難する」です。
"骂孩子"「子供を叱る」、"骂他"「彼を非難する」などと使います。

ほかに、覚えておきたい用法として、次のようなものがあります。
"骂人"「人を罵る」

588 Jiějie mà wǒ bù hǎohāor yònggōng.
姐姐骂我不好好儿用功。

589 Zhèyàng pòhuài huánjìng, méiyǒu yí ge rén bú mà.
这样破坏环境，没有一个人不骂。

590 Rénjia yě bú shì gùyì pèng nǐ, nǐ bù yīnggāi mà tā.
人家也不是故意碰你，你不应该骂他。

584 彼はいつもユーモアのある話をし、冗談を言います。

585 大学に行くかどうかはあなたの選択です。自分で決めてください。

586 彼女のそっけない態度には、ほとほと頭が痛くなります。

587 彼はいつも体裁にばかりこだわっていて、面白みがありません。

・彼女は話好きで、よく笑い、とても朗らかです。
・私たちは公共の物を大切にしなければいけません。
・お金はこれだけしか残っていませんが、使うかどうかはあなたの勝手です。
・オートバイはここに置いてあります。乗るかどうかは、あなた次第です。
・彼は子供をこれ以上ないほどかわいがっているのですから、殴ったりするわけがありません。
・彼は暮らしていけなくなって、ついには愛蔵のギターまで売り払ってしまいました。

用法例
骂 孩子　mà háizi　子供を叱る　　　　骂人　màrén　人を罵る
挨骂　ái mà　悪口を言われる　　　　骂 街　mà jiē　人前でわめき散らす

---

588 姉にしっかり勉強しなさいと叱られました。

589 こういう環境破壊を非難しない者などいません。

590 相手もわざとぶつかったわけではないですから、悪態をつくべきではありません。

|591| Dǎ shì qīn, mà shì ài, dōu shì wèi érzi zháoxiǎng de.
打 是 亲，骂 是 爱，都 是 为 儿子 着想 的。

· 他挨了一顿骂，但满不在乎。Tā ái le yí dùn mà, dàn mǎn bú zàihu.
· 他大声地骂了我一顿。Tā dàshēng de mà le wǒ yí dùn.
· 到底有什么事，他怎么一直骂不绝口呢？
　Dàodǐ yǒu shénme shì, tā zěnme yìzhí mà bù juékǒu ne?
· 冷静点儿，别那么破口大骂吧。Lěngjìng diǎnr, bié nàme pò kǒu dà mà ba.
· 他们俩互相大骂特骂，到了最后扭打起来了。
　Tāmen liǎ hùxiāng dà mà tè mà, dào le zuìhòu niǔdǎqǐlái le.

第85课　怪 guài　　　　　　　　　　　　　85/93

"怪"の意味は「〜のせいである、とがめる、非難する」だけです。
"怪我"「私のせいだ」、"怪别人"「他人を責める」などと使います。

CD 1-85

|592| Guài zhǐ guài wǒ méi běnshi.
怪 只 怪 我 没 本事。

|593| Zhè shì bù néng guài Xiǎo Liú.
这 事 不 能 怪 小 刘。

|594| Zhè kě guàibushàng tā, tā gēnběn méiyǒu shénme zérèn.
这 可 怪不上 他，他 根本 没有 什么 责任。

|595| Nǐ zìjǐ fàn le cuòwù, guàibuliǎo qítā rén.
你 自己 犯 了 错误，怪不了 其他 人。

· 都怪我。Dōu guài wǒ.
· 这怪不着她，是小王忘了通知你了。Zhè guàibuzháo tā, shì Xiǎo Wáng wàng le tōngzhī nǐ le.

591 打つも叱るも、全ては息子のためを思ってこそです。

・彼は叱られましたが、けろりとしています。
・彼に大声で散々悪態をつかれました。
・一体、何があったのですか。彼はなんでしきりに悪態をついているのですか。

・落ち着いてください。そんなに口汚く罵るのはやめてください。
・彼らは罵り合った挙句、とっくみ合いを始めました。

用法例
怪你　guài nǐ　あなたのせいだ
不能怪你　bù néng guài nǐ　あなたをとがめることはできない
怪我　guài wǒ　私のせいだ
不能怪我　bù néng guài wǒ　私のせいではない
不要怪別人　búyào guài biéren　他人を責めることはできない

---

592 全ては私に甲斐性がないせいです。

593 これはリウ君のせいではありません。

594 これは彼を非難できません。彼には何の責任もありません。

595 自分で間違えたのだから、ほかの人のせいにすることはできません。

・みんな私のせいです。
・これは彼女のせいではありません。ワン君があなたに知らせるのを忘れたせいです。

第86課 夸 kuā

"夸"でよく使われる意味は「誇張する、大げさに言う」です。
"夸口"「大げさに言う」、"夸嘴"「大口をたたく」などと使います。

ほかに、覚えておきたい用法として、次のようなものがあります。
"夸孩子"「子供をほめる」

596 Dàjiā dōu kuā tā rènzhēn lǎoshi.
大家 都 夸 他 认真 老实。

597 Lǎoshī kuā wǒ hǎoxuésheng.
老师 夸 我 好学生。

598 Zhège háizi kuābude, yì kuā jiù jiāo'ào.
这个 孩子 夸不得，一 夸 就 骄傲。

599 Lǎodàye yòu kuāqǐ zìjǐ de sūnzi lái le.
老大爷 又 夸起 自己 的 孙子 来 了。

600 Yǒushíhou zìjǐ kuā zìjǐ yě shì zhòngyào de.
有时候 自己 夸 自己 也 是 重要 的。

- 你可别这样夸海口。Nǐ kě bié zhèyàng kuā hǎikǒu.
- 夸海口也有个限度，适可而止吧。Kuā hǎikǒu yě yǒu ge xiàndù, shì kě ér zhǐ ba.
- 夸嘴的大夫没好药。Kuāzuǐ de dàifu méi hǎoyào.
- 妈妈夸他好孩子。Māma kuā tā hǎoháizi.
- 老王夸她是个出类拔萃的演员。Lǎo Wáng kuā tā shì ge chū lèi bá cuì de yǎnyuán.
- 他说的话差不多都是夸大其词的，不太可靠。
  Tā shuō de huà chàbuduō dōu shì kuā dà qí cí de, bútài kěkào.

用法例
夸口　kuākǒu　大げさに言う　　　　夸海口　kuā hǎikǒu　大ぼらを吹く
夸嘴　kuāzuǐ　大口をたたく、自慢する、ほらを吹く
别夸自己　bié kuā zìjǐ　自慢するな
他夸我　tā kuā wǒ　彼は私をほめる　　夸孩子　kuā háizi　子供をほめる

596　みんなが彼を真面目で正直だとほめています。

597　先生は私をよい生徒だとほめました。

598　この子をほめてはいけません。ちょっとほめるとすぐに天狗になります。

599　またおじいさんの孫自慢が始まりました。

600　時として、自分で自分をほめることも大切です。

・決してそんな大ぼらを吹いてはいけません。
・大ぼらにも限度というものがありますよ。いい加減なところでやめておきなさい。
・自慢好きな医者に良薬なしです。
・お母さんは彼をいい子だとほめました。
・ワンさんは彼女を傑出した俳優だとほめました。
・彼の話は大抵針小棒大なので、あまりあてになりません。

第87課 嫌 xián

"嫌"の意味は「嫌う、いとう、不満である」だけです。
"嫌他"「彼を嫌う」、"嫌麻烦"「面倒を嫌う」などと使います。

601 Wǒ xián tā bǎi jiàzi.
我 嫌 他 摆 架子。

602 Wǒ bù xián nào, kě tā xián nào.
我 不 嫌 闹，可 她 嫌 闹。

603 Wǒ xián tā tài jiāo'ào.
我 嫌 他 太 骄傲。

604 Búyào xián máfan, qǐng nǐ tīng yi tīng ba!
不要 嫌 麻烦，请 你 听 一 听 吧！

605 Zuìjìn de niánqīngrén dōu shì xián zāng pà lèi de, zhēn méi bànfǎ.
最近 的 年轻人 都 是 嫌 脏 怕 累 的，真 没 办法。

606 Tā bù xián máng lái cānjiā yìwù láodòng, zhēn lìng rén pèifu.
她 不 嫌 忙 来 参加 义务 劳动，真 令 人 佩服。

- 我嫌他很啰嗦。Wǒ xián tā hěn luōsuo.
- 你怎么了？这么嫌这嫌那的态度能干什么？
  Nǐ zěnme le? Zhème xián zhè xián nà de tàidu néng gàn shénme?

用法例
嫌 麻烦　xián máfan　面倒なのが嫌いだ
嫌 他 摆 架子　xián tā bǎi jiàzi　彼のもったいぶったところが嫌いだ
嫌 少　xián shǎo　少ないのが不満だ
嫌 他 啰嗦　xián tā luōsuo　彼のくどいところが嫌いだ
嫌 闹　xián nào　騒がしいのが嫌いだ
嫌 他 不 老实　xián tā bù lǎoshi　彼が不真面目なところが嫌いだ

601 私は彼のもったいぶったところが嫌いです。

602 私は騒がしいのは気になりませんが、彼女は嫌いです。

603 私は彼の傲慢なところが嫌いです。

604 うるさがらずに、どうか聞いてください！

605 最近の若い人はそろって苦労を嫌がって、全く仕方がありません。

606 彼女は忙をいとわずボランティアに参加し、本当に感心します。

・私は彼のくどいところが嫌いです。
・どうしたの？　そんな何もかも気に入らないといった態度では、何もできませんよ。

第88課　烦 fán

"烦"でよく使われる意味は「面倒で煩わしい、いらいらさせられる」です。
"真烦人"「人をいらいらさせる、いらいらさせられる」、"烦您"「お手数ですが〜」
などと使います。

607 Zhè jiàn shì zhēn fánrén.
这件事真烦人。

608 Wúyì zhōng zhīdao le tā de mìmì, bùyóude xīnli yǒudiǎnr fán.
无意中知道了她的秘密，不由得心里有点儿烦。

609 Fán nín gěi dài ge xìnr.
烦您给带个信儿。

610 Fán nín gěi dài diǎnr dōngxi.
烦您给带点儿东西。

611 Bǎi máng zhī zhōng fán qǐng gèwèi guānglín.
百忙之中烦请各位光临。

- 这件事要烦您给处理一下。Zhè jiàn shì yào fán nín gěi chǔlǐ yíxià.
- 烦交李小明。Fán jiāo Lǐ Xiǎomíng.

用法例
烦人　　fánrén　　人をいらいらさせる
烦 您～　fán nín~　お手数ですが～
烦 交～　fán jiāo~　お手数ですが～に渡してください

607 この件には実にいらいらさせられます。

608 たまたま彼女の秘密を知って、少し煩わしい気持ちになりました。

609 ご面倒でも言付けをお願いします。

610 お手数ですが少し物を持っていってください。

611 お忙しい中ご足労いただき、誠に申し訳ございません。

・この件はご面倒でもあなた様に処理をお願いします。
・お手数ですがリー・シャオミンさんに渡してください。

第89課 喜欢 xǐhuan

> "喜欢"の意味は「好む、気にいる」だけです。
> "喜欢你"「あなたが好きだ」、"喜欢音乐"「音楽が好きだ」などと使います。

612
Wǒ yàoshi ge nánrén yě děi xǐhuanshàng nǐ.
我 要是 个 男人 也 得 喜欢上 你。

613
Wǒ xǐhuan zhè piān wénzhāng xiěde jiǎnliàn, shēngdòng.
我 喜欢 这 篇 文章 写得 简练、 生动。

614
Tā cóng cǐ xǐhuanqǐ kàn diànyǐng lái le.
他 从 此 喜欢起 看 电影 来 了。

・我喜欢他用功。 Wǒ xǐhuan tā yònggōng.
・你怎么也喜欢上中国文学了呢？ Nǐ zěnme yě xǐhuanshàng Zhōngguó wénxué le ne?

用法例
喜欢 音乐　xǐhuan yīnyuè　音楽が好きだ　　喜欢 宝石　xǐhuan bǎoshí　宝石を好む
讨 人 喜欢　tǎo rén xǐhuan　人に気にいられる

612 もし私が男だったらやっぱりあなたにほれますね。

613 私はこの文章が簡潔で生き生きしているので気にいっています。

614 彼はそれ以来映画を見るのが好きになりました。

・私は彼がよく勉強するから気にいっています。
・あなたはどうして中国文学が好きになったのですか。

VI 「誰々に〜させる」という使役の意味を表す動詞

第90課〜第93課　　　　　　　　　　90〜93/93

qǐng、shǐ、ràng、jiào
请、使、让、叫

第90課　请 qǐng　　　　　　　　　90/93

"请"の使役動詞としての意味は「…に〜してもらう」です。
"请他〜"「彼に〜してもらう」などと使います。

ほかに、覚えておきたい用法として、次のようなものがあります。
"请假"「休みをもらう」、"请客"「ご馳走する」

615　Wǒmen qǐng lǎoshī lái jiǎngyǎn.
我们请老师来讲演。

616　Tāmen qǐng Tiánzhōng de fùqin jiāo Rìyǔ.
他们请田中的父亲教日语。

617　Qǐng nǐmen dào wǒ jiā qù zuòkè.
请你们到我家去做客。

618　Háishi nǐ qù cái hǎo, wǒ kě qǐngbudòng tā.
还是你去才好，我可请不动他。

* 使役の意味を持つ動詞には"请、使、让、叫、吾、派、劝、送、催、逼、选、指使、委托、派遣、启发、鼓励、引导、说服、催促、命令、允许、请求、要求、答应、劝说、组织、领导、召集"などがあります。
* 介詞(前置詞)として使われる"让"、"叫"、"给"などは「受身」を表わします。これら介詞の用法もよく理解しておきましょう。(『通訳メソッドを応用したシャドウイングで学ぶ中国語文法』のⅣ介詞 第21課をご覧ください。)

用法例
请 他~　qǐng tā~　彼に~してもらう　　　请教　qǐngjiào　教えてもらう
请假　qǐngjià　休みをもらう　　　　　请原谅　qǐng yuánliàng　許してもらう
请客　qǐngkè　ご馳走する　　　　　　请医生　qǐng yīshēng　医者を頼む
请吃饭　qǐng chīfàn　食事に招待する
请坐　qǐng zuò　どうぞお座りください
请不要~　qǐng búyào~　どうぞ~しないでください

615 我々は先生に講演をお願いします。

616 彼らは田中君のお父さんに日本語を教えてくれるようお願いします。

617 皆さんどうぞうちにおいでください。

618 やっぱりあなたが行った方がいいですよ。私では彼の腰を上げさせることはできません。

619 Qǐng yuánliàng, wǒ láide tài wǎn le.
请 原谅，我 来得 太 晚 了。

- 我请他去看电影。Wǒ qǐng tā qù kàn diànyǐng.
- 你们请谁当顾问？Nǐmen qǐng shéi dāng gùwèn?
- 我们请他的朋友教汉语。Wǒmen qǐng tā de péngyou jiāo Hànyǔ.
- 这次典礼怎么办好呢，请客人来容易，要做到人人满意就难了，真让人头疼。
  Zhècì diǎnlǐ zěnme bàn hǎo ne, qǐng kèren lái róngyì, yào zuòdào rénrén mǎnyì jiù nán le, zhēn ràng rén tóuténg.
- 当时我没有钱，请大夫看病都请不起。Dāngshí wǒ méiyǒu qián, qǐng dàifu kànbìng dōu qǐngbuqǐ.
- 请将不如激将，有时干脆说吧。Qǐng jiàng bùrú jījiàng, yǒushí gāncuì shuō ba.

第91課　使 shǐ

"使"の使役動詞としての意味は「…に～させる」です。
"使他～"「彼に～させる」などと使います。

ほかに、覚えておきたい用法として、次のようなものがあります。
"使毛笔"「毛筆を使う」

620 Zhè piān wénzhāng shǐ wǒ fēicháng gǎndòng.
这 篇 文章 使 我 非常 感动。

621 Tā de huà shǐ wǒmen chī le yì jīng.
他 的 话 使 我们 吃 了 一 惊。

622 Rúhé néng shǐ gùkè mǎnyì shì ge kètí.
如何 能 使 顾客 满意 是 个 课题。

623 Yīnggāi bǎ lìqi shǐzài guānjiàn de dìfang.
应该 把 力气 使在 关键 的 地方。

624 Zhège luósī tài dà, shǐbushàng.
这个 螺丝 太 大，使不上。

625 Zhège xīn de diànnǎo, wǒ hái shǐbuguàn.
这个 新 的 电脑，我 还 使不惯。

619 遅くなってしまい、すみません。

・私は彼を映画に招待しました。
・あなたたちは誰に顧問をお願いするのですか。
・我々は彼の友達に日本語を教えてくれるよう頼みます。
・今回の式典はどうするのがいいでしょう、招くのは簡単ですが満足してもらうのは難しいので、頭が痛いです。
・当時私はお金がなくて、医者に診てもらうこともできませんでした。
・優しく言うよりけしかけた方がいい場合もあります。たまにはガツンと言ってやりなさい。

用法例
使 他~　shǐ tā~　彼に~させる
使 空気 流通　shǐ kōngqì liútōng　空気を流れさせる
使 人 満意　shǐ rén mǎnyì　人を満足させる
使 大家 高興　shǐ dàjiā gāoxìng　みんなを喜ばせる
使 毛筆　shǐ máobǐ　毛筆を使う　　　使慣　shǐguàn　使い慣れる
使完　shǐwán　使い終わる

---

620 この文章に私は大変感動させられました。

621 彼の話は我々を驚かせました。

622 どうしたら顧客を満足させられるのかが課題です。

623 力は肝心なところで使うべきです。

624 このネジは大きすぎて使えません。

625 この新しいパソコンは、私はまだ使い慣れていません。

- 怎样做才能使大家满意呢？ Zěnyàng zuò cái néng shǐ dàjiā mǎnyì ne?
- 浅草寺那边的风景真使人怀旧。 Qiǎncǎosì nàbian de fēngjǐng zhēn shǐ rén huáijiù.
- 这支毛笔真好使。 Zhè zhī máobǐ zhēn hǎoshǐ.
- 毛笔我使不好。 Máobǐ wǒ shǐbuhǎo.
- 电脑我使不好。 Diànnǎo wǒ shǐbuhǎo.
- 新手机用了些日子，才使习惯了。 Xīnshǒujī yòng le xiē rìzi, cái shǐxíguàn le.
- 这么多材料，我一个人使不了。 Zhème duō cáiliào, wǒ yí ge rén shǐbuliǎo.
- 这把菜刀还使得上吗？ Zhè bǎ càidāo hái shǐdeshàng ma?
- 上司给他使眼色，制止他再说下去。 Shàngsi gěi tā shǐ yǎnsè, zhìzhǐ tā zài shuōxiàqù.
- 他引起那种事件，一定是鬼使神差的。 Tā yǐnqǐ nà zhǒng shìjiàn, yídìng shì guǐ shǐ shén chāi de.
- 他没有自己的意见，只是看风使舵罢了。 Tā méiyǒu zìjǐ de yìjian, zhǐshì kàn fēng shǐ duò bàle.

第92課　让 ràng

92/93

"让"の使役動詞としての意味は「…に～させる」です。
"让他～"「彼に～させる」などと使います。

ほかに、覚えておきたい用法として、次のようなものがあります。
"让路"「道を譲る」、"让酒"「酒を勧める」

626 Nà jiàn shì zhēn ràng rén xīnténg.
那件事真让人心疼。

627 Xiān ràng wǒ xiǎng yi xiǎng.
先让我想一想。

628 Māma bú ràng wǒ zuò zhè zhǒng shì.
妈妈不让我做这种事。

629 Bàba bú ràng wǒ qù.
爸爸不让我去。

- どのようにやったらみんなを満足させることができるのでしょうか。
- 浅草寺のあたりの風景は我々に昔を偲ばせます。
- この毛筆は本当に使いやすいです。
- 毛筆は私はうまく使えません。
- パソコンは私にはうまく使えません。
- 新しい携帯を何日か使って、やっと使いこなせるようになってきました。
- 材料が多くて、私一人では到底使いきれません。
- この包丁、まだ使えますか。
- 上司は彼に目配せして、彼がこれ以上喋るのをやめさせました。
- 彼があんな事件を起こすなんて、魔がさしたに違いありません。
- 彼には自分の意見などありません。いつも風向きを見てうまく立ち回っているだけです。

用法例
让人心疼　ràng rén xīnténg　心痛させられる
让人伤心　ràng rén shāngxīn　人を悲しませる
让他考虑　ràng tā kǎolǜ　彼に考えさせる
让路　rànglù　道を譲る　　　　　让座位　ràng zuòwèi　席を譲る
让烟　ràngyān　タバコを勧める　　让酒　ràngjiǔ　酒を勧める
让客　ràng kè　客を案内する
把客人让进来　bǎ kèrén ràngjìnlái　客を中に案内する
让出产权　ràngchū chǎnquán　財産権を譲渡する
让我们干杯　ràng wǒmen gānbēi　みんなで乾杯しましょう
让我们共同努力　ràng wǒmen gòngtóng nǔlì　共に頑張りましょう

---

626 あの事件には本当に心が痛みます。

627 少し考えさせてください。

628 母さんは私がそんなことをやるのを許してくれません。

629 父さんは私を行かせてくれません。

630 Wǒ fāng yǐjīng ràng le jǐ bù.
我方已经让了几步。

631 Yǐqián zài Rìběn yě ràngguo yān, xiànzài bú ràng le.
以前在日本也让过烟,现在不让了。

632 Tā bǎ nà běn shū rànggěi le wǒ.
他把那本书让给了我。

633 Ràng wǒmen yǐ chá dài jiǔ yìqǐ gānbēi.
让我们以茶代酒一起干杯。

- 能不能给老人让一下座位。Néng bu néng gěi lǎorén ràng yíxià zuòwèi.
- 请让一下儿。Qǐng ràng yíxiàr.
- 你快去把客人让进来。Nǐ kuài qù bǎ kèrenràngjìnlái.
- 他又让起酒来了。Tā yòu ràngqǐ jiǔ lái le.
- 他让我一台笔记本电脑。Tā ràng wǒ yì tái bǐjìběn diànnǎo.
- 让我们热烈鼓掌对他们表示欢迎。Ràng wǒmen rèliè gǔzhǎng duì tāmen biǎoshì huānyíng.
- 他赶紧把呆在外边的客人让进来了。Tā gǎnjǐn bǎ dāizài wàibian de kèren ràngjìnlái le.
- 让开点,叫我过去吧。Ràngkāi diǎn, jiào wǒ guòqù ba.
- 当时他行驶速度太快,让不及,撞到了路边护栏上。
  Dāngshí tā xíngshǐ sùdù tài kuài, ràngbují, zhuàngdào le lùbiān hùlán shang.
- 他把那个房子给弟弟让出去了。Tā bǎ nàge fángzi gěi dìdi ràngchūqù le.

630 当方は既に数歩譲っています。

631 以前は日本でもタバコを勧めましたが、今は勧めません。

632 彼はあの本を私に譲ってくれました。

633 お茶を酒の代わりとして共に乾杯しましょう。

・お年寄りに席を譲ってもらえませんでしょうか。
・すみませんがどいてください。
・早くお客様を中にご案内しなさい。
・彼はまた酒を勧め出しました。
・彼は私にノートパソコン一台を譲ってくれます。
・熱烈な拍手を以って彼らを歓迎しましょう。
・彼は外で待たせていたお客を、急いで招き入れました。
・ちょっとどいて、私を通らせてください。
・その時彼はスピードを出しすぎていて、よけきれず、ガードレールに激突しました。
・彼はその部屋を弟に譲り渡しました。

第93課　叫 jiào

"叫"の使役動詞としての意味は「…人に～させる」です。
"叫他去"「彼に行かせる」などと使います。

そのほかの用法は、第75課（P 220）を参照してください。

634　Wǒ jiào tā qù mǎi dōngxi le.
我 叫 他 去 买 东西 了。

635　Zhè háizi bù tīnghuà, zhēn jiào rén wéinán.
这 孩子 不 听话，真 叫 人 为难。

636　Shìqing dào le zhège dìbù, jiào wǒ zěnme bàn?
事情 到 了 这个 地步，叫 我 怎么 办？

637　Wǒ jiào háizi zài jiā měitiān xuéxí yí ge xiǎoshí.
我 叫 孩子 在 家 每天 学习 一 个 小时。

638　Lǎoshī jiào wǒmen měitiān fùxí gōngkè.
老师 叫 我们 每天 复习 功课。

・家里来了客人，父亲叫我到外边玩儿去。Jiāli lái le kèren, fùqin jiào wǒ dào wàibian wánr qù.
・父亲不叫我去留学。Fùqin bú jiào wǒ qù liúxué.

＊"叫"（使役）を使った表現 での留意点

639　Zhèli de dōngxi dōu jiào tā názǒu le.
这里 的 东西 都 叫 他 拿走 了。(使役)

640　Hànyǔ cídiǎn jiào tā názǒu le.
汉语 辞典 叫 他 拿走 了。(使役)

・这里的东西都叫他拿走了。Zhèli de dōngxi dōu jiào tā názǒu le. (受身)

・汉语辞典叫他拿走了。Hànyǔ cídiǎn jiào tā názǒu le. (受身)

用法例
叫 人 为难　jiào rén wéinán　人を困らせる
叫 我 怎么 办　jiào wǒ zěnme bàn　どうしろというのだ
他 不 叫 我 去　tā bú jiào wǒ qù　彼は私を行かせようとしない
他 叫 孩子 学习　tā jiào háizi xuéxí　彼は子供に勉強をさせる

634 私は彼を買い物に行かせました。

635 この子は言うことを聞かなくて、本当に困ったものです。

636 事ここに至っては、私にもどうすることもできません。

637 私は子供に毎日家で一時間勉強させています。

638 先生は私たちに毎日授業の復習をさせます。

・家にお客が来たので、父は私を外に遊びに行かせました。
・父は私を留学に行かせてくれません。

639 ここの物は皆彼に持っていかせました。(使役)

640 中国語辞典は彼に持っていかせました。(使役)

・ここの物は皆彼に持っていかれました。(受身：この場合の"叫"は介詞の用法である)
・中国語辞典は彼に持っていかれました。(受身：この場合の"叫"は介詞の用法である)

— 263 —

著者
長谷川正時

新潟県出身。日本大学文理学部中退。日中学院本科、中国語研修学校本科、サイマル・アカデミー中国語同時通訳コース等で中国語を学び、フリーランスの中国語通訳者、翻訳者として活動。通訳歴30年。サイマル・インターナショナル登録通訳、翻訳者。元インター・スクール中国語通訳課上級班講師、元日中学院別科通訳講師。2008年より明海大学外国語学部中国語学科教授。通訳養成ゼミ担当。
主な著書:『通訳メソッドを応用した中国語短文会話800』、『通訳メソッドを応用したシャドウイングで学ぶ中国語文法』、『通訳メソッドを応用したシャドウイングで学ぶ中国語難訳語500』、『通訳メソッドを応用したシャドウイングと速読で学ぶ中国語通訳会話』、『通訳メソッドを応用した中国語中級会話700 第2版』(以上スリーエーネットワーク)、『入門からのシャドウイング 中国語短文会話360と基本文法』、『初級からのシャドウイング 中国語短文会話600』(以上コマガタ出版部)

古内一絵
作家、中国語翻訳家

東京都出身。映画会社入社後、キン・フー映画祭等多くの中国語映画の上映に携わる。退職後はテレビドラマの中国語監修を務める。2010年、ポプラ社小説大賞特別賞を受賞し「快晴フライング」で作家デビュー。近作に「十六夜荘ノート」。「アジア映画の森」に陳凱歌と田壮壮の作品論を寄稿。

CDの声の出演
文曄星　李婷　八戸優　木島由江

マルチリンガル
ライブラリー

通訳メソッドを応用した シャドウイングで学ぶ
中国語基本動詞93

2013年9月2日　初版第1刷発行

著　者	長谷川正時　古内一絵
発行者	小林卓爾
発　行	株式会社　スリーエーネットワーク
	〒102-0083　東京都千代田区麹町3丁目4番
	トラスティ麹町ビル2F
	電話　営業　03(5275)2722
	編集　03(5275)2725
	http://www.3anet.co.jp/
印　刷	倉敷印刷株式会社

ISBN978-4-88319-628-9 C0087

落丁・乱丁本はお取替えいたします。
本書の全部または一部を無断で複写複製（コピー）することは著作権法上での例外を除き、禁じられています。

MULTILINGUAL LIBRARY

マルチリンガル ライブラリー

日本語のスリーエーネットワークが、日本語・外国語双方向のコミュニケーションを目指した外国語学習シリーズ

価格は税込みです

● 現役通訳者が推す実践的訓練法
『通訳メソッドを応用した 中国語短文会話800』
長谷川正時 [著]
A5判 229頁 CD2枚付 2,940円 〔978-4-88319-296-0〕

● 現役通訳者が推す新しい実践的文法学習法
『通訳メソッドを応用した シャドウイングで学ぶ中国語文法』
長谷川正時 [著]
A5判 297頁 CD2枚付 2,940円 〔978-4-883189-362-2〕

● 現役通訳者が推す表現力向上法
『通訳メソッドを応用した シャドウイングで学ぶ中国語難訳語500』
長谷川正時 [著] 付録:「長谷川式通訳単語帳」(29頁)
A5判 259頁 CD2枚付 2,940円 〔978-4-883189-387-5〕

● 1分間250文字の速読で実力向上
『通訳メソッドを応用した シャドウイングと速読で学ぶ中国語通訳会話』
長谷川正時・長谷川曜子 [著]
A5判 301頁 CD4枚付 4,830円 〔978-4-88319-446-9〕

● シャドウイングによる実践的訓練法
『通訳メソッドを応用した 中国語中級会話700 第2版』
長谷川正時 [著]
A5判 234頁 CD2枚付 2,940円 〔978-4-883189-578-7〕

○ イラストで楽しく表現力アップ
『イラストで覚える中国語 わたしの一日』
キム・ウンヒ [著]
A5判 152頁 CD2枚付
2,625円 〔978-4-88319-485-8〕

○ 総合的な中国語力の養成を図る
『中国社会事情を知って鍛える中級中国語』
王敏・王玲玲 [著]
A5判 191頁 別冊35頁 CD1枚付
2,625円 〔978-4-88319-483-4〕

スリーエーネットワーク

ホームページで新刊やセミナーをご案内しております。
http://www.3anet.co.jp/